Bettina Rühm

DER OPTIMALE GRUNDRISS

Bettina Rühm

DER OPTIMALE GRUNDRISS

Über 50 aktuelle Wohnhäuser
für Singles, Paare, Familien

Deutsche Verlags-Anstalt München

Inhalt

Einführung

»Drei Dinge sind an einem Gebäude zu beachten: dass es am rechten Fleck stehe, dass es wohlgegründet, dass es vollkommen sei.« Dieser Satz Johann Wolfgang von Goethes (1749–1832), zeigt – so einfach er klingen mag – welch komplizierte Angelegenheit das Bauen eigentlich ist. Die richtige Gründung ist dabei ein rein technisches Problem. Was der rechte Fleck sei, ist schon schwieriger zu beantworten, da der optimale Standort nicht nur von den Wünschen der Bewohner sondern auch von den verfügbaren Möglichkeiten abhängt. Was aber ist ein vollkommenes Haus? Ist es ein funktionales? Ein wohl proportioniertes? Ein repräsentatives? Ein energiesparendes? Ein preiswertes? Hier gehen die Meinungen weit auseinander, denn jeder Mensch hat seine eigene Vorstellung von einem vollkommenen Haus.

In diesem Buch geht es um Einfamilienhäuser. Sie haben von allen Wohnhäusern den privatesten Charakter – es ist ein Rückzugsort, der Geborgenheit vermitteln soll. Ein Dach über dem Kopf und dazu eine Privatsphäre, in die man sich ungestört zurückziehen kann, ist ein Grundbedürfnis, das alle Menschen teilen. Wohlbefinden muss dabei nicht von Größe und Ausstattung des Wohnraums abhängen. Entscheidend ist, dass der Wohnraum zum Lebensgefühl des Bewohners passt. So entstehen individuelle bauliche Lösungen: Jedes Einfamilienhaus ist ein Unikat, ein Produkt aus den Wünschen des Bauherrn und den Vorstellungen des Architekten. Der Mensch, der Bewohner ist dabei der Maßstab fürs Bauen und jeder Mensch hat andere Ansprüche an ein individuelles Wohnhaus – ein für ihn optimales Haus also. Kein vollkommenes, kein perfektes, denn ein anderer Bewohner hätte möglicherweise ganz andere Wünsche und Ansprüche.

Häufig bezieht sich die Wunschvorstellung vom eigenen Haus spontan auf äußere Merkmale – auf Baukörperform und Dachgestalt, auf Fensteranteil, Garten und Umfeld. Eine ausgefallene Bauform oder eine attraktive Fassade allein machen allerdings noch kein gelungenes Wohnhaus aus.

Viel wichtiger ist der Grundriss, denn er bestimmt, wie die Bewohner sich im Haus bewegen werden. Wenn man plant, ein Einfamilienhaus zu bauen, sollte man sich daher zunächst mit der grundlegenden Funktionsweise eines Grundrisses vertraut machen. Und ob offen gestaltet oder als Flurtyp – für jeden Geschmack gibt es passende Arten von Grundrissen.

Der optimale Grundriss verbindet Zweckmäßigkeit mit Komfort, er ist funktional stimmig und zugleich auf die speziellen Bedürfnisse der jeweiligen Bewohner abgestimmt – seien es Singles, Paare, große oder kleine Familien, Menschen, die Wohnen und Arbeiten miteinander verbinden oder die einfach nur ausspannen möchten. Dieses Buch stellt 52 Einfamilienhäuser vor, die für die unterschiedlichsten Bewohner entworfen wurden, sich in Bauweise, Größe und Kosten stark voneinander unterscheiden, jedoch alle eines gemeinsam haben: einen für die Bedürfnisse der jeweiligen Bewohner optimalen Grundriss.

Der optimale Grundriss – Aspekte für den Entwurf eines Einfamilienhauses

Was charakterisiert ein Einfamilienhaus?

Einfamilienhäuser werden im Gegensatz zu Mehrfamilienhäusern in der Regel für einen privaten Bauherrn gebaut, der bei der Planung und Ausführung auch selbst beteiligt ist. Sie können daher individuell gestaltet werden. Mehrfamilienhäuser dagegen werden normalerweise für einen zum Zeitpunkt der Planung nicht bekannten Kreis von Nutzern entworfen und müssen daher im Hinblick auf Grundriss, Erschließungszonen und Freibereiche möglichst vielen potenziellen Ansprüchen gerecht werden können.

Ein Einfamilienhaus ermöglicht den Bewohnern den direkten Zugang zu verschiedenen Freiflächen – sei es zu öffentlichen wie Straße oder Weg, zu halb öffentlichen wie Hof oder Vorplatz oder zu privaten wie Garten, Terrasse oder Innenhof. Zwischen diesen Außenräumen steht das Haus als Bindeglied, das verschiedene mehr oder weniger private Räume bietet, in die man sich zurückziehen kann. Das häusliche Leben der Bewohner wird – besonders bei Familien – bestimmt durch das Betreten und Verlassen dieser Raum-Komponenten.

Kurzer historischer Abriss

Das Grundbedürfnis des Menschen, sich und seine Familie vor Witterung und Feinden zu schützen und die oftmals knappe Nahrung sicher aufzubewahren, ist so alt wie die Menschheit selbst. Die Schutz bietende Höhle als natürlicher Urraum – unregelmäßig eingefasst und überwölbt von Felsgestein – wurde daher in frühester Zeit zur ersten Behausung des Menschen. Sie bestand meist aus einem einzigen Raum – dem Allraum – in dem sich das Leben von Familien oder auch ganzer Sippen abspielte.

Die Rundform der Höhle spiegelte auch das damalige Weltbild des Menschen wider, das durch den ringsum verlaufenden Horizont – den »Rand der Welt« – und das Himmelsgewölbe bestimmt wurde.

Frühzeitliche Wohnräume waren deshalb häufig rund, wie Beispiele, die bis in die heutige Zeit überliefert und erhalten sind, zeigen: einfache Zelte, die Jurten der Mongolen oder Hütten aus Bambus oder Schilf. Auch Kulträume zeigen bis in spätere Zeiten die Rundform als Ausdruck des Welterlebnisses – so zum Beispiel das Pantheon in Rom aus dem 2. Jahrhundert n. Chr., das als der größte Rundtempel und Kuppelbau der Antike auch als Symbol des Kosmos angesehen wurde.

Der Fortschritt der Zivilisation führte im Laufe der Zeit zu einem wachsenden Bedürfnis nach mehr Komfort, einem größeren Raumangebot und einer Differenzierung der Nutzungen. In ein und demselben Raum zu kochen, zu essen, zu schlafen und zu arbeiten war nicht mehr erstrebenswert. Irgendwann wurden daher beispielsweise statt einer Rundhütte mehrere genutzt, die jedoch unabhängig und bisweilen mit großem Abstand zueinander im Dorf angeordnet waren. Zunächst wurden die einzelnen Hütten – die »Räume« – nach Geschlechtern aufgeteilt oder waren besonderen Personen wie dem Häuptling vorbehalten. Als später dann einzelne Rundhütten für unterschiedliche Tätigkeiten genutzt wurden, ergab sich die Notwendigkeit, die »Räume« miteinander zu verbinden, um auf den vielfältigen Wegen zwischen den Hütten vor der Witterung geschützt zu sein. Auch sollten die Entfernungen von Hütte zu Hütte möglichst kurz sein, um die immer spezielleren Arbeitsabläufe zu erleichtern. Da sich mehrere Rundhütten nicht ohne Zwischenräume, die nur schwer zu nutzen sind, aneinander setzen lassen, entstand schon bald der Bedarf nach eckigen Räumen.

So entwickelte sich das Haus aus einer Anordnung unterschiedlich genutzter Räume, die rechteckig oder quadratisch geformt und beliebig zueinander kombinierbar waren.

Das Wohnhaus löste den Rundraum als bestimmendes Element des Wohnens ab – der Grundriss war »geboren«. Diese Entwicklung wurde begleitet vom Fortschritt bei den Baumaterialien – vom Schilf über Bambus, Holz, Lehm und Stein bis hin zu den heutigen Baustoffen wie Beton, Stahl, Glas oder Kunststoff, die es den Architekten ermöglichten, immer größere Räume zu entwerfen und zu bauen.

Waren es in früheren Zeiten oft rein technische Randbedingungen, die die Größe des Hauses, der einzelnen Räume und der Fensteröffnungen bestimmten, ist heute – bei entsprechendem finanziellen Aufwand – nahezu alles Vorstellbare auch realisierbar: Räume können sich ohne jede Zwischenstütze über hunderte von Quadratmetern spannen, Außenwände und Dächer können vollständig aus Glas konstruiert werden. Doch nicht alle technisch machbaren Räume und Raumanordnungen befriedigen das Grundbedürfnis nach Schutz und Geborgenheit. Umso mehr stellt sich damit die Frage, was denn nun einen optimalen Grundriss ausmacht.

Aktuelle gesellschaftliche Tendenzen und Veränderungen im Wohnen

Der Wandel von der traditionellen Großfamilie, die mit zwei bis drei Generationen unter einem Dach lebte, zu Familien mit einem oder zwei Kindern, zu kinderlosen Paaren und zu Single-Haushalten wirkt sich auch auf die Vorstellungen des Einzelnen von zeitgemäßem Wohnen aus. Wurden früher zur Wahrung der Privatsphäre der zahlreichen Bewohner viele, dann meist kleine Einzelräume benötigt, ist heute bei einem Zwei-Personen-Haushalt meist nur noch der Schlafraum als privater Rückzugsbereich erforderlich. Der übrige Wohnbereich im Haus kann offen sein und sich durch Lufträume und Galerien sogar über mehrere Geschosse erstrecken. Ein Allraum, eine zentrale Halle bietet häufig die Plattform für gesellschaftliches Leben und schafft Platz für den Empfang von Gästen oder bietet ein repräsentatives Umfeld für Verhandlungen mit Geschäftspartnern.

Heutzutage reicht die Privatsphäre innerhalb der Wohnung oder des Wohnhauses häufig nicht mehr aus, um ausreichend Abstand von Alltag und Beruf zu gewinnen. Hektik und Stress in den Großstädten erschweren es vielen Menschen, sich zu Hause zu erholen und das Bedürfnis nach einem Ortswechsel wird immer stärker – die steigenden Umsätze in der Tourismusbranche sprechen eine deutliche Sprache. Ferien- und Wochenendhäuser im Grünen können da oft eine sinnvolle Ergänzung zur Stadtwohnung bieten und spielen als moderner Rückzugsbereich eine immer größere Rolle.

Während sich das Wohnen unter der Woche und am Wochenende zunehmend an getrennten Orten abspielt, hält umgekehrt die Arbeitswelt verstärkt in die Wohnhäuser Einzug. Durch die Vernetzung ihrer Computer über das Internet sind viele Berufstätige nicht mehr auf den direkten persönlichen Kontakt zu den Kollegen angewiesen. Das Arbeiten von zu Hause aus, wo man sich zugleich auch um familiäre Angelegenheiten kümmern kann, in Kombination mit gelegentlichen Treffen in der Firma liegt im Trend. Schon sind manche Firmen dazu übergegangen, nur noch für 70 oder 80 Prozent ihrer Belegschaft Büroarbeitsplätze vorzuhalten, da wegen Heimarbeit nie alle Mitarbeiter gleichzeitig in der Firma sind. Zunehmend sparen Firmen Arbeitsplätze auch ganz ein und geben Aufträge an freie Mitarbeiter nach außen – das so genannte Outsourcing gewinnt immer mehr an Bedeutung.

Immer wichtiger wird auch der Lebensabschnitt, der sich an die Berufstätigkeit anschließt. Der Wunsch nach hoher Lebensqualität auch und gerade im Rentenalter ist im Rahmen eines modernen Gesundheitswesens keine Utopie mehr. Senioren sind heutzutage rüstiger und aktiver als früher und haben auf Grund der höheren Lebenserwartung viel Zeit, sich Wünsche, die aus familiären oder beruflichen Gründen zurückgestellt werden mussten, zu erfüllen. Diese Entwicklung betrifft auch die Planung von Wohnhäusern, bei denen verstärkt auf eine barrierefreie Ausbildung geachtet werden muss, oder auf die Möglichkeit, alle Wohnfunktionen im Erdgeschoss unterzubringen, um im Alter das Treppensteigen zu vermeiden. Oft ist es sinnvoll, bereits bei der Planung eines Wohnhauses darauf zu achten, Schlafräume der Kinder später als Einliegerwohnung nutzen zu können.

Planungs- und Entscheidungsgrundlagen

1. Grundstück

Ein Neubau kann nicht unabhängig von allen Randbedingungen auf die grüne Wiese gestellt werden – das schönste in Gedanken schon durchgeplante Haus bleibt ein Luftschloss, solange nicht klar ist, wo es denn einmal stehen wird. Lage, Form und Größe des potenziellen Grundstücks wirken sich nicht nur auf das Äußere eines Gebäudes aus, sondern bestimmen auch nachhaltig seine innere Organisation und damit den Grundriss. Bodenbeschaffenheit und Grundwasserverhältnisse entscheiden häufig darüber, ob ein Keller vorgesehen werden kann. Auch die Erschließungsmöglichkeiten, die Himmelsrichtungen und eventuell vorhandene Lärmquellen – um nur einige Faktoren zu nennen – haben Einfluss auf den Entwurf. Vor der Planung des Hauses steht daher immer zuerst die Auswahl des Bauplatzes.

Eine landschaftlich attraktive Lage darf nicht das einzige Kriterium sein, nach dem ein Grundstück bewertet wird. Genauso wichtig ist, auf welche Art sich das ausgewählte Grundstück bebauen lässt. Auskunft darüber gibt der Bebauungsplan – er enthält von der Gemeinde festgelegte verbindliche Richtlinien, die Art und Größe der Bebauung regeln. Beispielsweise werden darin Baugrenzen und Baulinien festgelegt, die Anzahl der erlaubten Stockwerke definiert und unter Umständen sogar Dachform, -neigung und Dachausrichtung sowie die Traufhöhe bestimmt. Die Anzahl der Stellplätze ist ebenso vorgeschrieben wie die Abstandsflächen zum Nachbarn, und manchmal gibt es sogar Vorgaben zur Fassadengestaltung. Der Bebauungsplan soll sicherstellen, dass die äußere Erscheinung eines Neubaus zum oft über viele Jahre gewachsenen Ortsbild passt. Je weniger dieser Randbedingungen behördlich vorgegeben sind, um so mehr gestalterischer Spielraum bietet sich dem Architekten. Doch auch im Rahmen eng gesteckter Vorgaben ist es nicht unmöglich, ein charakteristisches Wohnhaus zu entwerfen, das sich von seiner Umgebung abhebt. Dann bedarf es vielleicht etwas mehr Fantasie, aber manchmal kommen gerade dann die besten Ideen.

Bei der Wahl eines Grundstücks sollte auch die vorhandene Infrastruktur eine Rolle spielen. Dabei sollte nicht nur geprüft werden, ob der Bauplatz bereits an das öffentliche Stromnetz, an die Gas- und Wasserversorgung und eventuell auch an Fernwärme angeschlossen ist. Wichtig ist auch die Anbindung an öffentliche Verkehrsmittel, aber auch an übergeordnete Straßen. In welcher Entfernung liegt der Arbeitsplatz? Sind Schulen, Kindergärten, Arztpraxen oder Geschäfte in der Nähe? Welche Sportmöglichkeiten sind vorhanden und welche kulturellen Veranstaltungen werden angeboten?

Ist schließlich ein Grundstück gefunden, das den eigenen Erwartungen entspricht und bei dem alle Fragen zufrieden stellend beantwortet werden können, ist zu prüfen, welchen Einfluss die Eigenschaften des Bauplatzes auf den Grundriss des zukünftigen Hauses ausüben. Beispielsweise lässt sich der Grundriss für ein Haus auf einem ebe-

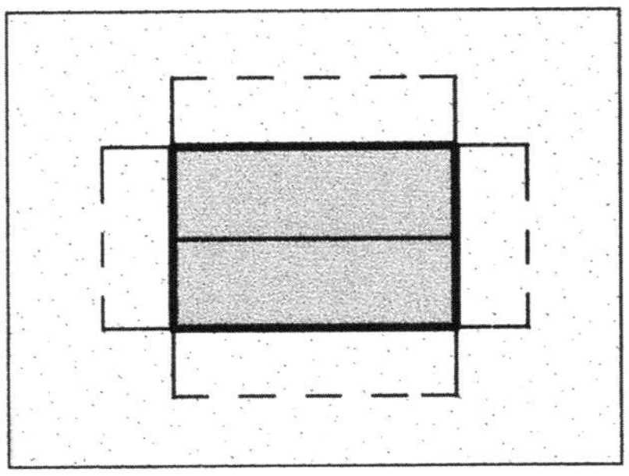

Abb. 1: Abstandsflächen bei einem frei stehenden Einfamilienhaus, schematische Darstellung.

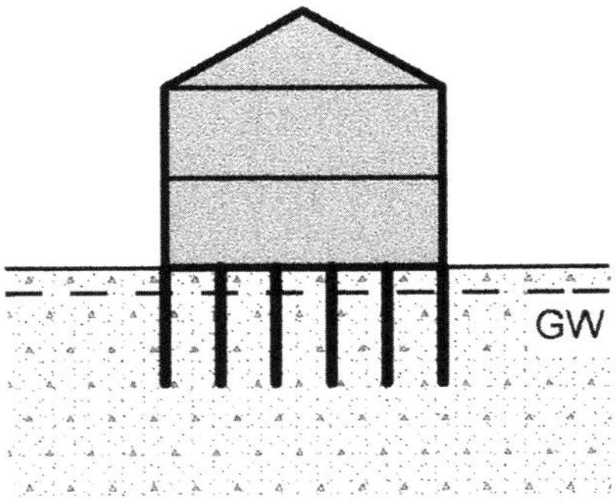

Abb. 2: Pfahlgründung bei hohem Grundwasserspiegel, GW = Grundwasser.

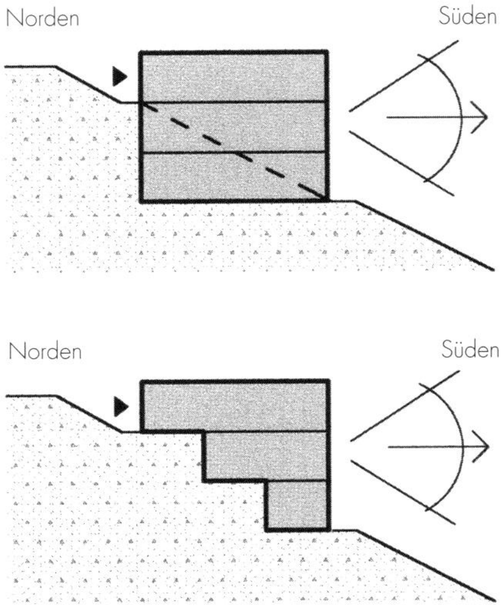

Abb. 3: Optimale Erschließung von Hanghäusern.

nen Grundstück flexibler gestalten als für ein Haus am Hang oder für eines, das in einer Geländemulde stehen soll. Hanggrundstücke sind wegen der guten Aussicht meist reizvoller als ebene, doch Aufteilung und Belichtung der Räume sind hier schwieriger und das Verlegen von Leitungen komplizierter. Auch die Größe des Grundstücks spielt eine wichtige Rolle. Je größer das Grundstück ist, desto leichter lassen sich später bei Bedarf Anbauten oder Erweiterungen vornehmen. Bei diesen Überlegungen sollte auch die Garage – bei Planung einer Einliegerwohnung auch eine zweite Garage – mit berücksichtigt werden.

Durch die Baugrenzen ist die mögliche Tiefe des Hauses und somit die des Gartens und des Vorgartens festgelegt. Grundsätzlich gilt: Je stärker die Fläche des Grundstücks von der eines Quadrats abweicht, desto länger werden bei gleich bleibender Grundfläche seine Grenzen. Da die Abstandsflächen zum Nachbarn eingehalten werden müssen, reduziert sich bei längeren Grenzen die nutzbare Fläche eines Grundstücks (Abb. 1). Lang gestreckte schmale Grundstücke, unregelmäßig geformte oder spitz zulaufende Grundstücke schränken die Entwurfsmöglichkeiten deutlich ein.

Nicht zuletzt wirkt sich auch die Beschaffenheit des Baugrunds auf die Planung des Einfamilienhauses aus. Wenn beispielsweise ein besonderer Aufwand für die Fundamente betrieben werden muss, erhöhen sich nicht nur die Kosten, sondern auch die Grundrissgestaltung wird beeinflusst. Dies kann bei Schwemmland der Fall sein, bei dem eine Pfahlgründung erforderlich ist, die einen Keller meist unmöglich macht. Auch bei hohem Grundwasserspiegel oder bei Felsgrund ist es nur mit hohem bautechnischem Aufwand möglich, einen Keller auszuheben (Abb. 2). Unter Umständen ist ein Teil des Grundstücks gar nicht bebaubar, wenn ein Biotop, ein Teich oder schützenswerte Pflanzen oder Bäume vorhanden sind.

Ein Grundriss wird auch stark von der Art der Erschließung geprägt. Ideal ist es, wenn sie von Norden oder Osten erfolgen kann und die Wohnräume gegenüber nach Süden oder Westen orientiert sind. Häuser an einem Südhang werden idealerweise von oben und zugleich von Norden erschlossen (Abb. 3). Schwieriger wird die Grundrissgestaltung, wenn ein Südhanggrundstück die Erschließung von Süden am Fuß des Hangs erfordert, oder wenn ein Hanggrundstück einen schönen Ausblick nach Norden bietet. Bei ebenen Grundstücken gilt: Günstig sind Nord-Süd-orientierte Grundstücke, wenn sie südlich einer Straße liegen. Dann erfolgt die Erschließung von Norden und Wohnräume sowie der Garten liegen nach Süden. Ähnliches gilt für Ost-West-orientierte Grundstücke, die westlich einer Straße liegen. Wenn die Erschließung von der Süd- oder Westseite aus erfolgen muss, wird das Haus im Grundstück etwas zurückgesetzt, um eine Terrasse oder einen Garten nach Süden oder Westen anlegen zu können. Allerdings liegen dann auf dieser Seite auch die Zufahrt, der Weg zum Eingang und die Garage (Abb. 4 und 5).

2. Haustypen

Wohnhäuser gibt es in verschiedenen baulichen Varianten, die zu Siedlungen unterschiedlicher baulicher Dichte zusammengefasst werden können. Frei stehende Einfamilienhäuser und Doppelhäuser sind Thema dieses Buches, auf sie wird im Folgenden näher eingegangen. Der Vollständigkeit halber seien jedoch noch weitere Haustypen genannt, die flächensparend und daher vor allem für eine verdichtete Bauweise typisch sind.

Frei stehendes Einfamilienhaus

Ein frei stehendes Einfamilienhaus bietet von allen Haustypen am meisten Privatheit, setzt jedoch, gerade wenn ein Garten rings ums Haus geführt werden soll, ein vergleichsweise großes Grundstück voraus. Dies hat einen Mindestabstand zum Nachbarn zur

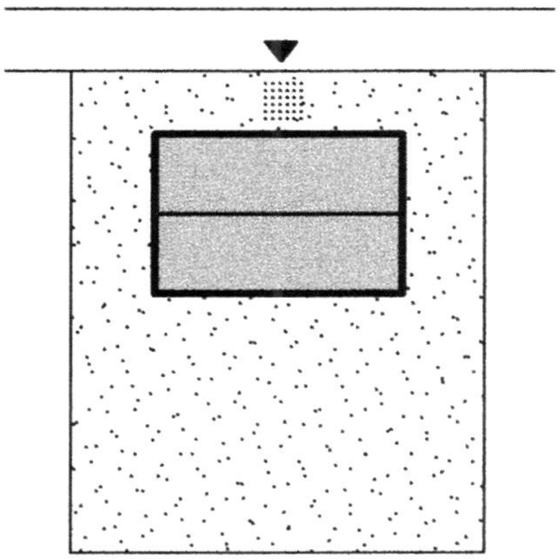

Abb. 4: Erschließung von Norden oder Osten: Der nutzbare Gartenanteil liegt von der Straße abgewandt.

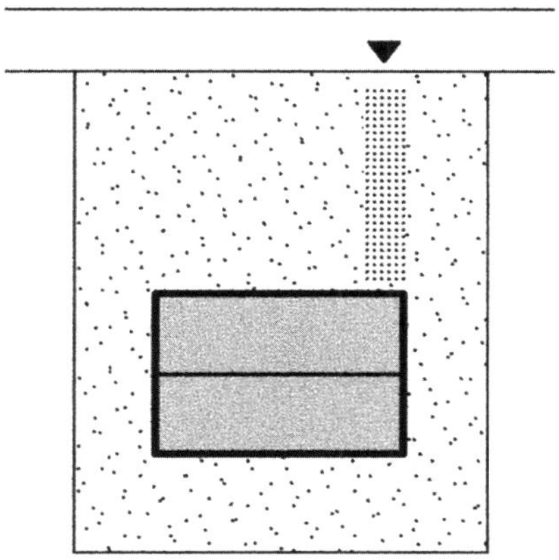

Abb. 5: Erschließung von Süden oder Westen: Der nutzbare Gartenanteil liegt zur Straße hin, der Zugang zum Haus wird länger.

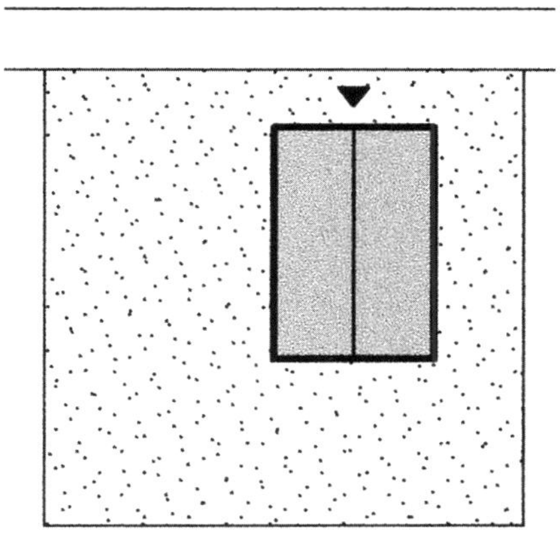

Abb. 6: Frei stehendes Einfamilienhaus: Der Garten kann rings ums Haus geführt werden.

Folge, der nicht nur eine gewisse Unabhängigkeit garantiert und einen individuellen Lebensstil fördert, sondern auch für die Aufrechterhaltung einer tragfähigen nachbarschaftlichen Beziehung hilfreich sein kann (Abb. 6).

Bei der Planung und Ausrichtung der Räume eines frei stehenden Hauses können alle Himmelsrichtungen mit einbezogen werden. Diesen in Bezug auf Belichtung und Ausblick unschätzbaren Freiheitsgraden steht ein Energieverbrauch gegenüber, der deutlich höher ist als bei einer Doppelhaushälfte oder einem Reihenhaus: Vier – je nach Grundriss auch mehrere – Außenwände erhöhen den Wärmeverlust und somit die Betriebskosten.

Die Entscheidung für ein frei stehendes Einfamilienhaus ist oft eng mit dem Wunsch nach einem eigenen Garten verbunden. Dabei sollte man jedoch nicht übersehen, dass ein großer Garten zwar die Wohnqualität erhöht, gleichzeitig jedoch viel Arbeit bedeutet. Dies betrifft nicht nur die richtige Art der Bepflanzung, sondern auch die dauernde Pflege, die selbst bei reinen Rasenflächen erheblichen Aufwand bedeuten kann. Häufig fällt der Garten bei frei stehenden Häusern jedoch vergleichsweise klein aus, gerade wenn die Siedlung dicht bebaut ist. Zum Nachbarzaun bleibt dann oft nur ein schmaler Grünstreifen.

Doppelhaus

Doppelhaushälften sind im Gegensatz zu frei stehenden Einfamilienhäusern kostengünstiger zu verwirklichen, da das benötigte Grundstück kleiner ausfallen kann. Die Erschließung zweier Doppelhaushälften ist deutlich wirtschaflicher als die zweier frei stehenden Häuser. Zudem sind die Betriebskosten geringer, da die Wand zum Nachbarn keine Außenwand darstellt und Wärmeverluste dadurch begrenzt werden.

Bei Doppelhäusern muss der anteilige private Freibereich nicht unbedingt kleiner ausfallen als bei frei stehenden Einfamilienhäusern. Eine Randbedingung besteht jedoch in jedem Fall: der Freibereich kann nicht um das gesamte Haus herum geführt werden. Wegen der räumlichen Nähe des Nachbarn ist es besonders wichtig, dass die privaten Aufenthaltsbereiche im Freien deutlich voneinander getrennt sind. Meist gibt es eine günstigere und eine weniger günstige Haushälfte, was die Belichtung und die Besonnung angeht. Da die äußere Gestaltung der Doppelhaushälften aufeinander abgestimmt ist, ergibt sich für den einzelnen Bauherrn ein geringerer Grad an Individualität (Abb. 7).

Reihenhaus

Werden zwei- bis dreigeschossige schmale und tiefe Bauten direkt aneinander gereiht,

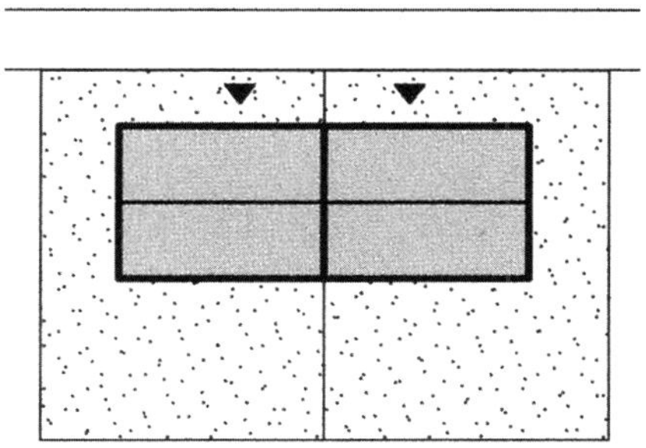

Abb. 7: Doppelhaus: Die nutzbaren Freibereiche der Nachbarn grenzen unmittelbar aneinander.

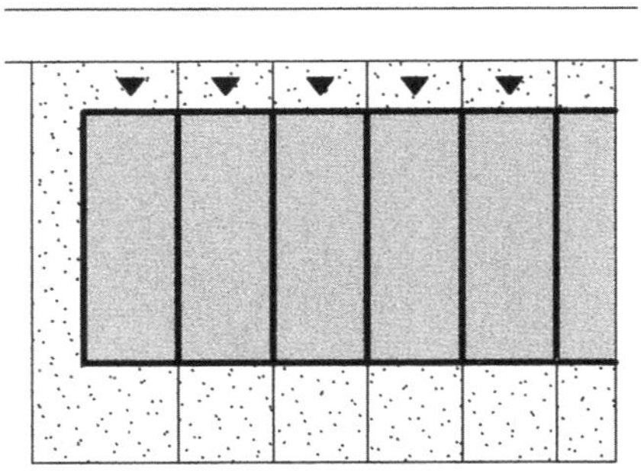

Abb. 8: Reihenhäuser

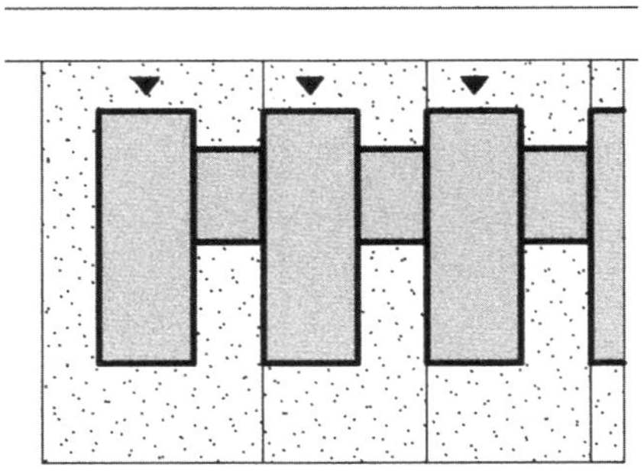

Abb. 9: Kettenhäuser, durch Garagen miteinander verbunden

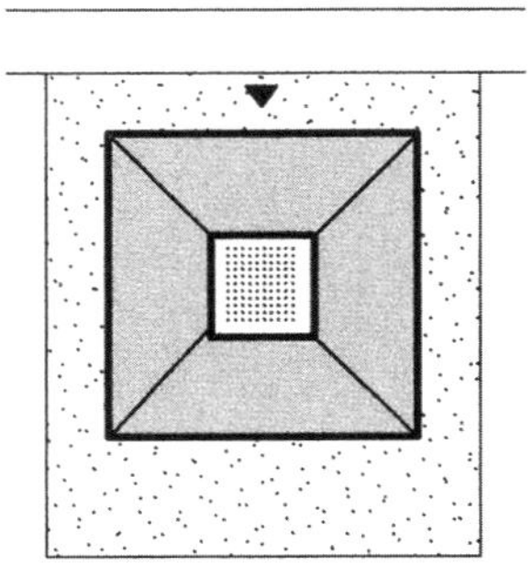

Abb. 10: Atriumhaus

spricht man von Reihenhäusern. Sie bieten durch die unmittelbare Nähe der Nachbarn weniger Privatheit als frei stehende Häuser, sind jedoch deutlich kostengünstiger, da die Grundstücke besonders gut ausgenutzt werden (Abb. 8).

Kettenhaus

Kettenhäuser sind ebenfalls gereiht, doch im Gegensatz zu Reihenhäusern sind sie durch dazwischen liegende Garagen oder Nebenräume deutlich voneinander abgesetzt. Dadurch vergrößert sich der Abstand zum Nachbarn und es erhöht sich – trotz geringem Flächenverbrauch – der private Freibereich (Abb. 9).

Atriumhaus

Charakteristisch für ein Atriumhaus ist der innen liegende Hof, um den sich vierseitig die Wohnräume gruppieren. Vor allem im Mittelmeerraum ist dieser Haustyp weit verbreitet, da er bei verdichteter Bauweise geschützte Privatbereiche bietet und vor direkter Sonneneinstrahlung schützt. Der Flächenbedarf ist durch den Innenhof und die dadurch bedingte innere Erschließung erhöht. Eingeschossige Wohnhäuser lassen sich ähnlich wie Atriumhäuser gestalten, indem zum Beispiel ein innen liegender Raum nach oben verglast wird, um Licht und Sonne ins Hausinnere zu lenken (Abb. 10).

Gartenhofhaus

Gartenhofhäuser sind L- oder U-förmig um einen Garten oder Hof angelegte, dicht gereihte Wohnhäuser. Den einzelnen Hausabschnitten sind meist bestimmte Funktionsbereiche wie Wohn- oder Schlafräume zugeordnet. Gartenhofhäuser bieten bei geringem Flächenverbrauch und trotz verdichteter Bauweise ein relativ hohes Maß an Privatheit, denn die Wohnräume orientieren sich zum Garten, der durch eine Mauer oder die Rückwand des Nachbarhauses geschützt ist (Abb. 11).

3. Grundriss

»Zeige mir, wie du baust, und ich sage dir, wer du bist.« Dieser Ausspruch von Christian Morgenstern (1871–1914) trifft in gewisser Weise auch auf die Grundrissgestaltung zu. Der Grundriss eines Hauses sagt zwar nicht unbedingt etwas über den Charakter des Bewohners aus, die Anordnung von Räumen oder Funktionsbereichen und die innere Wegeführung können jedoch durchaus die ganz persönliche Vorstellung des Bauherrn vom Wohnen zum Ausdruck bringen.

Der Grundriss trägt entscheidend zum Wohlbefinden der Bewohner bei. Er kann sogar deren Verhalten beeinflussen, indem er durch seine Struktur die sozialen Interaktionen im Haus entweder fördert oder behindert. Wenn alle Funktionsbereiche im Haus auf logische Art angeordnet sind, wird das Tagesgeschehen reibungsloser und stressfreier ablaufen. Sind dagegen durch nachlässige Planung dauerhafte Störquellen entstanden – man denke nur an zu enge Eingangsbereiche oder das Jugendzimmer neben dem Arbeitsraum –, sind Konflikte in der Familie programmiert. Häufig genug führt das Bestreben nach Originalität im Grundriss zu Lösungen, die die funktionalen Aspekte des Wohnalltags zu wenig berücksichtigen. Werden zum Beispiel die Abstände von Türen oder Fenstern zur nächsten Wand etwas schmäler dimensioniert, als es den gängigen Regal- oder Schranktiefen entspricht, erschwert dies die Möblierung der betreffenden Räume.

Ein guter Grundriss zeichnet sich dadurch aus, dass er im Hinblick auf Wegeführung, Raumgrößen und Raumzuordnungen die Lebensgewohnheiten der Bewohner abbildet und ihre Tagesabläufe erleichtert. Daher lassen sich an bereits gebauten Häusern individuelle Lösungen studieren. Deren Qualität kann jedoch nur beurteilt werden, wenn auch Informationen zu den Bewohnern und ihren Lebensgewohnheiten vorhanden sind. Doch selbst ein in diesem Sinne guter Grundriss kann nicht immer alle funktionalen Anforderungen gleich gut erfüllen, insbesondere wenn Randbedingungen wie die finan-

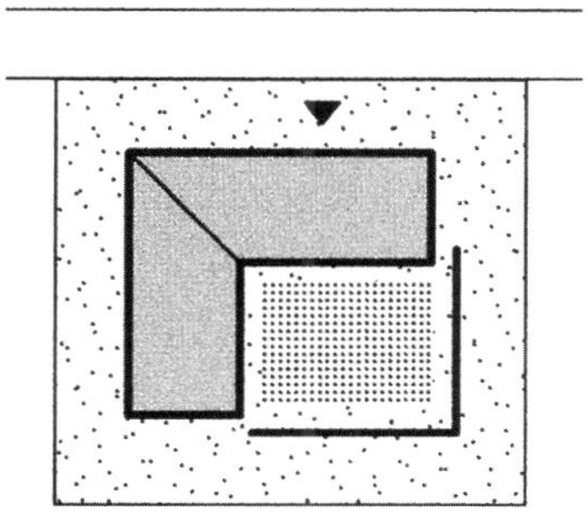

Abb. 11: Gartenhofhaus

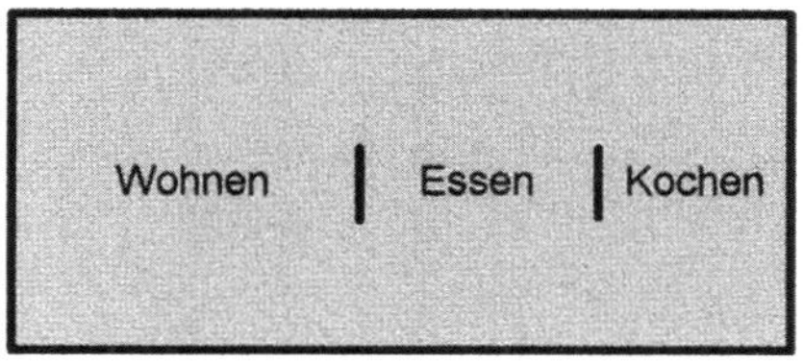

Abb. 12

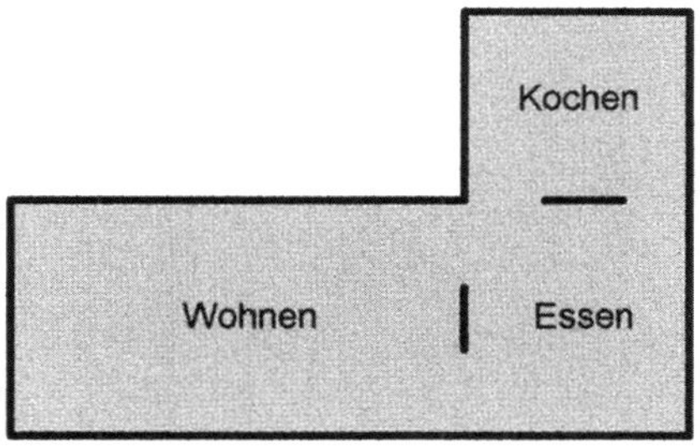

Abb. 13

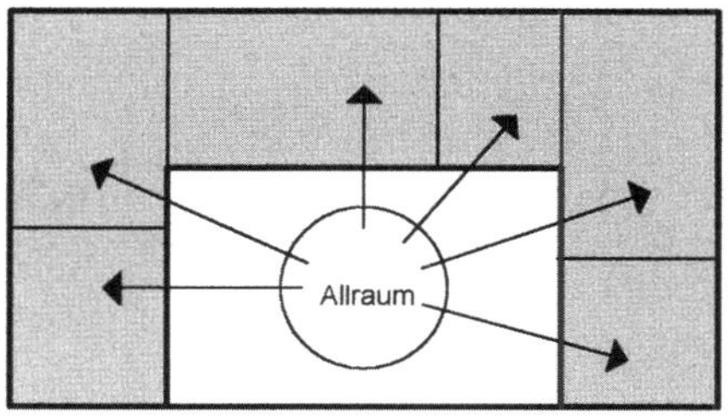

Abb. 14: Der Allraum als Mittelpunkt des Hauses und Verteiler. Verkehrsflächen sind weitgehend reduziert.

Abb. 12: Offener Grundriss im Wohnbereich: Wohnen, Essen und Kochen finden in einem großen Raum statt.
Abb. 13: Offener L-förmiger Grundriss im Wohnbereich: Die Küche ist vom Wohnraum optisch abgeteilt.

ziellen Möglichkeiten des Bauherrn, die Erschließung und Ausrichtung des Grundstücks oder auch die genehmigte Baukörperform Kompromisse erfordern. Kommen dann noch einander widersprechende Wünsche wie die nach abgeschlossener Geborgenheit bei gleichzeitigem ungehindertem Ausblick auf die Umgebung dazu, ist der Architekt besonders gefordert, den für diesen Fall optimalen Grundriss zu entwerfen.

Grundrisstypen

1. Offener Grundriss und Allraumkonzept

Charakteristisch für einen offenen Grundriss sind fließende Übergänge zwischen benachbarten Raumbereichen. Den einzelnen Wohnbereichen werden keine separaten Räume zugewiesen, sie können jedoch zum Beispiel durch transparente oder geschlossene halbhohe Raumteiler gegliedert werden. Häuser mit offenen Grundrissen wirken großzügiger und lichter und lassen im Inneren und nach außen in mehrere Richtungen Blickbezüge zu. Offene Grundrisse können unterschiedlich gestaltet sein und sich individuell stark voneinander unterscheiden. Kernstück ist ein großer Wohnraum, in den meist der Essplatz sowie eine Küchenzeile oder Kochinsel, manchmal auch ein Arbeitsbereich oder eine Bibliothek integriert sind. Dadurch wirkt der Wohnraum sehr großzügig, besonders wenn er sich auch nach oben hin zu Galerien öffnet. Zudem wird die Kommunikation unter den Bewohnern und die Geselligkeit gefördert: Bei der Bewirtung von Gästen beispielsweise bleibt während des Kochens der Bezug zum übrigen Geschehen erhalten. Die Gespräche können weitergeführt werden, während gleichzeitig der Tisch gedeckt, die Nachspeise zubereitet oder die Spülmaschine eingeräumt wird. Auch der Familienalltag spielt sich überwiegend in diesem zentralen Wohnraum ab (Abb. 12).

Der ein oder andere wird es als Nachteil empfinden, dass nur eingeschränkte Möglichkeiten vorhanden sind, um sich zurückzuziehen, wenn man ungestört sein möchte. Dann bleiben meist nur die Schlafräume. Auch der Anblick der – zuweilen unaufgeräumten – Küchenzeile ist von der Wohnzimmercouch aus nicht unbedingt gemütlich. Läuft der Fernseher, während andere Familienmitglieder sich unterhalten oder lesen möchten, ist ein hohes Maß an Toleranz gefragt. Ungewünschte Blickbezüge lassen sich leicht entschärfen – wird der offene Wohnbereich beispielsweise L-förmig angelegt, kann man Sitzgruppe und Kochbereich optisch voneinander trennen, ohne die Kommunikation dabei ganz abzuschneiden (Abb. 13). Auch frei stehende Küchenzeilen mit erhöhtem Wandabschluss schirmen – ähnlich einer Theke – den direkten Blick auf die Anrichte ab. Nach oben offene Wohnräume mit Galerien wirken großzügig und bieten vielfältige Blickbezüge. Allerdings verursachen sie höhere Heizkosten.

Eine Variante des offenen Wohnens besteht, wenn der Wohnraum als so genannter Allraum den Mittelpunkt des Hauses definiert und als Verteiler dient. Um dieses Zentrum entwickelt sich der Grundriss, von hier werden die meisten anderen Räume erschlossen. Den finnischen Architekten und Designer Alvar Aalto erinnerte der Allraum an einen Marktplatz, der als Zentrum eines Ortes ebenfalls der Kommunikation und dem Austausch dient. Dieser Grundrisstyp ermöglicht vielfältige Blickbezüge und repräsentative Räume, zieht jedoch ebenfalls die bereits angesprochenen Einschränkungen im Privatbereich nach sich. Die Allraumlösung ist wirtschaftlich, da bei ihr Verkehrsflächen reduziert oder dem Wohnbereich zugeschlagen werden. Die Privaträume können kleiner ausfallen und spielen im Hinblick auf Gestaltung und Nutzung eine eher untergeordnete Rolle (Abb. 14).

Offene Grundrisse erlauben vielfältige Gestaltungsvarianten. Verschiedene Funk-

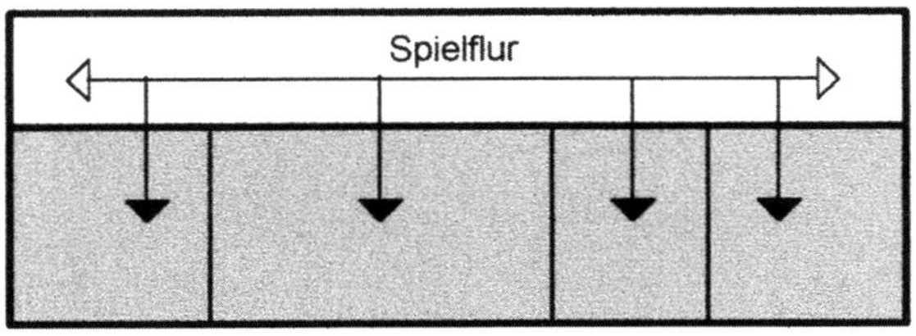

Abb. 15: Der einseitig angeordnete Flur kann natürlich belichtet und als zusätzliche Wohnfläche genutzt werden.

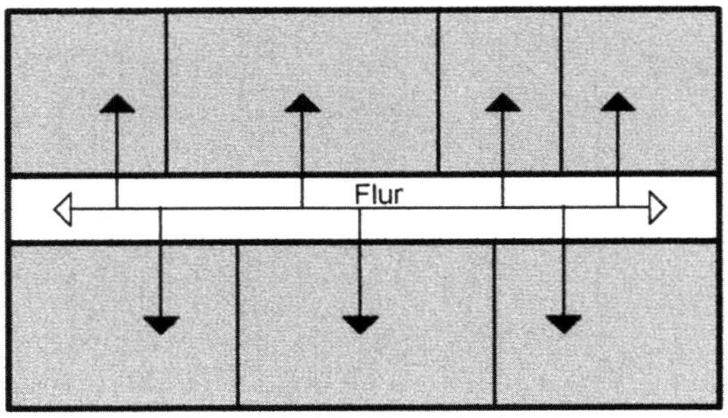

Abb. 16: Der mittig angeordnete Flur spart Platz, dient jedoch ausschließlich der Erschließung.

tionsbereiche können zum Beispiel in einem einzigen, überschaubaren Raum integriert sein, es können durch Raumteiler zonierte Bereiche ineinander übergehen, oder aber klar abgeteilte Bereiche lediglich durch das Fehlen von Türen miteinander zusammenhängen. Art und Anzahl von Raumteilern bestimmen wesentlich den Raumeindruck. Sind an den entsprechenden Stellen Schiebetüren vorhanden, lässt sich ein ursprünglich offener Wohnbereich mit wenigen Handgriffen sogar in eine Folge separater, geschlossener Räume verwandeln. Dies führt allerdings dazu, dass die betreffenden Räume von der Erschließung abgeschnitten werden und somit gefangen sind. Bei offenen Grundrissen bezahlt man, insbesondere wenn zudem mehrere Außenwände eines Raumes großflächig verglast sind, die besondere Raumwirkung häufig mit fehlenden Stellflächen für Möbel – und eine Sitzgruppe in Raummitte ist nicht jedermanns Sache. Für großzügig wirkende Räume muss nicht ganz auf geschlossene Wandflächen verzichtet werden. Gerade der Wechsel zwischen Offenheit und Geschlossenheit lässt häufig besondere Raumeindrücke entstehen.

Besonders gut eignen sich offene Grundrisse für Häuser mit wenigen Bewohnern, da bei diesen in der Regel das Konfliktpotenzial geringer ist als bei großen Familien und private Rückzugsmöglichkeiten eine geringere Rolle spielen. Bei Ferienhäusern, die meist zusätzlich zu Haus oder Wohnung gebaut werden, können durch die wegfallenden Verkehrsflächen Platz und somit Kosten gespart werden. Offene Grundrisse bieten auch dann Vorteile, wenn häufig Gäste empfangen oder Feste gefeiert werden, da durch die zusammenhängenden Raumbereiche stets genügend Platz vorhanden ist und das Haus einen kommunikativen Charakter erhält. Wird von vornherein die Anordnung der Fenster so geplant, dass sich später bei Bedarf durch das Einziehen leichter Trennwände separate Räume abteilen lassen, ist der offene Grundriss flexibel genug, um veränderten Lebenssituationen angepasst zu werden.

2. Flurtyp

Beim Flurtyp sind die Räume entlang einer Achse – dem Flur – aufgereiht, an der bei mehrgeschossigen Gebäuden auch die Treppe angegliedert ist. Bei einer einseitigen Anordnung der Räume verläuft der Flur an einer Außenwand und kann über Fenster natürlich belichtet werden. Er kann auch aufgeweitet und so zum Wohnraum – beispielsweise als Spielflur für die Kinder oder als kleine Bibliothek – aufgewertet werden. Eine zweiseitige Anordnung der Räume entlang eines mittigen Flurs ist Platz sparend, da der Erschließungsbereich optimal ausgenutzt wird. Die Belichtung ist dann jedoch schwieriger – sie könnte jedoch über ein Dachoberlicht erfolgen. Die Aufgliederung in Einzelräume ergibt durch den damit verbundenen Sicht- und Schallschutz ein hohes Maß an Privatheit und jeder Bewohner kann sich bei Bedarf zurückziehen. Zudem ermöglicht die Trennung der Funktionsbereiche innerhalb eines Hauses den Bewohnern, gleichzeitig verschiedenen Tätigkeiten nachzugehen, ohne sich gegenseitig zu stören (Abb. 15, 16, 17).

Das hohe Maß an Privatheit wird allerdings mit einer geringeren Flexibilität bei der Raumnutzung erkauft. Insgesamt ergibt sich ein höherer Anteil an Verkehrsflächen als bei einem offenen Grundriss, und die klare Abtrennung durch Türen und Flure lässt weniger Kommunikation von Raum zu Raum zu.

Bei großen Familien ist diese Art Grundriss durchaus sinnvoll, denn die einzelnen Mitglieder können sich zu unterschiedlichen Aktivitäten wie Fernsehen, Lesen oder gemeinschaftlichem Spielen in verschiedene Räume zurückziehen, wodurch gegenseitige Störungen vermieden werden.

Häufig ergibt gerade die Kombination von verschiedenen Grundrisskonzepten interessante Lösungen. Ein offener Grundriss im Erdgeschoss lässt sich beispielsweise gut

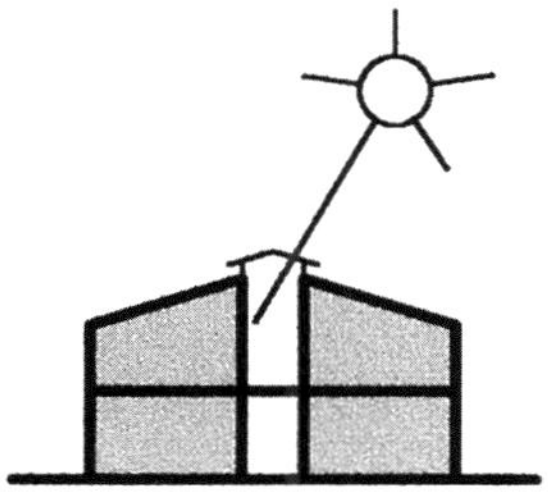

Abb. 17: Mittige Flure können über ein Dachoberlicht natürlich belichtet werden.

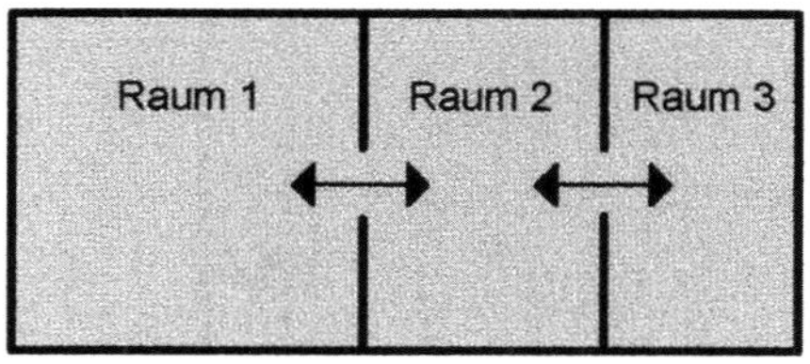

Abb. 18

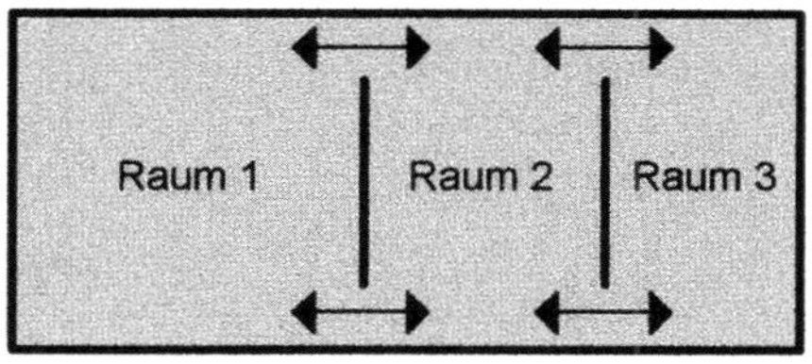

Abb. 19

Abb. 18 und 19: Raum-zu-Raum-Erschließung: Verkehrsflächen entfallen, doch können bei den Durchgangszimmern Störungen durch Mitbewohner nicht immer vermieden werden.

mit einer Flurerschließung im Obergeschoss verbinden. So werden die Vorteile beider Grundrisstypen – der kommunikative und der private Aspekt – ausgenutzt. Auch ein Luftraum über dem Wohn- oder Essbereich führt nicht nur zu einem großzügigen Raumcharakter, sondern kann zwischen dem offenen Grundriss im Erdgeschoss und dem Flur im Obergeschoss vermitteln, der gleichzeitig zu einer Galerie aufgewertet wird.

3. Mehrraumkonzept

Werden offene oder separate Räume hintereinander angeordnet, sind sie nur über den vorherigen Raum zugänglich. Man spricht dann von einer Raum-zu-Raum-Erschließung. Diese Art der Erschließung hat den Vorteil, dass Flure oder sonstige Verkehrsflächen überflüssig werden und somit die reine Wohnfläche deutlich größer ausfällt. Nachteilig ist jedoch, dass Durchgangszimmer entstehen, bei denen unbeabsichtigte Störungen durch Mitbewohner kaum zu vermeiden sind. Für Familien mit mehreren Kindern ist diese Grundrissvariante daher weniger geeignet (Abb. 18 und 19).

Anders sieht es aus, wenn die Raum-zu-Raum-Erschließung über einen Rundweg erfolgt. Kehrt man auf dem Weg von einem Raum zum nächsten schließlich wieder zum Ausgangspunkt zurück, hat das einen besonderen Reiz: Kein Raum muss zweimal durchquert werden und es entstehen ständig wechselnde Raumeindrücke. Für Kinder ist das besonders attraktiv – durch die Zimmer im Kreis herum zu toben ist allemal interessanter, als nur den Flur hinauf und hinunter zu laufen. Wird einem das ganze Treiben zu bunt, schließt man einfach eine der Verbindungstüren – die übrigen Zimmer können ja auch von der anderen Seite noch erreicht werden (Abb. 20).

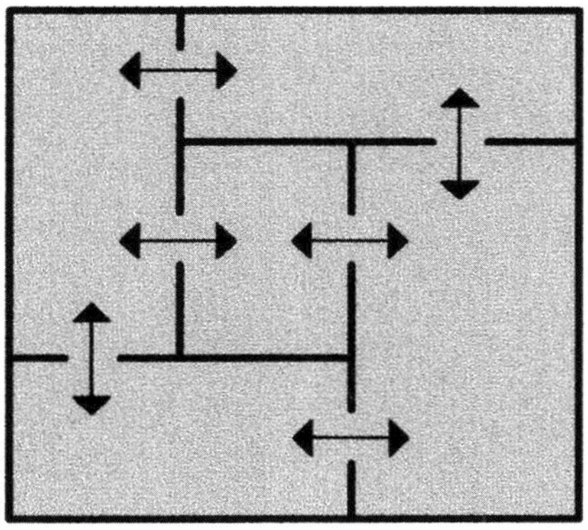

Abb. 20: Rundwege sparen Verkehrsflächen und lassen ständig neue Raumeindrücke entstehen.

Anordnung und Gestaltung der einzelnen Räume im Haus

Eingangsbereich

Lage im Grundriss

Der Eingangsbereich eines Hauses vermittelt zwischen öffentlichem und privatem Raum, ist Übergang und Auftakt zugleich. Er drückt durch eine sorgfältige Gestaltung die Wertschätzung der Bewohner sowohl für ihr Haus als auch für ihre Besucher aus.

Günstig ist es, wenn der Eingang auf der wettergeschützten Nord- oder Ostseite eines Hauses liegt. Kommt nur die Westseite für die Erschließung in Frage, kann ein dem Eingang vorgelagerter Anbau einen gewissen Schutz bieten und wenigstens einen Teil des Regens oder des Winds abhalten. Dies ist jedoch gestalterisch oft schwierig zu lösen.

Ein tiefes Vordach ist bei der West-Erschließung unabdingbar. Lässt sich das Haus nur von Süden aus erschließen, wird es meist im Grundstück relativ zum Straßenraum etwas zurückgesetzt, um die Südsonne für den Wohnbereich besser nutzen zu können. Allerdings wird dann der Weg zur Haustür relativ lang und die Terrasse sowie ein Teil des Gartens ist zur Straße und somit zur Öffentlichkeit orientiert. Hier ließe sich entweder durch eine dichte Bepflanzung oder – wie bei einem Gartenhofhaus – durch einen geschlossenen Vorhof Abhilfe schaffen.

Größe und Gestaltung

Die Eingangstür sollte über einen deutlich erkennbaren Weg erreichbar sein und nicht versteckt zwischen Garage und Haus liegen – das Gefühl, sich um einige Ecken herum ins Haus schleichen zu müssen, ist weder für die Bewohner noch für Besucher besonders angenehm. Ein zu kleiner, womöglich noch fensterloser Windfang kann zu einem täglichen Ärgernis werden: Halten sich dort mehr als eine Person gleichzeitig auf, wird es eng, ganz abgesehen davon, dass leicht zu wenig Stellfläche für Kommoden oder Regale vorhanden ist, um Schuhe, Jacken und Taschen abzulegen. Wenn irgend möglich sollte die Garderobe so dimensioniert werden, dass sie von mindestens zwei Personen gleichzeitig bequem benutzt werden kann. Neben der Garderobe ist ein Gäste-WC nützlich. Es braucht jedoch nicht groß auszufallen – eine Dusche ist hier nicht wirklich sinnvoll, es sei denn, ein Gästezimmer schließt sich unmittelbar an. Bei späterer Nutzung im Alter wird das Duschbad dann das ebenerdige Hauptbad.

Küche

Lage im Grundriss

Die Küche sollte möglichst nahe beim Eingangsbereich liegen und zugleich unmittelbar an den Essplatz angrenzen. Vom Eingang ohne Umwege in die Küche zu gelangen erleichtert den Alltag ungemein, da sich die Einkäufe gleich an Ort und Stelle einräumen lassen, ohne dass sie erst durchs Wohnzimmer oder andere Räume getragen werden müssen. Gut denkbar ist daher eine geräumige Speisekammer als Schleuse zwischen Eingang und Küche, in der die Vorräte direkt verstaut werden können. Eine direkte Verbindung von der Küche ins Esszimmer sollte selbstverständlich sein. Blickbezüge auf den Vorplatz oder den Garten sind vorteilhaft, da bei der Küchenarbeit beispielsweise ankommende Besucher frühzeitig bemerkt oder Kinder beim Spielen beaufsichtigt werden können. Blickbezüge in den Wohnraum wiederum lassen Kommunikation während des Kochens zu.

Sehr praktisch ist es, wenn von der Küche aus ein direkter Zugang ins Freie zum Beispiel zu einem kleinen Kräuter- oder Gemüsegarten führt. Die Orientierung nach den Himmelsrichtungen kommt bei der Küche auf die Gewohnheiten der Bewohner an. Jede Lage, mit Ausnahme der reinen Nordlage, bietet Vorteile: Manche schätzen Morgensonne beim Frühstück, um gut in den Tag zu starten. Andere bereiten gerne abends warme Mahlzeiten zu und möchten dabei die Abendsonne genießen.

Größe und Gestaltung

Die Organisation und die Ausstattung einer Küche unterliegt stark den individuellen Vorlieben der jeweiligen Bewohner. Eine reine Kochküche zum Beispiel benötigt wenig Platz, ist dafür jedoch auch wenig kommunikativ. Sie wird unter rein funktionalen Aspekten am besten mit kompakten Einbaumöbeln ausgestattet, die einzeilig oder zweizeilig angeordnet sein können. Bei der einzeiligen Anordnung könnte gegenüber noch ein kleiner Tisch Platz finden. Eine Wohnküche hingegen wird häufig zum Zentrum des Familienlebens. Die Zubereitung der Mahlzeiten ist nur eine von vielen Tätigkeiten, die in einer Wohnküche stattfinden. Pflegeleichte Sitzmöbel sowie ein robuster Tisch zum Essen, Spielen, Malen oder Basteln sind daher empfehlenswert. Für Wohnküchen eignet sich die L-förmige Anordnung der Küchenelemente, da die Sitzgruppe diagonal gegenüber liegen kann. Doch auch die U-Form hat Vorteile, denn sie bietet viel Arbeitsfläche, benötigt in einer Wohnküche jedoch zusammen mit dem Esstisch wesentlich mehr Raum als die anderen Varianten. Beliebt sind auch offene Küchen, die in Form von Küchenzeilen oder Kochinseln in den Wohnbereich frei eingestellt sind. Diese kommunikative Lage, durch die auch Gäste bei der Küchenarbeit zuschauen oder mitmachen können, hat den Vorteil, dass der Koch oder die Köchin zur Zubereitung des Essens nicht den Raum verlassen muss und von der Unterhaltung abgeschnitten ist. Der Nachteil ist, dass sich Essensgerüche im gesamten Wohnraum verteilen können und die Küche unter Umständen auch in unaufgeräumtem Zustand vom Wohnzimmer aus einsehbar ist. Diese Lösung eignet sich daher weniger bei Einladungen, die ein repräsentatives Ambiente erfordern.

Wohnraum

Lage im Grundriss

Der Wohnraum stellt meist das Zentrum des Hauses dar, in dem die unterschiedlichsten Aktivitäten stattfinden: Lesen, Fernsehen, Musizieren, Spielen, Gäste Empfangen und vieles mehr. Er wird von der gesamten Familie genutzt und sollte daher dem Wohnbedürfnis jedes Einzelnen gerecht werden. Am besten eignen sich Süd- oder Südwestlagen, die vom Vormittag bis zum Abend hell und sonnig sind. Ideal ist ein direkter Zugang zum Außenraum, sei es zu einer Terrasse oder zum Garten. Wird der Wohnraum – zum Beispiel bei entsprechend schönem Ausblick – großzügig verglast, erweitert er sich optisch um den angrenzenden Außenraum. Dabei sollte jedoch sichergestellt sein, dass dadurch nicht ungewollt Einblicke vom öffentlichen Außenbereich in das Hausinnere möglich werden. Bei der Westlage ist die Fassade der Witterung besonders ausgesetzt, sodass unter Umständen gerade die besonders großen Fensterflächen häufiger gereinigt werden müssen. Auch ist hier ein beweglicher Sonnenschutz sinnvoll, um eine Aufheizung am späten Nachmittag zu verhindern. Süd- und Westlagen sind unter energetischen Gesichtspunkten günstig, da die in der Regel großflächigen Fenster des Wohnbereichs die Wintersonne besonders effektiv ins Hausinnere lassen.

Größe und Gestaltung

Ob ein Wohnraum offen gestaltet oder als separater Raum ausgebildet wird, hängt vom Geschmack der Bewohner ab. In jedem Fall sollte trotz der Möblierung mit Tischen, Sesseln, Regalen und Schränken noch ausreichend Bewegungsfläche bleiben. Besonders beim Musizieren ist – unabhängig von der Art des Instruments – ein geräumiges Umfeld angenehm, bei dem nicht erst Möbelstücke gerückt werden müssen, um Notenständer und Instrument zu platzieren. Bei sehr großen oder offenen Wohnräumen bietet es sich an, mit Raumteilern in Form von Wandscheiben oder Regalen einzelne Bereiche abzuteilen, die dann mit Schiebeelementen in separate Räume, wie zum Beispiel einen Arbeitsraum verwandelt werden können. Auch Höhensprünge wie einige Distanzstufen oder das Versetzen von Ebenen um halbe Geschosse – wie beim so genannten Split-Level-Grundriss – können Raumbereiche zonieren. Dabei sollte man jedoch bedenken, dass für Bewohner oder Besucher, die körperlich nur eingeschränkt beweglich sind, jede Stufe zum Hindernis werden kann.

Ist genügend Grundstücksfläche vorhanden, ließe sich der Wohnraum um einen Wintergarten erweitertn. Als zusätzlicher sonnendurchfluteter Aufenthaltsraum kann ein Wintergarten gerade in den Übergangszeiten die Wohnqualität deutlich steigern. Soll er zur passiven Nutzung von Solarenergie herangezogen werden, sollte er nach Süden oder Westen orientiert und zum Wohnraum über eine Glaswand abgetrennt sein. Dann dient ein Wintergarten bei niedrigen Außentemperaturen als Sonnenfalle und der Wärmegewinn kommt dem Wohnraum zugute. Eine Überhitzung im Sommer wird vermieden, da Lüftungsflügel im oberen Bereich des Wintergartens für eine Ableitung der Warmluft sorgen. In jedem Fall ist ein beweglicher Sonnenschutz notwendig. Wer für den Übergangsbereich zwischen Innen und Außen eine kostengünstigere Lösung sucht, für den könnten Loggien oder überdachte Veranden geeignete Alternativen darstellen.

Esszimmer

Lage im Grundriss

Das Esszimmer stellt das Bindeglied zwischen Wohnen und Kochen dar, es kann sich zu jeweils einem dieser Bereiche oder aber zu beiden öffnen. Häufig ist das Esszimmer Bestandteil des Wohnraums, es kann aber auch als separater Raum einen eigenständigen Charakter erhalten. Wichtig ist der direkte räumliche Bezug zur Küche, um die Wege so kurz wie möglich zu halten. Die optimale Ausrichtung zur Sonne richtet sich auch hier nach den Gewohnheiten der Bewohner, besonders bieten sich natürlich die Süd- und die Westlage an.

Größe und Gestaltung

Die gemeinsamen Mahlzeiten sind wichtige Momente im Familienalltag, ihre Bedeutung sollte durch Größe und Ausstattung des Essplatzes gewürdigt werden. Dieser darf daher nicht zu knapp bemessen werden. Ausreichende Bewegungsfläche rings um den Tisch – der bei Besuch eventuell ausgezogen werden muss – ist nicht nur wegen des Servierens wichtig. Auch Regale und Schränke sollten noch Platz finden, um Geschirr unterbringen zu können und um gleichzeitig ein wohnliches Ambiente zu schaffen.

Kinderzimmer

Lage im Grundriss

Kinderzimmer werden von allen Wohnräumen gewöhnlich am intensivsten genutzt – hier wird gespielt, gebastelt, gelernt, häufig genug geturnt und getobt und natürlich geschlafen. Die Räume für die Kinder sollten daher wenn irgend möglich nach Süden oder Westen orientiert, von der Straße abgewandt und durch große Fenster belichtet sein. Ein Sonnenschutz vor den Fenstern ist insbesondere bei der Westlage wichtig. Die reine Nordlage sollte für ein Kinderzimmer selbstverständlich nicht in Betracht gezogen werden. Für die Zuordnung der Kinderzimmer zu den übrigen Räumen lässt sich keine allgemein gültige Regel aufstellen. Babys und Kleinkinder sind nachts fraglos am besten in einem Zimmer in der Nähe des Elternschlafzimmers aufgehoben. Tagsüber ist es günstig, kleinen Kindern auch im Wohnbereich genügend Spielfläche zuzugestehen, damit sie zum Beispiel beim Kochen oder bei der Hausarbeit stets beaufsichtigt werden können. Ein zusätzliches separates Erwachsenenzimmer, das frei von Spielzeug und sonstigen Spuren kreativer Kinderbeschäftigung ist, wäre bei einem Haushalt mit Kleinkindern eine Überlegung wert.

Jugendliche schätzen es weniger, ihr

Reich neben dem elterlichen Schlafzimmer zu wissen, da sie dann nicht ohne weiteres laute Musik hören oder Freunde empfangen können, ohne sich von den Eltern beobachtet zu fühlen. Werden bereits beim Entwurf des Hauses im Erdgeschoss ein oder zwei zusätzliche Räume eingeplant, beispielsweise als Gäste- oder Arbeitszimmer mit kleinem Bad, können die heranwachsenden Kinder später dort einziehen und sich somit räumlich etwas von den Eltern abgrenzen. Eine andere Möglichkeit besteht darin, im Obergeschoss Elterntrakt und Kindertrakt klar voneinander zu trennen, zum Beispiel durch dazwischen liegende Nebenräume wie die Bäder oder auch durch einen Luftraum, falls der Flur als Galerie ausgebildet ist. Dann befinden sich die Räume der Kinder zumindest auf derselben Ebene wie die der Eltern und der Rufkontakt zwischen den Schlafzimmern ist gewährleistet, größere Kinder hätten jedoch ihren eigenen, separaten Bereich. Wird hier noch eine unabhängige Erschließung vorgesehen, könnte dieser Teil des Hauses später einmal, wenn die Kinder ausgezogen sind, als Einliegerwohnung genutzt werden.

Größe und Gestaltung

Ein Kinderzimmer sollte in erster Linie viel Platz zum Spielen und Toben bieten. Räume unter 15 Quadratmetern werden diesen Anforderungen kaum gerecht. Kinder benötigen jedoch auch einen ruhigen und hellen Platz, um ungestört ihre Hausaufgaben erledigen zu können. Günstig ist es, wenn sich das Zimmer durch die Anordnung der Möbel in verschiedene kleinere Nutzungsbereiche gliedern lässt. Offene halbhohe Regale könnten zum Beispiel als Raumteiler eingesetzt werden und den Arbeitsplatz von der Spielfläche etwas abgrenzen. Wichtig sind auch freie Wandflächen, damit sie entweder bemalt oder mit Postern beklebt werden können. Sehr nützlich sind in diesem Zusammenhang vom Flur aus zugängliche Einbauschränke, da sie den nötigen Stauraum bieten, ohne im Kinderzimmer Platz zu beanspruchen. Alle Kinder einer Familie sollten nach Möglichkeit im Hinblick auf Größe und Orientierung gleichwertige Zimmer erhalten. Anderenfalls sind Geschwisterkonflikte von vornherein programmiert. Es gibt kaum ein Kind, das nicht erhöhte Rückzugs- und Schlafbereiche schätzt – die allseits beliebten Hochbetten zeugen davon. Besonders spannend sind – und seien sie auch noch so klein – richtige Schlafgalerien, deren Einbau sich bei zum Dach hin offenen Räumen geradezu anbietet.

Schlafzimmer

Lage im Grundriss

Schlafzimmer sind die privatesten Räume im Haus und sollten daher deutlich vom übrigen Wohnbereich abgetrennt werden. Falls Schlaf- und Wohnbereich nicht auf verschiedene Stockwerke verteilt werden können, sollte zumindest eine klare Zonierung des Stockwerks, das beide Bereiche aufnimmt, in verschiedene Flügel erfolgen. Wer gerne von der Morgensonne geweckt wird, schätzt sicher die Ausrichtung nach Osten. Auch die Südlage ist vorteilhaft, da so das Schlafzimmer auch tagsüber an Wohnqualität gewinnt – ein wichtiger Aspekt bei Schlafräumen, die auch anderweitig genutzt werden. Die Nordlage ist nicht zu empfehlen, denn auch in einem reinen Schlafzimmer profitiert man von einer freundlichen, hellen und sonnigen Raumatmosphäre. Ungünstig ist die Ausrichtung nach Westen, da sich das Schlafzimmer im Sommer sonst abends unangenehm aufheizen kann. Ein beweglicher, außen liegender Sonnenschutz ist dann unabdingbar. Das Schlafzimmer sollte sich unmittelbar neben Bad und WC befinden. Die direkte Erschließung des Badezimmers vom Schlafzimmer aus ist zwar sehr bequem, erschwert aber eine spätere Umnutzung des Raums bei veränderten Wohnbedürfnissen.

Größe und Gestaltung

Wenn ein Zimmer ausschließlich zum Schlafen genutzt wird, beschränkt sich der Flächenbedarf in aller Regel auf ausreichend Platz für ein beidseitig frei stehendes Doppelbett, für Kommoden und Regale sowie für einen Kleiderschrank. Zusätzliche Flächen erhöhen zwar die Raumwirkung, jedoch auch die Baukosten. Häufig dient ein Schlafzimmer auch als Arbeits- oder Lesezimmer. Dann erhöht sich nicht nur der Flächenbedarf, sondern auch der Anspruch an Ausstattung und Raumwirkung. Bewährt hat sich dabei, den optisch dominanten Kleiderschrank aus dem Zimmer zu verbannen – eine Maßnahme, die auch bei reinen Schlafzimmern erheblich zur Steigerung einer wohnlichen Atmosphäre beiträgt. Durch eine leichte Trennwand abgeteilt lässt sich ein separater Ankleidebereich mit raumhohen Einbauschränken organisieren. Eine derartige Ankleide kann auch vom Flur aus erschlossen werden oder als Durchgangsbereich zum Bad dienen. Wie auch immer angelegt, sollte sie einen wohnlichen Charakter erhalten, ausreichend Platz zum Ankleiden bieten und idealerweise über ein Fenster belichtet werden.

Soll in einem Schlafzimmer ein PC-Arbeitsplatz eingerichtet werden oder ist ein offenes Bücherregal vorgesehen, so ist zu bedenken, dass sich durch das Aufschütteln der Betten mehr Staub ansammelt als in anderen Räumen.

Bad

Lage im Grundriss

Für ein Bad bietet sich zwar die Ostlage an, um mit der Morgensonne den Tag beginnen zu können, doch auch die Ausrichtung nach Norden ist möglich. Ein Bad nach Westen kann gegebenenfalls den Gartenausblick in schönster Morgensonne bestrahlt liefern und den Sonnenuntergang von der Wanne aus genießen lassen. Gleichzeitig sollte ein Bad möglichst nahe an die Schlafzimmer grenzen. Zwei Bäder werden am wirtschaftlichsten direkt nebeneinander und am besten über der Küche im Erdgeschoss angeordnet, damit möglichst viele Wasserleitungen in einer gemeinsamen Installationswand geführt werden können. Empfehlenswert ist es, Bad und WC räumlich zu trennen und über Fenster zu belichten und zu belüften.

Größe und Gestaltung

Der Flächenbedarf für ein Bad wird in erster Linie durch Anzahl und Größe der Sanitärobjekte bestimmt – manchmal wird eine Dusche, manchmal eine Badewanne und oft auch beides geplant – sowie durch die Anzahl der Nutzer und deren Bedarf an Ablage- und Regalflächen. Häufig werden auch zwei Waschbecken gewünscht. In jedem Falle sollte auch ein Bad, das nur von einer Person benutzt wird, genügend Bewegungsfläche bieten – schließlich ist ein Bad ja auch ein Bereich der Entspannung und des Wohlbefindens. Dazu kann zum Beispiel auch eine Sitzgelegenheit beitragen oder ein Gerät für Fitnessübungen. Manchmal öffnen sich Bäder zu einem Außenbereich, zum Beispiel einem Balkon oder einer Dachterrasse. Dann entsteht eine ganz besondere Raumatmosphäre, die das Bad in einen Wellness-Bereich verwandelt.

Bei Familien mit mehr als zwei Kindern ist ein zweites Bad sinnvoll, doch auch bei kleineren Familien ist, wenn es der Platz erlaubt, ein eigenes Bad für die Kinder vorteilhaft. Leben ältere Menschen im Haushalt, empfiehlt es sich, bereits bei der Planung des Hauses über den Einbau eines barrierefreien Bads nachzudenken. Mit Barrierefreiheit werden häufig körperliche Gebrechen assoziiert, doch eine schwellenfreie Dusche oder eine nach außen aufschlagende Tür sind Annehmlichkeiten, die jedem zugute kommen. Der nachträgliche Einbau einer bodengleichen Dusche führt zu erheblichen Mehrkosten und ist je nach Bodenaufbau nicht ohne weiteres möglich.

Arbeitszimmer

Lage im Grundriss

Arbeitszimmer können je nach Vorliebe des Bewohners nach jeder Himmelsrichtung orientiert sein. Bei manchen Tätigkeiten, wie bei der Arbeit am Bildschirm oder bei künstlerischen Arbeiten ist die Nordseite vorteilhaft, da Nordlicht diffus und blendfrei ist und für eine gleichmäßige Ausleuchtung des Raums sorgt. Arbeitszimmer sollten möglichst gegen Lärm im Haus abgeschirmt sein. Daher ist es sicher nicht ratsam, sie neben den Kinderzimmern oder der Küche anzuordnen. Die Orientierung zur Straße beeinträchtigt dagegen in aller Regel selten. Häufig empfiehlt es sich, den Arbeitsbereich räumlich völlig vom Wohnbereich abzutrennen. Kellerräume eignen sich zum Arbeiten weniger, da hier kaum eine gedeihliche Raumatmosphäre entstehen kann.

Größe und Gestaltung

Die Größe des Arbeitszimmers hängt weitgehend von der vorgesehenen Nutzung ab – in vielen Fällen, besonders aber wenn vorwiegend am Computer gearbeitet wird und auch keine Geschäftsbesuche empfangen werden müssen, wird nicht übermäßig viel Platz benötigt. Wichtig ist eine angenehme Raumatmosphäre, wozu eine gute Belichtung beiträgt. Daher sollten große Fenster eingeplant werden – besonders bei kleinen Räumen, die dadurch viel großzügiger wirken, ein wichtiger Aspekt.

Flure

Lage im Grundriss

Flure dienen der inneren Erschließung des Hauses. Sie sollten nach Möglichkeit hell, müssen jedoch nicht unbedingt sonnig sein. Daher ist bei Fluren, die an der Außenwand verlaufen, auch die Nordlage geeignet, die vom Flur erschlossenen Räume orientieren sich dann nach Süden. Flure benötigen keine großen Fenster, daher lassen sich hier Wärmeverluste reduzieren. Mittelflure im Obergeschoss können bei einem Flachdach über ein Dachoberlicht belichtet werden, bei einem Satteldach über ein Firstoberlicht.

Größe und Gestaltung

Flure und Dielen sind eigentlich zu schade, um nur als Verkehrsfläche zu dienen. Mit wenigen Kunstgriffen lassen sich erstaunlich gut nutzbare Räume gestalten. Dies gilt allerdings nur für Flure, die einseitig Räume erschließen, also an einer Außenwand verlaufen. Werden sie etwas breiter als für die reine Erschließungsfunktion nötig geplant oder an einer Seite aufgeweitet und mit Fenstern versehen, so kann eine zusätzliche Spielfläche für die Kinder entstehen. Eine Tischplatte unterm Fenster verwandelt den Flur in einen Arbeitsplatz, ein Bücherregal in eine kleine Bibliothek. Werden von einem Flur aus dagegen nach beiden Seiten Räume erschlossen, fehlt eine ruhige, störungsfreie Seite und eine Aufwertung als zusätzlicher Wohnraum ist nicht möglich. Dafür kann er schmäler und kürzer ausfallen, wodurch sich die Wirtschaftlichkeit dieser Form der Erschließung erhöht.

Treppen

Eine Treppe als verbindendes Raumelement sollte nicht als notwendiges Übel, das möglichst Platz sparend untergebracht werden muss, angesehen werden. Treppen haben großen Einfluss auf Wohngefühl und Wohlbefinden der Bewohner und können die Raumwirkung entscheidend prägen. Sehr angenehm ist es, wenn die Treppe natürlich belichtet wird. Dies kann über seitliche Fenster ebenso geschehen wie über Dachoberlichter. Gerade Treppen, die entweder in einem Lauf oder mit Richtungswechsel in zwei Läufen nach oben führen, wirken als klares Raumelement, da sie eine eindeutige Bewegungsrichtung vorgeben und sie sind angenehm zu begehen. Bei einläufigen Treppen ist wichtig, dass vom oberen

Treppenabsatz genügend Abstand zur gegenüber liegenden Wand bleibt, damit man sich beim Ankommen nicht zum Flur hindurchzwängen muss. Auch sollten Türaufschläge auf Treppenabsätze vermieden werden. Gewendelte oder angewendelte Treppen nehmen zwar weniger Platz ein, sind jedoch schwieriger zu begehen und damit unfallträchtiger, da die Trittstufen nach innen immer schmäler werden – besonders für ältere Menschen und kleine Kinder eine Erschwernis. Beidseitige Handläufe geben zusätzlich Sicherheit, nützen allerdings nur etwas, wenn sie dem Treppenlauf genau folgen: Bei gewendelten Treppen ist dies dann nicht möglich, wenn der äußere Handlauf an der Wand befestigt wird, die ja meistens rechtwinklig verläuft.

Hauswirtschaftsraum

Waschen, Trocknen, Bügeln, doch auch das Putzen von Schuhen oder Kinderstiefeln sind typische Tätigkeiten, die in einem Hauswirtschaftsraum stattfinden. Häufig liegt dieser im Keller, was nicht unbedingt sinnvoll ist. Die Wäsche muss dann zunächst hinunter getragen, dort nach dem Waschen und Trocknen in einem eher ungemütlichen Ambiente gebügelt und gelegt, und anschließend wieder hinauf, meist in das erste Obergeschoss, getragen werden.

Günstig ist es, den Hauswirtschaftsraum ebenerdig nahe des Eingangs anzulegen und ihn über ein Fenster natürlich zu belichten. Wenn ein Zugang zum Garten oder zur Terrasse besteht, kann die Wäsche ohne Umstände ins Freie gebracht und dort aufgehängt werden. Kommen beispielsweise die Kinder vom Fußballspielen nach Hause, sind die Schuhe schnell abgewaschen und zum Trocknen nach draußen gestellt. Auch das Wasser von Putzeimern kann im Erdgeschoss relativ mühelos aufgefüllt oder weggeschüttet werden. Sollte der Hauswirtschaftsraum zusätzlich als Vorratslager für Lebensmittel dienen, ist er am besten neben der Küche anzuordnen.

Kostengünstig und energiesparend bauen

Bei der Planung eines Einfamilienhauses können die Bau- und Betriebskosten reduziert werden, wenn verschiedene Aspekte in Bezug auf Konstruktion und Energieverbrauch beachtet werden. Einige davon seien im Folgenden genannt.

Am Anfang sollte die Frage stehen, wie groß die tatsächlich benötigte Wohnfläche ist. Wird am Bedarf vorbei geplant, schlägt sich das unmittelbar auf die Kosten nieder denn jeder zusätzliche Quadratmeter verteuert Rohbau und Innenausbau. Lufträume geben dem Haus zwar einen großzügigen Charakter, verbrauchen jedoch Wohnfläche, die im Obergeschoss nicht genutzt werden kann, und verursachen höhere Heizkosten – sie sind teure »umbaute Luft«. Werden Verkehrsflächen reduziert, können stattdessen ohne finanziellen Mehraufwand Wohnflächen vergrößert werden, was der Wohnqualität zugute kommt.

Eine kompakte Gebäudeform ohne Vor- und Rücksprünge und ohne Erker ist ebenfalls kostengünstig, da der Bauaufwand wesentlich geringer ist. Die im Verhältnis zum Volumen optimierte Gebäudeoberfläche führt außerdem zu geringeren Wärmeverlusten und hilft Heizkosten zu sparen.

Kellerräume sind verglichen mit ebenerdigen Räumen unverhältnismäßig teuer, da zusätzliche Kosten für den Erdaushub, dessen Abtransport und für die massive Baukonstruktion mit Abdichtung gegen Feuchtigkeit anfallen. Hauswirtschaftsräume, Vorratslager oder Hobbyräume lassen sich im Ergeschoss meist wirtschaftlicher unterbringen als im Keller und können dann zudem natürlich belichtet werden, vorausgesetzt das Grundstück ist genügend groß. Heizungskeller sind bei Ölheizungen sinnvoll, Gasthermen hingegen lassen sich problemlos überall im Haus anbringen. Wer auf einen Keller nicht verzichten möchte und zugleich den hohen finanziellen Aufwand scheut, könnte eine Teilunterkellerung in Betracht ziehen.

Wer weitere Kosten einsparen möchte, kann beispielsweise auf einen Balkon verzichten. Dies ist vor allem dann überlegenswert, wenn auch eine Terrasse geplant und ein Garten vorhanden ist. Der finanzielle Aufwand für den Bau eines Balkons lohnt nur dann, wenn dieser nicht nur zum Auslüften von Wäsche benutzt wird oder als zusätzlicher Abstellplatz dient.

Energieverluste lassen sich durch eine optimale Wärmedämmung von Außenwänden, Dächern und Fenstern minimieren. Nach Süden orientierte Wohnräume mit großzügigen Glasflächen erhöhen die Ausnutzung von Sonnenenergie, nach Norden ausgerichtete Nebenräume mit kleinen Fensteröffnungen verringern dagegen Wärmeverluste. Dies zeigt, dass bereits bei der Planung des Grundrisses wesentlich Einfluss auf die späteren Betriebskosten genommen werden kann.

Der Architekt als Berater

Bei der Planung eines Einfamilienhauses ist der Architekt ein wichtiger Wegbegleiter. Als Fachmann hilft und berät er bei der Entwicklung einer individuellen Lösung und setzt unter Berücksichtigung der oftmals komplexen Randbedingungen die Wünsche des Bauherrn in einen zu ihm passenden Entwurf um. Gegebenenfalls zieht er weitere Fachleute, zum Beispiel für Statik, Haustechnik oder Freiflächengestaltung hinzu. Ideal ist es, wenn Bauherr und Architekt eine ähnliche Auffassung vom Wohnen haben und im engen Dialog miteinander die optimale Lösung erarbeiten. Mithilfe eines Architekten kann so die persönliche Vorstellung von einem Zuhause – unabhängig von dessen Größe – mit einem qualitativ hochwertigen Einfamilienhaus verwirklicht werden.

Zum Buch

Die folgenden Beispiele zeigen aktuelle Grundrisslösungen für Einfamilienhäuser. Die angegebene Kosten beinhalten nicht die Grundstückspreise, da sie starken regionalen Unterschieden unterliegen.

In den Gesamtbaukosten sind enthalten: die Erschließungskosten, Rohbau, Innenausbau, Haustechnik, Außenanlagen und die Baunebenkosten wie zum Beispiel Honorare für Architekten und weitere Fachleute. Wie weiter oben ausführlich dargestellt, hängen die Anforderungen an einen Grundriss in erster Linie von den Nutzern und ihren Wohnbedürfnissen ab. Den einzelnen Nutzertypen wurden bestimmte Kategorien zugeordnet, da sie ähnliche Anforderungen an einen Grundriss stellen, obwohl ihre Vorstellungen vom Wohnen individuell sehr verschieden sein können. Die Projektbeispiele sind daher in fünf Kategorien eingeteilt, die sich durchaus überschneiden können:

Wohnen für Singles und Paare
Wohnen für Familien
Wohnen für mehrere Generationen
Wohnen und Arbeiten
Wohnen und Entspannen.

DER OPTIMALE GRUNDRISS

Wohnen für Singles und Paare

Die Zahl von Singles, kinderlosen Paaren und älteren Paaren, deren Kinder bereits aus dem Haus sind, nimmt im Zuge des soziologischen und demografischen Wandels in der Gesellschaft immer mehr zu. Gleichzeitig steigen die Ansprüche an Wohnfläche und Wohnkomfort – viele allein Stehende und Paare möchten lieber in einem Haus anstatt einer Etagenwohnung leben – sodass immer größerer Bedarf an Wohnraum entsteht. Üblicherweise werden Wohnhäuser als Einfamilien- oder Mehrfamilienhäuser geplant und sind auf die Bedürfnisse von Familien zugeschnitten. Dabei wird jedoch häufig übersehen, dass allein Stehende unter Umständen andere Wohnbedürfnisse haben, die mit einem Einfamilienhaus nicht unbedingt befriedigt werden können. Daher sollte ein Wohnhaus für Singles nicht einfach nur ein kleines Einfamilienhaus sein. Während beispielsweise ein Haus für eine Familie dem Einzelnen die Möglichkeit bieten sollte, sich zurückzuziehen, ist dies für einen Single nicht so wichtig und sein Haus kann daher offen und übersichtlich gestaltet sein. Da bei allein Lebenden oft Freunde und Bekannte die Familie ersetzen, sind nicht nur Gästezimmer wichtig, sondern auch großzügige und repräsentative Räume, die Platz für Einladungen bieten. Auch Raum-zu-Raum-Erschließungen sind problemlos möglich, da niemand sonst durch häufiges Benutzen von Durchgangszimmern die Ruhe des Bewohners stören kann. Verkehrsflächen können so weitgehend vermieden und die gewonnene Fläche fürs Wohnen genutzt werden.

Wohnen zwei Personen in einem Haus, ist für jeden Bewohner ein Rückzugsbereich erforderlich. Abgesehen davon kann der Grundriss wie bei Singles offen gestaltet werden. Generell gilt: Je mehr Personen in einem Haushalt leben, desto mehr Konfliktpotenzial ist vorhanden und desto mehr private Rückzugsmöglichkeiten sollten vorgesehen werden. Falls späterer Nachwuchs nicht ausgeschlossen ist, sollten die Bedürfnisse von Kindern bereits bei der Planung des Hauses mit berücksichtigt werden. Konkret könnte das bedeuten, dass zum Beispiel ein offener Grundriss, bei dem die Wohnbereiche ineinander übergehen, durch die Anordnung der Fenster den späteren Einbau von Trennwänden erlaubt. So wird es möglich, separate Kinderzimmer einzurichten. Auch lassen sich bereits beim Bau Sanitärinstallationen vorbereiten, um bei Bedarf mit vergleichsweise geringem Aufwand ein weiteres Bad einbauen zu können.

Die folgenden Beispiele zeigen unterschiedliche Lösungen: für Paare jeden Alters, für Singles mit viel Platzbedarf und für ausgeprägte Individualisten.

Über dem Hang schweben

Wohnhaus am Hang

Architekt: Hans Gangoly, Graz

Lage und Ausgangssituation
Von einem gut 900 Quadratmeter großen Hanggrundstück aus bietet dieses großzügig dimensionierte Haus einen beeindruckenden Blick über Graz hinweg ins südsteirische Hügelland. Der Bauherr wünschte sich alle Wohnfunktionen auf einer Ebene, da er alleine lebt. Zusätzlich benötigte er für seine Kinder, die ihn häufig besuchen, und für Gäste, die bei ihm übernachten, einen separaten und von seiner eigenen Wohnung unabhängigen Bereich. Entsprechend dieser Vorgaben entwarf der Architekt einen zweigeschossigen Baukörper, der durch die auskragenden Deckenplatten sowie durch die großflächige Verglasung im Obergeschoss leicht und beinahe schwebend wirkt.

Grundriss
Die Erschließung erfolgt von der unteren Hangseite über eine Außentreppe und den großen Vorplatz unter dem aufgeständerten Obergeschoss. Die Grundrisse von Erd- und Obergeschoss sind jeweils klar in zwei Bereiche mit einer dazwischen liegenden Erschließungszone gegliedert: Im zurückgesetzten Erdgeschoss sind auf der rückwärtigen Seite – der Nordwestseite – im Hang Nebenräume untergebracht, auf der gegenüber liegenden Seite – nach Südosten orientiert – eine Einliegerwohnung für die Besucher des Bauherrn.

Im Obergeschoss orientieren sich diese Raumzonen zu einem zentralen Luftraum. Im nördlichen Abschnitt wurden Einzelzimmer wie Schlafzimmer mit Bad, Ankleide und Gästezimmer mit jeweils kleinen Fensteröffnungen angeordnet, auf der Südseite erstreckt sich über die gesamte Hausbreite ein großer, zusammenhängender Wohnraum, in den Küche und Esszimmer integriert sind und der geschosshoch über Eck verglast ist. Ein kleiner Arbeitsbereich schließt sich offen zum Luftraum und zum Wohnraum an. Der nach allen Seiten offene Wohnraum vermittelt einen äußerst großzügigen Raumeindruck – verstärkt noch durch das breite Dachoberlicht über dem Luftraum. Ein über die gesamte West- und Südseite umlaufender Balkon erweitert den Wohnraum nach außen hin.

Besonderheit
Da das Haus von einem Single bewohnt wird, der auf Übersichtlichkeit besonderen Wert legte, wurden die Räume auf der Wohnebene offen organisiert und separate Erschließungsflächen damit minimiert. Rückzugsbereiche, die beispielsweise für Familien wichtig sind, waren hier von untergeordneter Bedeutung. Der Luftraum mit dem Dachoberlicht lässt Tageslicht bis in die Eingangshalle im Erdgeschoss fallen und verbindet somit optisch die beiden völlig unterschiedlich genutzten Hausebenen.

Anzahl der Bewohner:	1
Grundstücksgröße:	919 m²
Wohnfläche:	220 m² + 69 m² Kellerräume
Anzahl der Vollgeschosse:	2
Unterkellerung:	durch Hanglage Erdgeschoss teilweise im Erdreich
Jahr der Fertigstellung:	2000
Baukosten je m² Wohnfläche:	1909 Euro
Gesamtbaukosten brutto:	420000 Euro

Links unten: Von den Wohnräumen im Obergeschoss hat man einen weiten Blick über Graz.
Unten: Ansicht von Südosten. Eine Außentreppe führt vom Fuß des Hangs auf den Vorplatz, der das Haus erschließt. Im Erdgeschoss befindet sich eine Einliegerwohnung.

1 Schlafen
2 Schrankraum
3 Bad/WC
4 Gäste-/Kinderzimmer
5 Arbeiten
6 Luftraum
7 Wohnen
8 Essen
9 Kochen
10 Gartengeräte
11 Lager
12 Wäsche
13 HT
14 Gäste-WC
15 Eingangshalle
16 Garderobe
17 Vorraum
18 Bad/WC
19 Einliegerwohr ung

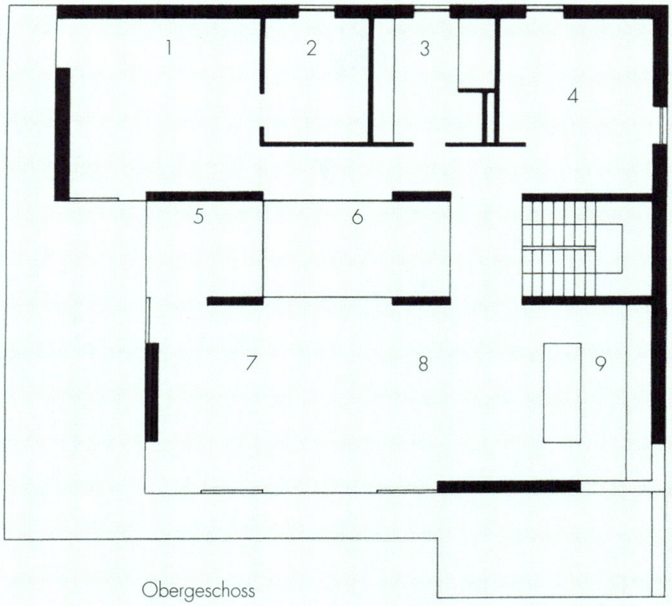

Obergeschoss

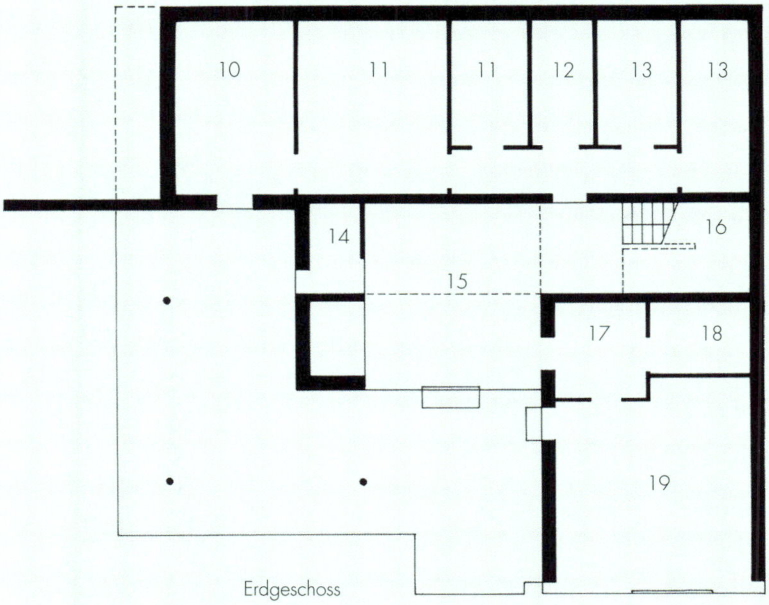

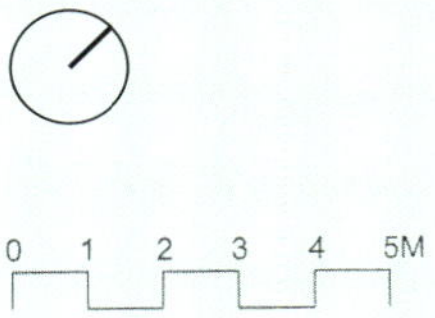

Erdgeschoss

Der offene Grundriss m Obergeschoss ermög icht vielfältige Blickbezüge. Durch das große Dachoberlicht über der Treppe st auch die Eingangshalle tachell.

Allein zu zweit

Ein Schweizer Doppelhaus

Architekten: Novaron Eicher Hutter Gepp, Diepoldsau

Lage und Ausgangssituation

Die beiden Bauherren dieses Doppelhauses am Rand einer Neubausiedlung in Au sind befreundete Singles. Jeder wünschte sich ein großes, helles Haus, das funktionell und zugleich komfortabel sein sollte, und das – natürlich – bei möglichst niedrigen Baukosten.

Die Lösung der Architekten, die zudem auf das schmale lang gestreckte Grundstück eingehen mussten, bestand in einem 30 Meter langen Quader mit einer Außenhaut aus Aluminium und Glas, der sich zum Grünbereich im Süden über eine Glasfront öffnet und sich zur Siedlung im Norden mit einer Lochfassade zeigt.

Die kühle, sachlich reduzierte Architektursprache setzt sich auch im Innenausbau fort, mit seinem geschliffenen Betonfußboden und den Verkleidungen aus gestrichenen Holzfaserplatten. Vollflächige Markisen auf der Südseite lockern die glatte Fassade auf und geben ihr je nach Sonnenstand ein anderes Gesicht.

Grundriss

Der Grundriss beider Haushälften ist der Länge nach gegliedert und wird in seiner Anordnung wie das Äußere des Hauses vom unterschiedlichen Charakter des Umfelds bestimmt. Über die gesamte Hausbreite erstrecken sich jeweils zwei nach Süden orientierte und über zwei Geschosse offene Wohn-/Essbereiche mit frei in den Raum gestellten Küchenzeilen. Von diesen taghellen Großräumen aus werden jeweils ein Bad und zwei Einzelräume erschlossen, die zum Beispiel als Arbeits- oder Gästezimmer genutzt werden können. Die offenen Wohnräume im Erdgeschoss lassen sich für verschiedene Aktivitäten nutzen. Die Bewohner können Gäste empfangen und Hobbys wie zum Beispiel das Billardspiel pflegen. Für gemütlichere Stunden sind die Sitzgruppen auf der Galerie über dem Küchenbereich vorgesehen, zu denen eine einläufige Treppe führt, die den linearen Charakter des Hauses noch unterstreicht. Von den Galerien aus werden jeweils Schlafzimmer, Ankleide und Bad – eines davon mit integrierter Sauna – erschlossen.

Besonderheit

Dieses Doppelhaus wurde speziell für Singles entworfen und somit auf die Bedürfnisse eines einzelnen Bewohners zugeschnitten. Für Familien würde sich ein derartiger offener Grundriss trotz ausreichender Größe und Anzahl der Räume weniger eignen, da sich der Einzelne – auch bedingt durch fehlende Flurräume – nicht ausreichend abgrenzen könnte. Für einen Single liegt der Vorteil jedoch gerade in der Übersichtlichkeit und Großzügigkeit des Entwurfs.

Anzahl der Bewohner:	je 1
Grundstücksgröße:	ca. 1000 m²
Wohnfläche/Nutzfläche	150 m²
Anzahl der Vollgeschosse:	2
Unterkellerung:	nein
Jahr der Fertigstellung:	2000
Baukosten/m² Wohnfläche:	1600 Euro
Gesamtbaukosten brutto:	je 240000 Euro

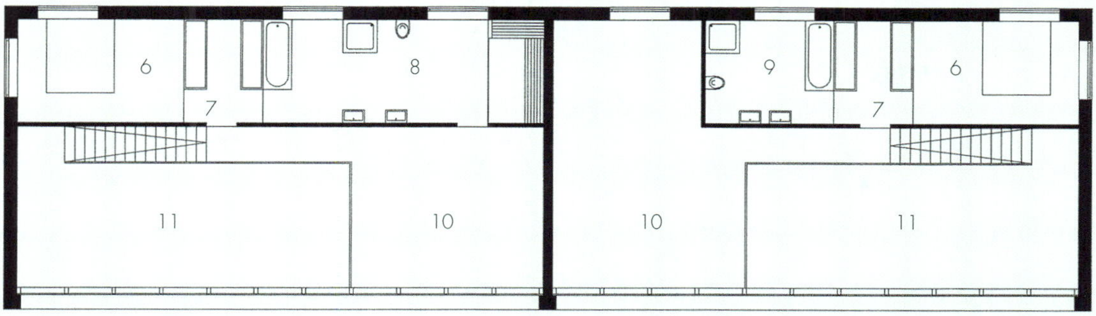

Obergeschoss
6 Schlafzimmer
7 Ankleide
8 Badezimmer mit Sauna
9 Badezimmer
10 Galerie (Wohnraum)
11 Luftraum

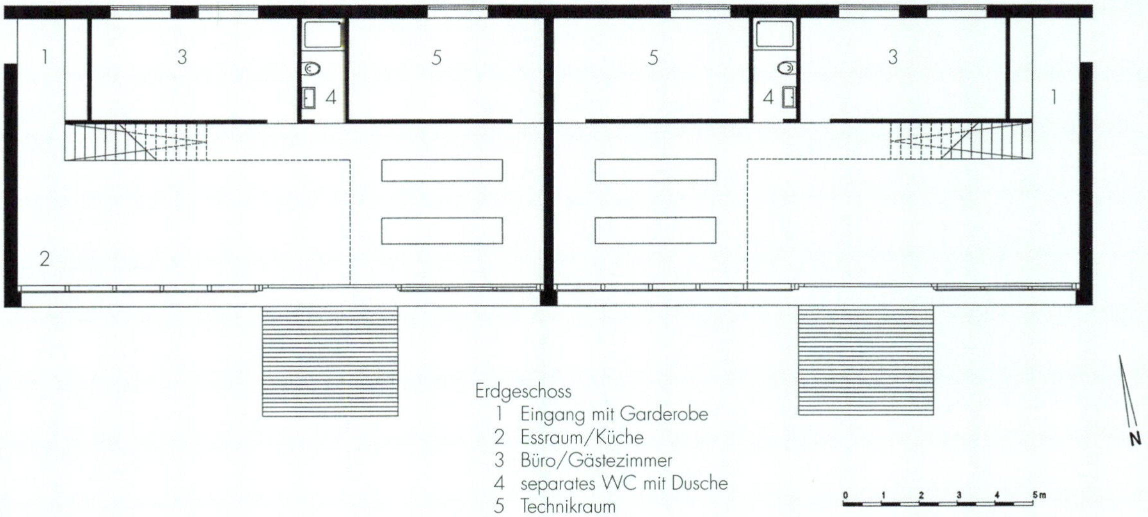

Erdgeschoss
1 Eingang mit Garderobe
2 Essraum/Küche
3 Büro/Gästezimmer
4 separates WC mit Dusche
5 Technikraum

Linke Seite außen: Die geschlossenen Wandflächen des Doppelhauses – hier die Nordseite – sind mit Aluminium verkleidet.
Linke Seite innen: Der offene Wohn-/Essbereich bietet reichlich Platz für verschiedenste Aktivitäten.
Rechts: Die gesamte Südseite ist mit beweglichen Markisen ausgestattet, die je nach Sonnenstand das Erscheinungsbild der Fassade verändern.

Obstbäume statt Kellerräume

Wohnhaus aus Holz

Architekten: krischke | architekten, Memmingen

Oben: Das kleine Holzhaus steht inmitten alter Obstbäume, Ansicht von Westen.
Unten: Einladender Vorplatz: Der Baum zwischen Carport und Eingang zoniert auf natürliche Art den Zugangsbereich.

Lage und Ausgangssituation

Bei der Bebauung eines in einem Wohngebiet gelegenen Grundstücks bestimmten die Obstbäume wesentlich das Entwurfskonzept. Ob es um die optimale Platzierung des Baukörpers ging oder um den Verzicht auf eine Unterkellerung – stets hatte der behutsame Umgang mit dem gewachsenen Grundstück höchste Priorität. Die Bauherren wünschten sich inmitten des großen Gartens ein kleines Wohnhaus aus Holz mit einem Schwimmteich, der so naturnah wie möglich angelegt sein sollte.

Grundriss

Um das in Holzständerbauweise errichtete und mit Lärchenholz verkleidete Satteldachhaus gruppierten die Architekten L-förmig im Norden und Osten eingeschossige Nebenräume. Ein Keller wurde somit überflüssig, wodurch nicht nur eine Schädigung der Bäume bei einem sonst nötigen tieferen Erdaushub vermieden, sondern auch eine natürliche Belichtung dieser Räume möglich wurde. Das Erdgeschoss des Haupthauses besteht, abgesehen von Windfang, WC und Treppe, aus einem einzigen Allraum. Dadurch wirkt der Wohnbereich, der sich nach Süden und Westen über zwei Veranden zum Obstgarten hin öffnet, trotz der insgesamt kleinen Grundfläche von knapp 70 Quadratmetern recht großzügig. Im Obergeschoss dient die durch Dachflächenfenster taghelle Bibliothek zugleich als Erschließungsflur für den Schlafbereich auf der Ostseite sowie den Arbeitsbereich auf der Westseite, der zusätzlich durch Glasflächen im Dachspitz belichtet wird.

Besonderheit

Konsequent nach den Himmelsrichtungen geplant, entstand hier ein Haus mit klar zoniertem Grundriss, bei dem – um Wohnraum zu gewinnen – in beiden Geschossen die Erschließungsflächen in den Wohnbereich integriert wurden. Die ebenerdige Anordnung der Nebenräume und des Hauswirtschaftsraums, der sich sonst häufig im Keller befindet, senkt die Baukosten und erleichtert die Hausarbeit, da zusätzliches Treppensteigen entfällt.

Anzahl der Bewohner:	2 Erwachsene
Grundstücksgröße:	1500 m²
Wohnfläche/Nutzfläche:	121 m²/55 m²
Anzahl der Vollgeschosse:	1 + DG
Unterkellerung:	nein
Jahr der Fertigstellung:	2000
Baukosten/m² Wohnfläche:	1800 Euro
Gesamtbaukosten brutto:	218 000 Euro

Unten: Der breite Flur im Obergeschoss kann wegen des Dachflächenfensters als helle, wohnliche Bibliothek genutzt werden.

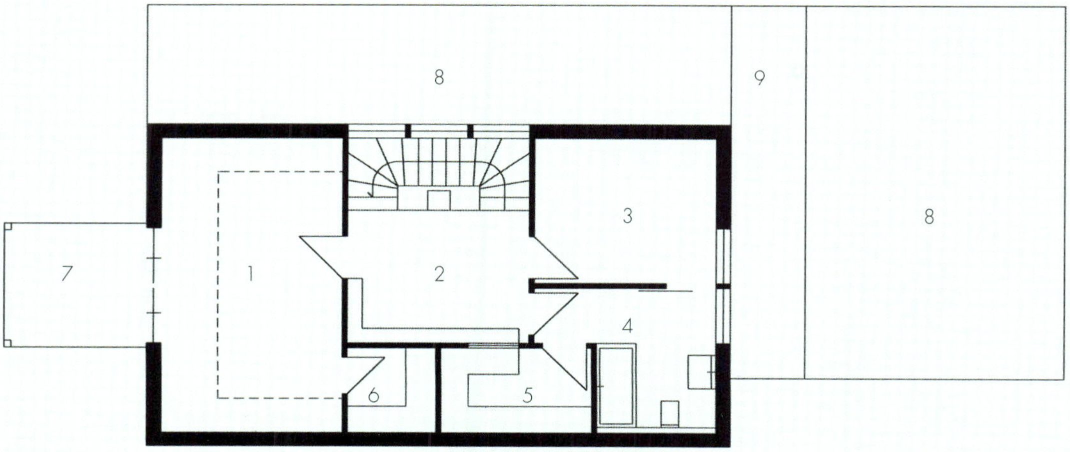

Obergeschoss

1 Zimmer/Galerie
2 Bibliothek
3 Schlafen
4 Bad
5 Ankleide
6 Abstellraum
7 Holzloggia
8 begrüntes Flachdach
9 Glasdach

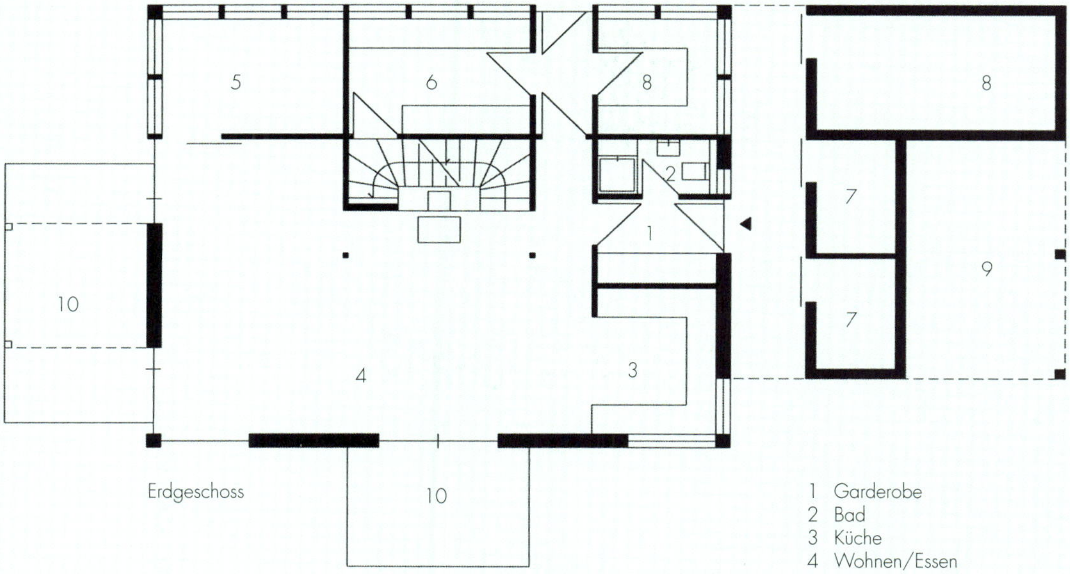

Erdgeschoss

1 Garderobe
2 Bad
3 Küche
4 Wohnen/Essen
5 Arbeiten
6 Technik/HWR/Abstellen
7 Lager
8 Werkstatt
9 Carport
10 Holzterrasse

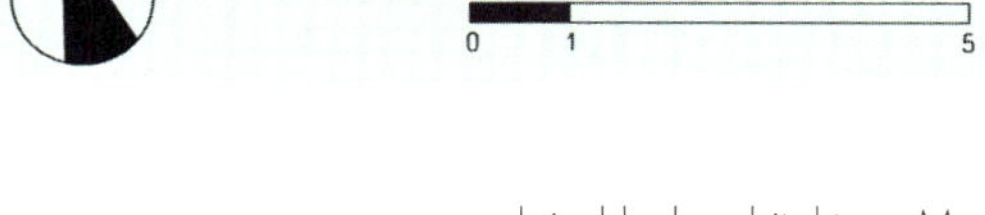

Leben im Zickzack

Bungalow in Vorarlberg

Architekten: Marte.Marte, Weiler

Lage und Ausgangssituation

Oberste Priorität der beiden beruflich stark engagierten Bauherren war es, in ihrem Wohnhaus möglichst naturnah leben zu können. Das Grundstück – eine große Wiese mitten im Ort – bot sich wegen des alten Obstbaumbestands dafür besonders an. Um einen möglichst starken Bezug zwischen Innen- und Außenraum herzustellen, planten die Architekten ein eingeschossiges Haus, das von drei Sichtbetonscheiben eingefasst wird und ansonsten großenteils raumhoch verglast ist.

Grundriss

Der Z-förmige Grundriss gliedert sich in drei Bereiche: den Schlaftrakt als langer Riegel, die Küche mit Essplatz und Wohnraum als Zentrum sowie den Eingangsbereich mit Garage. Vom Eingang ausgehend wurden die Wohnbereiche hintereinander und zusammenhängend angeordnet. Der offene Wohnraum wurde dabei bewusst als zentraler Dreh- und Angelpunkt ausgebildet. Von dort aus werden einbündig über einen Flur die Schlafzimmer erschlossen. Ein ungewöhnliches Detail: Der Flur ist zwar vollflächig verglast, vor die Glaswand wurde jedoch ein raumhoher weißer Einbauschrank gestellt, dessen Aussparungen im Sockelbereich gezielt den Fußboden belichten. Zwei der Räume nutzen die Bauherren gegenwärtig als Arbeits- und Gästezimmer, später können diese dann die Kinderzimmer werden. Ein breiter offener Kamin trennt als Wandscheibe den Wohn- vom Essbereich und definiert gleichzeitig den Schwerpunkt des nach allen Seiten offenen Hauses. Auf dem Dach zeichnet er sich – an eine Flosse oder einen Schiffskiel erinnernd – deutlich als dreidimensionales Element ab und verleiht dem Baukörper auch äußerlich sichtbar einen Schwerpunkt.

Die Z-förmige Verzahnung des Baukörpers mit dem Grundstück erzeugt sehr geschützte Außenräume, die jeweils von einer 1,80 Meter hohen Natursteinmauer an der Grundstücksgrenze eingefasst werden. Diese Mauern bestehen aus großen und lose aufeinander gelegten Steinen, die von einem Stahlnetz gehalten werden. Dadurch entsteht ein plastischer Kontrast zu den glatten Sichtbetonscheiben des Hauses.

Besonderheit

Der Wunsch der Bauherren nach möglichst viel Naturnähe wurde durch die Wahl einer ungewöhnlichen Baukörperform umgesetzt. Durch den doppelt abgewinkelten Grundriss ergeben sich für das vorhandene Volumen des Baukörpers relativ lange Außenflächen. Die fast vollständig umlaufende Haut aus Glas führte zu einer radikalen Öffnung des Wohnhauses nach außen, die durch den geschlossenen und introvertierten Charakter des Gartens aufgefangen wird – der geschützte Privatbereich wurde um den Außenraum erweitert.

Süd- und Ostfassade bestehen vollständig aus Glas. Der durch Mauern und Bäume eingefasste Garten erweitert den privaten Wohnbereich nach außen.

Anzahl der Bewohner:	2 Erwachsene
Grundstücksgröße:	785 m²
Wohnfläche:	132 m²
Anzahl der Vollgeschosse:	1
Unterkellerung:	teilweise
Jahr der Fertigstellung:	2002
Baukosten/m² Wohnfläche:	keine Angabe
Gesamtbaukosten:	keine Angabe

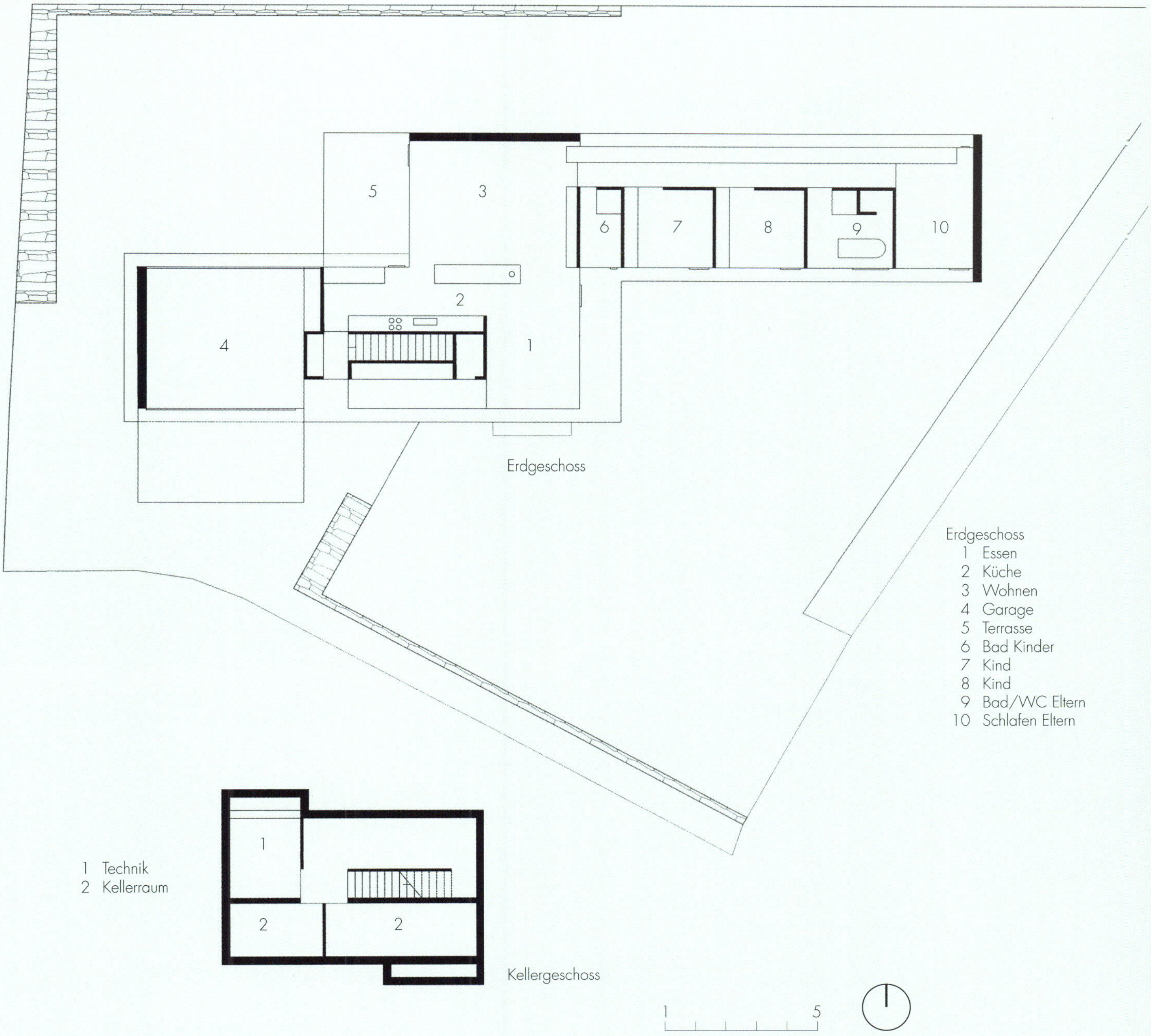

Erdgeschoss
1 Essen
2 Küche
3 Wohnen
4 Garage
5 Terrasse
6 Bad Kinder
7 Kind
8 Kind
9 Bad/WC Eltern
10 Schlafen Eltern

1 Technik
2 Kellerraum

Die Mauersteine sind lose aufeinander gelegt und werden von einem Stahlnetz gehalten, Blick von Nordwesten.

Den Himmel ins Haus holen

Drei Atriumhäuser

Architekten: Thoma Architekten, Zeulenroda

Lage und Ausgangssituation

Atriumhäuser als Bautyp stammen ursprünglich aus dem Mittelmeerraum. Ihr Lichthof bietet Schutz vor direkter Sonneneinstrahlung und definiert einen abgeschirmten Privatbereich. Hier zu Lande erfüllt ein Atrium vor allem eine Funktion: Die Belichtung mittig liegender Raumbereiche bei eingeschossiger verdichteter Bauweise.

Auf einem leicht abfallenden Gartengrundstück mit Teich in einer thüringischen Kleinstadt entwarfen die Architekten drei wie Reihenhäuser unmittelbar nebeneinander liegende Bungalows. Da diese horizontal und – bedingt durch die Hanglage – auch vertikal gegeneinander versetzt wurden, entstanden vor den Hauseingängen und auf den Terrassen private Freibereiche. Die Häuser sind nicht unterkellert, eines ragt teilweise über die Wasserfläche des Teichs.

Grundriss

Durch die konsequente Raum-zu-Raum-Erschließung wurden in den annähernd quadratischen Grundrissen Verkehrsflächen vollständig vermieden. Anschließend an den Eingangsbereich und die zur Straße orientierten Nebenräume wird über den Wohnbereich der Schlaftrakt erschlossen. Küche, Esszimmer und Wohnraum gehen ineinander über, wobei sich alle Räume jeweils um einen an ein Atrium erinnernden Wintergarten gruppieren, dessen schräge Dachfläche vollständig verglast ist. Dadurch gelangen Tageslicht und Sonne in die Mitte der Häuser, was zusammen mit den nach Südwesten großzügig verglasten Fassaden für lichtdurchflutete Räume sorgt und außerdem einen wesentlichen Beitrag zum Energiehaushalt der Häuser leistet. Sonnenkollektoren auf dem Dach liefern über eine Wärmepumpe zusätzliche Energie für Heizung und Warmwasser. Die Beschränkung auf nur eine Ebene – wozu hier auch der Verzicht auf einen Keller gehört – erspart das unter Umständen lästige Treppensteigen.

Die drei Grundrisse unterscheiden sich nur geringfügig voneinander: Beispielsweise sind die Wohnbereiche unterschiedlich breit und in einem Fall durch eine Trennwand teilweise abgeteilt. Unterschiedlich große Wände aus Glas trennen die Arbeitszimmer von den Wintergärten und lassen zusätzliche Blickbezüge entstehen.

Besonderheit

Bei diesem Haustyp sind alle wesentlichen Wohnfunktionen komprimiert angeordnet und dennoch wird durch die Öffnung des Dachs eine angenehm großzügige Raumwirkung erzielt. Der Bezug zum Außenraum bleibt in jedem einzelnen Raumabschnitt erhalten. Dieser unkonventionelle Grundriss eignet sich wegen der räumlichen Überschneidungen – alle Wege führen durch den Wohnbereich – am besten für Singles oder Paare. Durch die ebenerdige barrierefreie Bauweise bietet er sich ebenso für spätere Lebensabschnitte an.

Anzahl der Bewohner:	1 bis 2
Grundstücksgröße:	2568 m²
Wohnfläche:	162,40 m²
Anzahl der Vollgeschosse:	1
Unterkellerung:	nein
Jahr der Fertigstellung:	2002
Baukosten/m² Wohnfläche:	keine Angaben
Gesamtbaukosten:	keine Angaben

Ganz oben: Die innen liegenden Raumbereiche der Bungalows werden über schräg verglaste Dachflächen belichtet. So gelangt – wie bei einem Atrium – Sonne in die Mittelzonen der Häuser.
Oben: Die offenen Küchen werden jeweils über das Glasdach und raumhohe Wohnzimmerfenster belichtet.
Rechte Seite: Eines der Atriumhäuser schiebt sich über einen Teich – die Terrasse wird so zu einem Steg im Wasser, Blick von Südwesten.

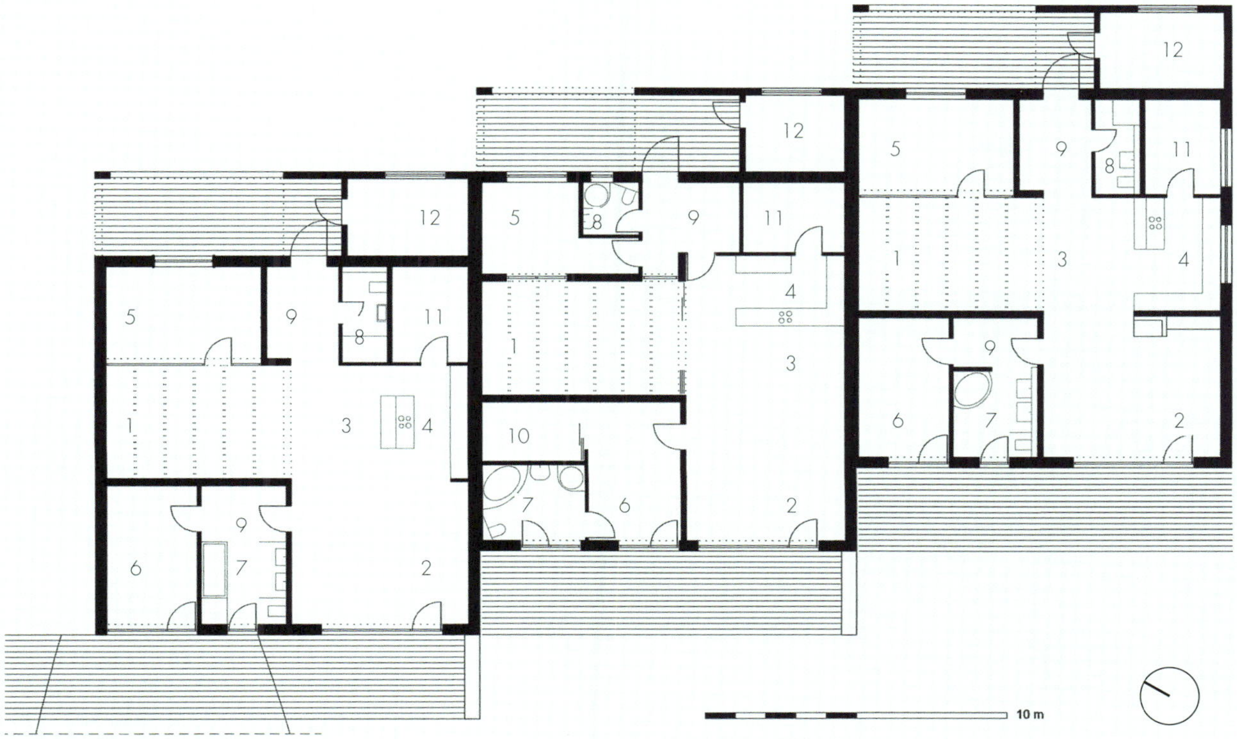

1 Wintergarten
2 Wohnen
3 Essen
4 Kochen
5 Arbeiten/Gäste
6 Schlafen
7 Bad
8 WC
9 Diele/Flur
10 Ankleide
11 HAR/HWR
12 Abstellraum

Zwischen Innen und Außen

Wohnhaus bei Günzburg

Architekten: Biehler-Weith Associated, Konstanz

Lage und Ausgangssituation

Ein Altersruhesitz in vertrauter Umgebung mit der Möglichkeit, alle Wege des täglichen Lebens zu Fuß bewältigen zu können – und Platz für den Flügel: Dies waren die Wünsche der beiden Bauherren, die sich dazu in Dorfmitte ein Grundstück mit Blick auf die nahe gelegene Burg aussuchten.

Grundriss

Bei diesem Entwurf war der Grundgedanke, fließende Übergänge zwischen Innen und außen zu ermöglichen. Dazu lösten die Architekten den Grundriss in eine Abfolge von Wandscheiben und Glasflächen auf. Charakteristisch hierfür ist die mehr als 30 Meter lange Wandscheibe, die im Süden erst den Vorplatz begrenzt, dann in die Ostfassade des Hauses übergeht und schließlich den Garten mit dem Schwimmbecken vom Kräutergarten trennt. Eine leichte Verschwenkung im Grundriss weitet die zweigeschossige Eingangshalle zum Garten hin trapezförmig auf und teilt das Erdgeschoss in zwei Hälften: Esszimmer und Küche auf der Ostseite, Wohnzimmer und Musikzimmer auf der Westseite. Die westliche Wand des Musikzimmers wird im Freien zur Begrenzungsmauer eines kleinen Innenhofs, kehrt dann ins Hausinnere zurück und definiert hier den Eingangsbereich. Im Essbereich wird das Wechselspiel zwischen Innen und Außen besonders deutlich: Die in die Glasfassade integrierte Vitrine ermöglicht es, die ausgestellten Gegenstände sowohl von der Terrasse als auch vom Innenraum zu betrachten.

Das schmälere Obergeschoss schiebt sich nach Norden über das Erdgeschoss hinaus in den Außenraum, überdacht so die Terrasse und erlaubt durch die raumhohe Verglasung von Schlaf- und Arbeitszimmer einen freien Blick in die Landschaft und auf die Burg. Bad und Gästebad orientieren sich nach Südosten auf eine kleine Dachterrasse mit Kieselsteinen.

Um auch im Hausinneren zwischen den Raumbereichen fließende Übergänge zu erzeugen, brachten die Architekten im Erdgeschoss Nebenräume wie Garderobe, Treppe oder WC in schmalen Bereichen zwischen Wandscheiben unter und ersetzten Trennwände durch Schiebeelemente, die in Wandnischen verstaut werden können. Dann werden Wohn- und Musikzimmer zu einem kleinen Konzertsaal, Esszimmer und Küche zu einer Wohnküche, und Schlafzimmer und Ankleide zu einem weiteren Aufenthaltsraum.

Besonderheit

Obwohl die Erschließung von Süden und der besonders schöne Ausblick auf die Burg eine Ausrichtung des Baukörpers nach Norden nach sich zog, konnten durch Rücksprünge in der Fassade sowie durch den umschlossenen, nach Süden orientierten Innenhof alle Himmelsrichtungen für die Belichtung ausgenutzt werden. Beispielsweise ist das Esszimmer zwar nach Norden orientiert, wird jedoch durch einen Rücksprung in der Glasfassade auch von Westen und zusammen mit der Küche zusätzlich über Fenster auf der Ostseite belichtet.

Links: Ansicht vom Garten aus. Das Obergeschoss ragt über das Erdgeschoss hinaus und überdacht die Terrasse.
Unten: Eine raumhohe Schrankwand trennt im Obergeschoss das Arbeitszimmer vom Schlafzimmer.
Ganz unten: In die Glasfassade wurde eine Vitrine integriert. So lassen sich die Exponate von innen und von außen betrachten.

Anzahl der Bewohner:	2 Erwachsene
Grundstücksgröße:	714 m²
Wohnfläche / Nutzfläche:	240 m²/58 m²
Anzahl der Vollgeschosse:	2
Unterkellerung:	ja
Jahr der Fertigstellung:	2003
Baukosten/m² Wohnfläche:	keine Angaben
Gesamtbaukosten:	keine Angaben

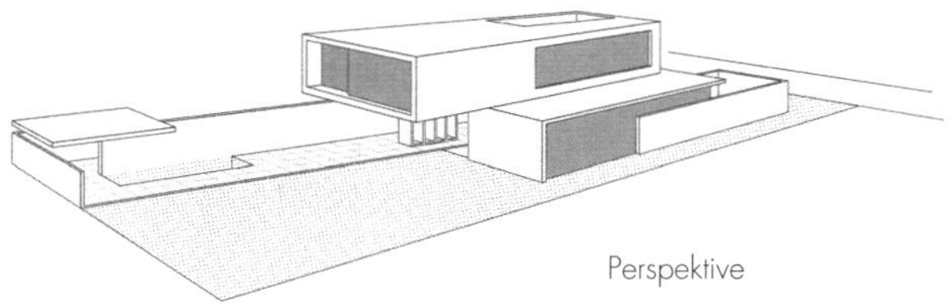

Perspektive

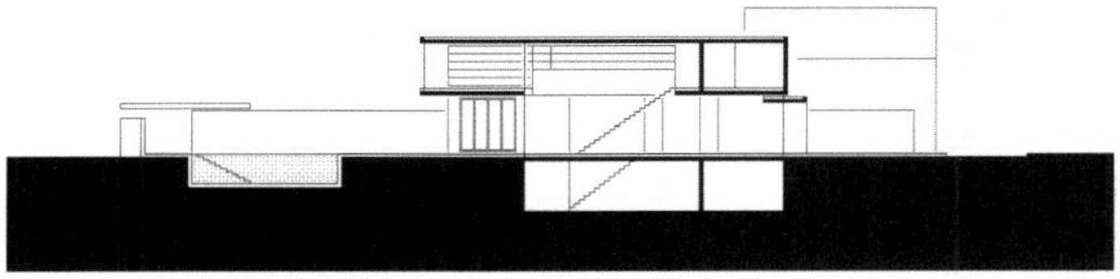

Längsschnitt

1 Loggia
2 Schlafen
3 Ankleide
4 Badezimmer
5 Kiesstrand
6 Arbeitszimmer
7 Luftraum
8 Galerie
9 Gästebad
10 Gästezimmer

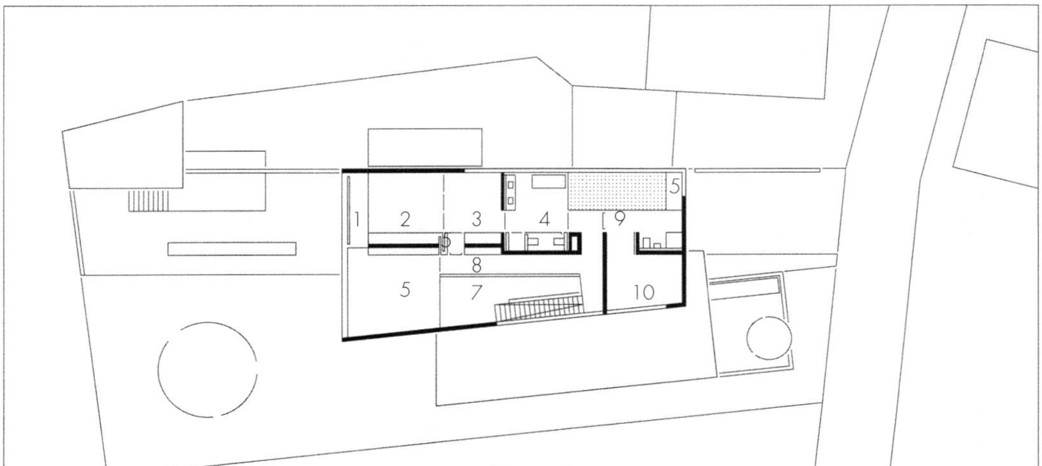

Obergeschoss

1 Zugang
2 Diele
3 Wohnen
4 Musikzimmer
5 Wohnen
6 Vorplatz
7 Garage
8 WC
9 Küche
10 Essen
11 Terrasse
12 Pool
13 Schopf
14 Obstwiese
15 Kräutergarten

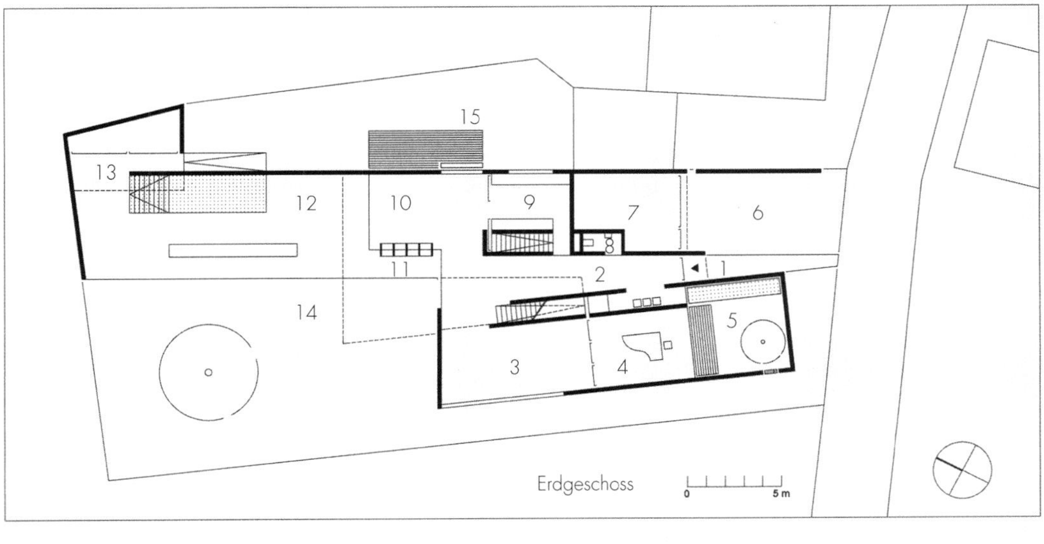

Erdgeschoss

Haus ohne Grundriss

Neubau vor einer Felswand

Architekten: arrch, Innsbruck und Neustift

Oben: Das Obergeschoss ist völlig offen und bietet keine privaten Rückzugsräume.
Unten: Eine Rampe ohne Handlauf führt auf die oberen Ebenen – ein Beispiel für die durchwegs verwendete puristische Architektursprache.

Lage und Ausgangssituation

Wer das Leben in minimalistischer Umgebung schätzt und dabei zu keinen Kompromissen bereit ist, findet hier etwas nach seinem Geschmack. Das Grundstück liegt vor einer Felswand in karger, fast schroffer Landschaft in Haiming, die locker mit Einfamilienhäusern bebaut ist. Hier entwarfen die Architekten einen langgestreckten, flachgedeckten Baukörper, dessen Fassaden von einer horizontalen Holzverschalung geprägt sind. Die kistenartige Erscheinung des Niedrigenergiehauses wird durch die großflächige, zweigeschossige Verglasung der Südwestfassade und durch die Solaranlage im Bereich des Obergeschosses aufgebrochen.

Grundriss

Sieht man einmal vom Abstellraum neben der Garderobe und vom Bad im Zwischengeschoss ab, bleibt der gesamte Innenraum des Hauses offen – auf private Einzelräume wurde völlig verzichtet. Nur die allseitig umschlossene Dachterrasse bietet – bei geeignetem Wetter – eine Rückzugsmöglichkeit. Die vertikale Erschließung im Haus erfolgt über Rampen, die ebenso wie das Zwischengeschoss und die Galerie im Obergeschoss über dünne Stahlstangen vom Dach abgehängt sind. Nicht einmal Handläufe oder Geländer beeinträchtigen die Transparenz des Raumes. Anstelle eines Kellers wurde neben dem Gebäude ein Container aufgestellt. Er wird zusammen mit dem Carport von einer organisch geformten Haut aus Holzleisten und LKW-Planen überspannt – als Kontrast zu der puristischen Architektursprache des Wohnhauses. Die kompromisslose Einfachheit des Grundrisses wird durch die für den Innenausbau verwendeten Materialien noch verstärkt – Wandverkleidungen und Rampen überwiegend aus Holzfaserplatten, Böden unter anderem aus Sichtbeton, Deckenunterseiten ebenfalls aus Holzfaserplatten oder aus verzinktem Stahlblech. Die Offenheit des Grundrisses erlaubt Wohnformen, die sonst nur schwer zu verwirklichen sind, wie zum Beispiel das Wohnen und Arbeiten in Atelier-Atmosphäre.

Besonderheit

Der Wunsch der Bauherren an die Architekten, ein »architektonisches« Wohnhaus zu entwerfen, und zwar »so radikal wie möglich«, wurde konsequent umgesetzt. Ein derartiges Haus eignet sich für Singles oder Paare, die Wohnen als bewussten Ausdruck der eigenen Geisteshaltung verstehen.

Links: Die horizontale Holzverschalung und die nach Südwesten großflächige Verglasung prägen das Erscheinungsbild des Wohnhauses.

Anzahl der Bewohner:	2 Erwachsene
Grundstücksgröße:	448 m²
Wohnfläche:	108 m²
Anzahl der Vollgeschosse:	2, mit Zwischenebene
Unterkellerung:	nein
Jahr der Fertigstellung:	2003
Gesamtbaukosten brutto:	ca. 230 000 Euro

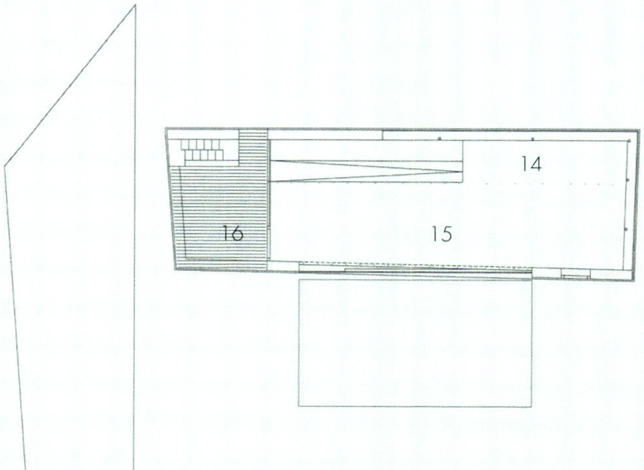

Obergeschoss

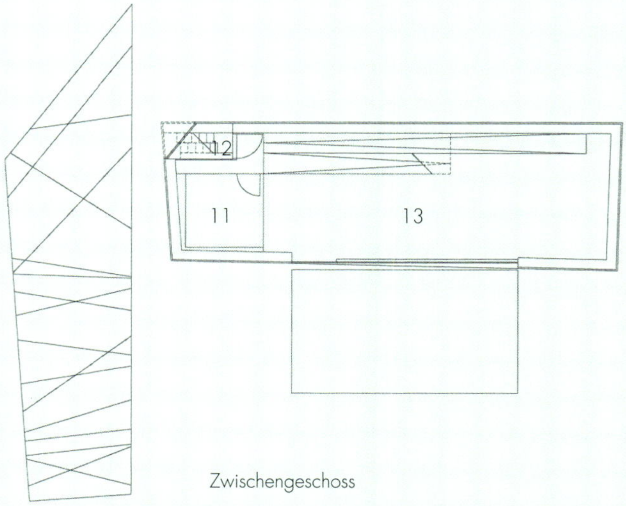

Zwischengeschoss

1 Garage
2 Baucontainer = Kellerersatz
3 Zugangsrampe
4 Garderobe
5 Technik/Abstellraum
6 Kochen
7 Essen
8 Wohnen
9 Rampe = Erschließung
10 Terrasse
11 Bad/WC/Dusche
12 Treppe
13 Luftraum
14 Schrankraum
15 Zimmer
16 Dachterrasse

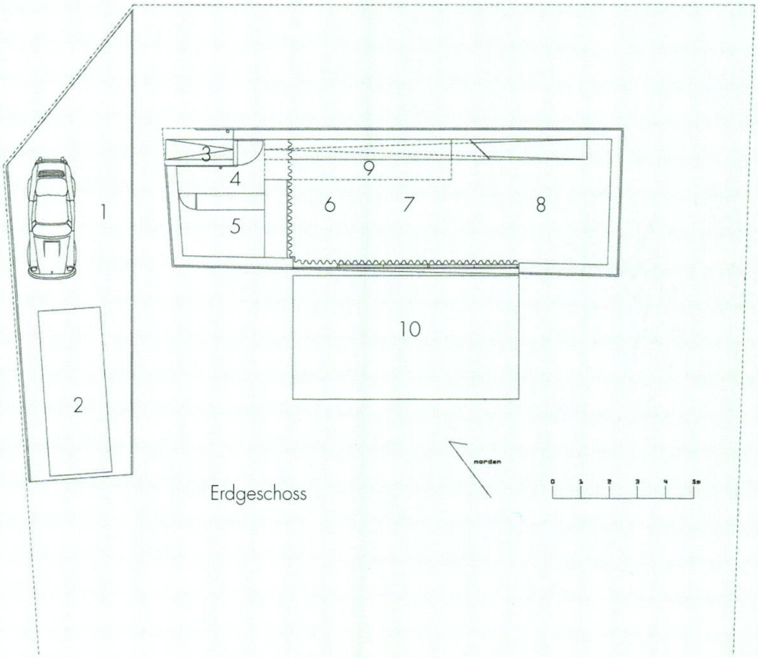

Erdgeschoss

Mut zur Lücke

Erweiterung eines Einfamilienhauses

Architekten: Archifactory.de, Bochum

Lage und Ausgangssituation

Die Vorgaben erschienen alles andere als ideal: Ein Einfamilienhaus mit Satteldach aus den 1940er Jahren sollte um eine Wohnung erweitert werden, und zwar auf einem schmalen innerstädtischen Grundstück mit einer Breite von nur 6,30 Metern und einer Länge von 15 Metern. Da die Bauherren besonderen Wert auf ein vom Bestand unabhängiges architektonisches Konzept legten, schlugen die Architekten einen eigenständigen Quader ohne direkte Verbindung zum Altbau vor, der sich durch seine minimalistische Form und die horizontale Holzverschalung deutlich von der Umgebungsbebauung abhebt. Für diesen Entwurf erhielten die Architekten eine Auszeichnung beim Wettbewerb »Auszeichnung guter Bauten 2004 – BDA Dortmund«.

Grundriss

Eine tief in die Stirnseite des Neubaus eingeschnittene Öffnung markiert den Hauseingang und die Garageneinfahrt. Die ins Haus integrierte Garage wurde leicht verschwenkt, wodurch sich das Foyer aufweitet. Von hier führt eine einläufige Treppe, die bereits von unten einen Blick über das große Wohnzimmerfenster hindurch in den Innenhof bietet, in die oberen Stockwerke. Die geringe Grundfläche erforderte eine vertikale Anordnung der einzelnen Raumbereiche, wobei Distanzstufen den Küchen-Wohnabschnitt trennen. Um dem Entwurf trotz des schmalen Baukörpers – das Innenmaß beträgt 4,35 Meter – den Eindruck von Großzügigkeit zu verleihen, öffneten die Architekten den Wohnbereich durch den Einzug einer Galerie und erzielten so eine Raumhöhe von mehr als zwei Geschossen. Durch die ebenso hohe Fensterfront zur Gartenseite wird auch die Galerie belichtet, die auch zur Straßenseite ein großes Fenster erhielt. So ist es möglich, von der Galerie mit einem eingebauten Schiebeelement einen separaten, belichteten Raum abzutrennen – ein kleiner Kunstgriff, um später hier ein Kinderzimmer einrichten zu können. Auf dem obersten Geschoss befindet sich neben dem Schlafzimmer und dem Bad eine allseitig umschlossene, an einen Patio erinnernde Dachterrasse, die trotz der dichten Nachbarbebauung ein hohes Maß an Privatheit ermöglicht.

Besonderheit

Durch die offene Treppe und die Galerie mit dem großen Luftraum gehen die einzelnen Bereiche des Hauses horizontal und vertikal ineinander über. Dadurch scheint das schmale Gebäude aus nur einem einzigen, hellen und großzügigen Raum zu bestehen. Durch die vertikale Raum-zu-Raum-Erschließung konnte auf Flure verzichtet und so ein Maximum an Wohnfläche gewonnen werden.

Unten links: Ansicht vom Innenhof. Der schmale Baukörper hebt sich durch sein charakteristisches Erscheinungsbild deutlich von der umgebenden Bebauung ab.
Mitte: Die zweigeschossige Verglasung lässt Tageslicht weit ins Hausinnere fallen.
Rechts: Durch den Einzug der Galerie wirkt der Wohnraum überraschend großzügig.

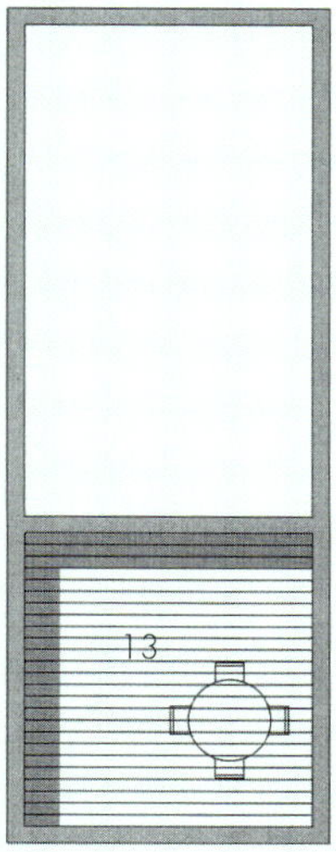

Dachebene

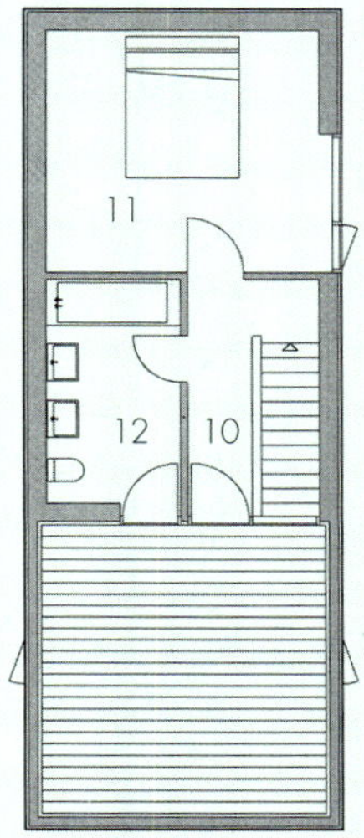

Patioebene

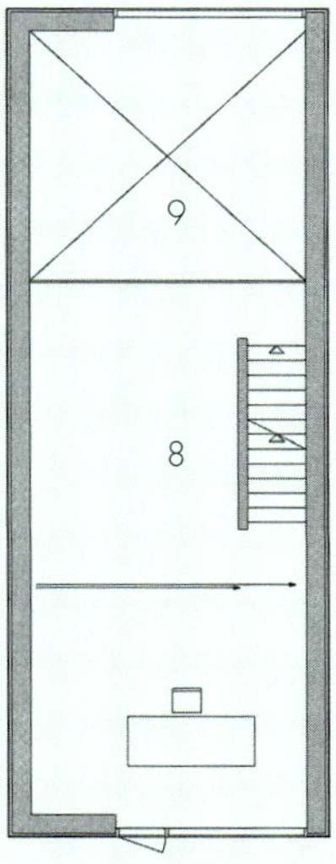

Galerieebene

1 Foyer
2 Gäste-WC
3 Kellerräume
4 Garage
5 Wohnen
6 Küche/Essen
7 Terrasse
8 Galerie
9 Luftraum
10 Flur
11 Schlafen
12 Bad
13 Patio

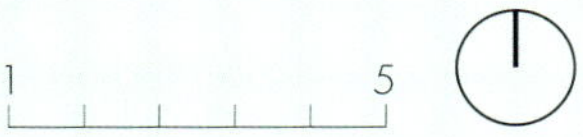

Anzahl der Bewohner:	2
Grundstücksgröße:	433 m² (inkl. Bestand)
Wohnfläche/Nutzfläche:	156,3 m³ (+ 17,6 m² Keller + 12,4 m² Garage)
Anzahl der Vollgeschosse:	3 + Eingangsebene
Unterkellerung:	teilweise, Eingangsebene
Jahr der Fertigstellung:	2001
Baukosten/m² Wohnfläche:	1388 Euro
Gesamtbaukosten brutto:	217 000 Euro

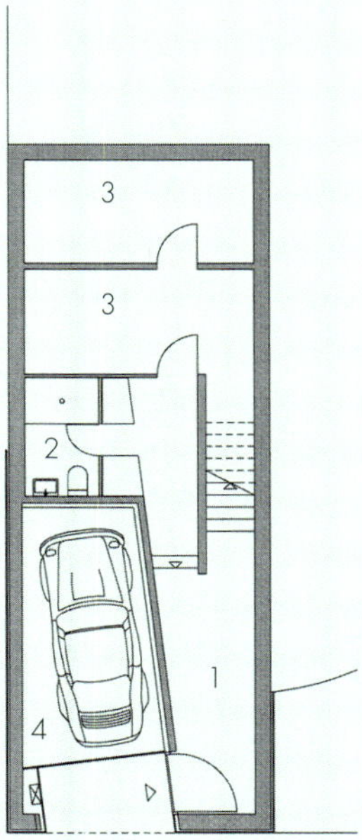

Eingangsebene

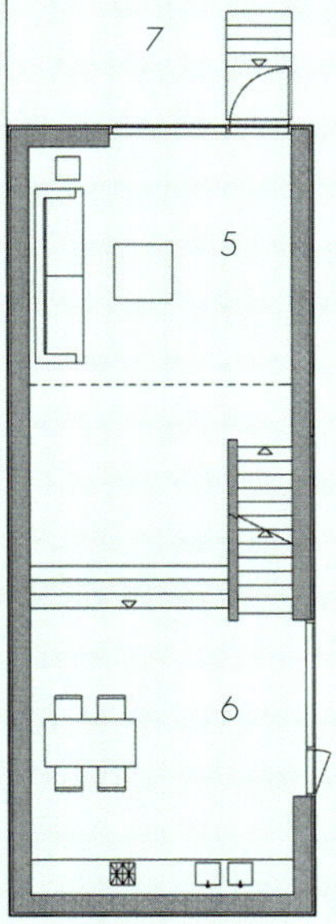

Wohnebene

Zwei in einem

Doppelhaus oberhalb von Stuttgart

Architekt: Alexander Brenner, Stuttgart

Lage und Ausgangssituation

Aus dem ursprünglichen Wunsch zweier Paare nach einem frei stehenden Einfamilienhaus entstand der Gedanke, ein Doppelhaus zu bauen, das zur Straßenseite wie eine einzelne Stadtvilla erscheint und nur vom Garten aus als Doppelhaus erkennbar ist. Die Doppelhaus-Villa steht am Südhang eines Höhenrückens mit Blick über Stuttgart und bildet zusammen mit zwei bereits existierenden Villen dieser Art eine Hausgruppe.

Grundriss

Beide Doppelhaushälften werden von Nordwesten erschlossen. Die breite Zugangstreppe sowie die Anordnung der Garagen unterstützen das »Ein-Haus-Konzept«. Im Inneren dagegen führten die verschiedenen Wohnvorstellungen der beiden Paare zu völlig unterschiedlichen Grundrissen.

In der westlichen Haushälfte folgte der Architekt dem klassischen Mehrraum-Konzept. Das Erdgeschoss gliedert sich in eine geräumige Wohnküche und einen kombinierten Wohn-/Essbereich, während sich im Obergeschoss – über eine gewendelte Treppe erschlossen – Schlafzimmer, Gästezimmer, zwei Bäder sowie ein nach Süden großflächig verglastes Arbeitszimmer befinden. Bei dieser Raumaufteilung wird deutlich, dass es nur kleiner Korrekturen bedarf, um stattdessen Platz für ein oder zwei Kinder zu schaffen. Die kleine Einliegerwohnung im Gartengeschoss eröffnet darüber hinaus zusätzliche Wohnmöglichkeiten.

Die Besitzer der östlichen Haushälfte wünschten sich dagegen eine offene, lichte Raumorganisation, sodass Einzelräume wie Schlafzimmer, Ankleide, Bad und Sauna ins Gartengeschoss verlegt wurden. Das Erdgeschoss besteht aus einem über die gesamte Hausbreite nach Südosten verglasten Ess- und Wohnbereich samt Küchentheke, ergänzt durch eine separate kleine Küche. Von der Wohn- und Arbeitsgalerie im Obergeschoss könnte, da bereits ein kleines Bad eingerichtet wurde, später durch das Einziehen einer leichten Trennwand ein Kinderzimmer abgeteilt werden. Um die klare, offene Struktur dieses Grundrisses noch zu verstärken, erfolgt die Erschließung innerhalb dieses Hauses vom Gartengeschoss bis zum Obergeschoss über eine einläufige Treppe entlang der Wand zum Nachbarhaus.

Besonderheit

Beide Doppelhaus-Hälften veranschaulichen zwei völlig unterschiedliche Grundrisskonzepte auf annähernd gleich großer Grundfläche: auf der einen Seite das Mehrraumkonzept, das wegen der vielen separaten Zimmer verschiedene Nutzungen erlaubt, auf der anderen Seite das Konzept des offenen Grundrisses, das großzügigere Räume ermöglicht.

Links oben: Von der Straße aus wirkt das Doppelhaus wie eine einzelne Villa.
Links unten: Von der Gartenseite aus lässt sich die Gliederung in zwei Haushälften erkennen.

Oben: Die Wohnräume sind nach Südosten vollflächig verglast und bieten einen weiten Blick über Stuttgart.
Unten: Durch die Galerie wirkt der Wohnbereich geräumig und luftig.

Anzahl der Bewohner:	Westhälfte: 2 Erwachsene; Osthälfte: 2 Erwachsene
Grundstücksgröße:	Westhälfte: 601 m²; Osthälfte: 702 m²
Wohnfläche/Nutzfläche:	Westhälfte: 219 m²/26 m²; Osthälfte: 216 m²/25 m²;
Anzahl der Vollgeschosse:	2 + Gartengeschoss
Unterkellerung:	nein
Jahr der Fertigstellung:	2002
Baukosten/m² Wohnfläche:	keine Angaben
Baukosten insgesamt:	keine Angaben

1 Wohnen
2 Essen
3 Kochen
4 Schlafen
5 Ankleide
6 Gast
7 Arbeiten
8 Bad
9 Galerie
10 Eingang
11 Flur
12 Abstellraum
13 Technik
14 WC
15 Garage
16 Balkon
17 Loggia
18 Terrasse
19 Halle
20 Hobby
21 Weinkeller
22 Sauna
23 EDV
24 Pool

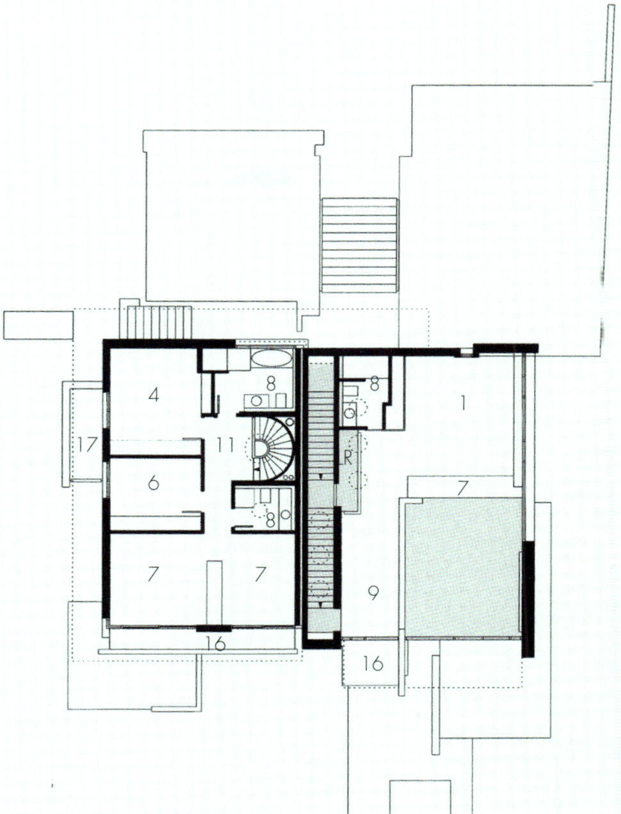

Obergeschoss

Gartengeschoss

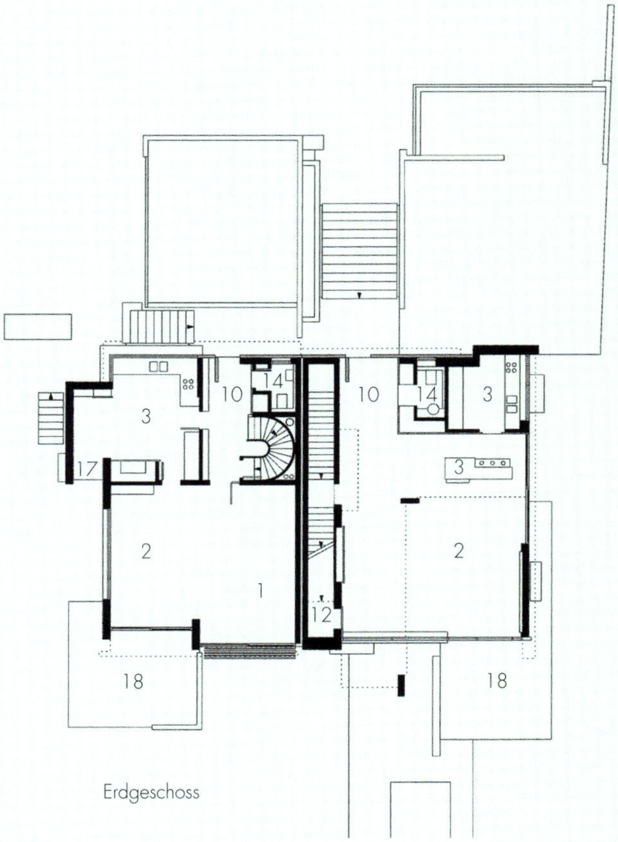

Erdgeschoss

Lichtspiele

Im Villenviertel

Architekten: BRT Architekten, Bothe, Richter, Teherani, Hamburg

Oben: Die abgerundeten Gebäudeecken verleihen der Villa einen maritimen Charakter, Blick von Südosten.
Unten: Die Außenwand des Swimmingpools setzt sich im Garten in weitem Bogen als Begrenzungsmauer fort.

Lage und Ausgangssituation

Ein Hamburger Villenviertel und dazu der Wunsch der Bauherren nach Licht, Transparenz und Exklusivität: Auf dieser Grundlage entwarfen die Architekten auf dem leicht geneigten Hanggrundstück eine moderne, repräsentative Villa, deren große, über die abgerundeten Gebäudeecken geführten Glasflächen an die Brücke eines Ozeandampfers erinnern.

Grundriss

Das Entwurfskonzept erschließt sich am besten, wenn man die zweigeschossige Eingangshalle, die über ein Glasdach belichtet wird, als Rückgrat des Gebäudes begreift. An diese Halle grenzen auf der Nordseite die Garage und das Schwimmbad, auf der Südseite die Wohnräume und die geräumige Küche an. Das gesamte Erdgeschoss ist offen organisiert, doch geschickt platzierte Raumelemente wie die Treppe, der Kamin, eine tragende Säule oder Distanzstufen ergeben funktionale Bereiche unterschiedlichen Charakters: Der Küche – von den übrigen Räumen durch eingestellte Wandscheiben abgeteilt – folgt das zweigeschossige Esszimmer und – wenige Stufen tiefer – der eingeschosasige Wohnraum. Eine solch offene und zugleich abwechslungsreiche Folge von verschiedenen Raumbereichen erzeugt spannende Übergänge und bietet sich gerade für den Empfang von Gästen oder auch für Veranstaltungen wie Hauskonzerte oder Lesungen an.

Im Obergeschoss trennt die Treppe mit den beiden Lufträumen den Schlaftrakt der Eltern von den zwei kleinen Gästezimmern, die von den beiden erwachsenen Kindern gelegentlich genutzt werden. Das umfangreiche Raumprogramm wird im Untergeschoss durch ein weiteres Gästezimmer, einen Bastelraum und einen Weinkeller abgerundet. Eine schwungvoll gekrümmte Stützmauer, die das Haus auf der Nordseite fortsetzt, fasst den Garten schützend ein.

Besonderheit

Die Entscheidung für die abgerundeten verglasten Gebäudeecken, die der Villa ihr charakteristisches Erscheinungsbild geben, entspringt nicht nur ästhetischen Überlegungen: In den jeweiligen Innenräumen erhöhen sie – wie alle über Eck geführten Fenster – die Helligkeit, da Tageslicht aus mehreren Himmelsrichtungen einfallen kann. Das Sonnenlicht wandert im Lauf des Tages durch das Innere des Hauses und lässt so wechselvolle räumliche Stimmungen entstehen – ein Effekt, der den exklusiven Charakter der Villa unterstreicht.

Anzahl der Bewohner:	2 Erwachsene
Grundstücksgröße:	2700 m²
Wohnfläche mit Nutzfläche:	770 m²
Reine Wohnfläche:	394 m²
Anzahl der Vollgeschosse:	2
Unterkellerung:	ja
Jahr der Fertigstellung:	1998
Baukosten/m² Wohnfläche:	keine Angaben
Gesamtbaukosten:	keine Angaben

Unten: Der offene Grundriss bietet vielfältige Raumeindrücke. Hinter dem Kamin im Wohnzimmer befindet sich die Bibliothek.

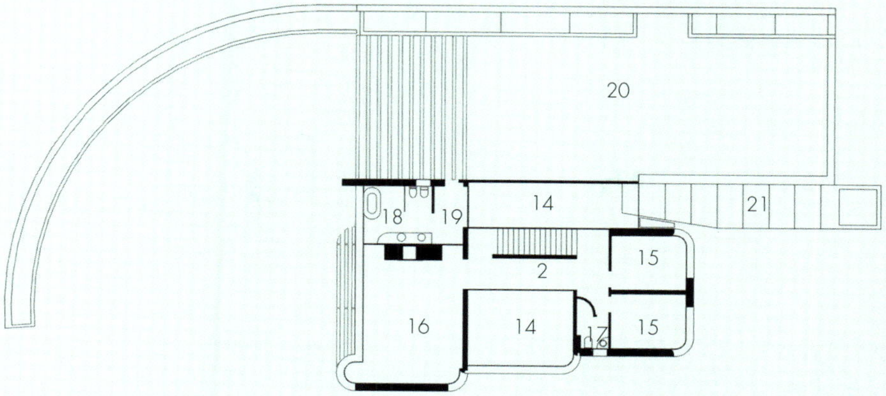

Obergeschoss

1 Eingang
2 Flur
3 Garagen
4 Pool
5 Duschen
6 Sauna
7 Stauraum
8 WC
9 Essbereich (2-geschossig)
10 Wohnbereich
11 Bibliothek
12 Kamin
13 Küche
14 Luftraum
15 Kinderzimmer
16 Hauptschlafzimmer
17 Duschraum
18 Badezimmer
19 Ankleide
20 Grasdach
21 Glasdach
22 Hauswirtschaftsraum
23 Gästezimmer
24 Bastelraum
25 Weinkeller
26 Pooltechnik
27 Technik

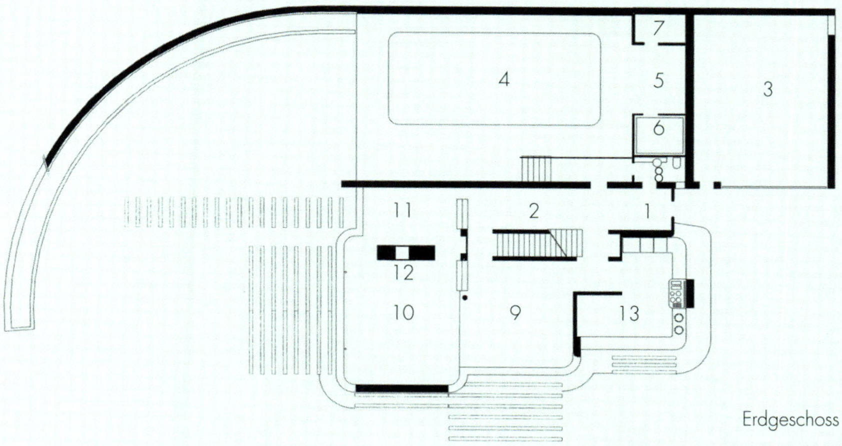

Erdgeschoss

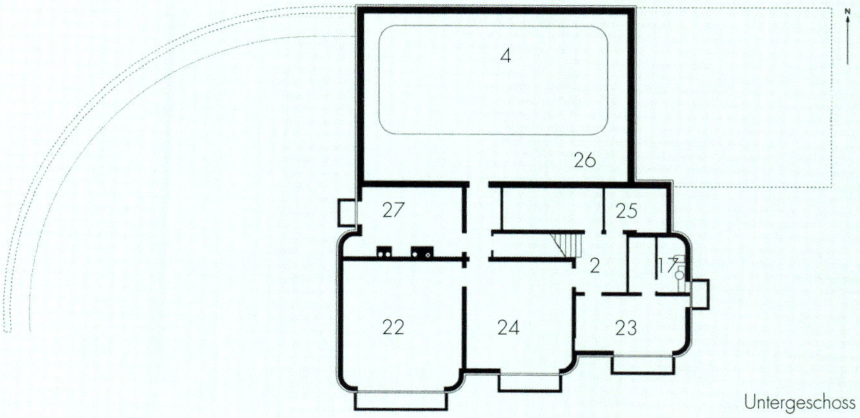

Untergeschoss

Weniger ist mehr

Einfamilienhaus im Wald

Architekt: Max Dudler, Berlin

Lage und Ausgangsituation

In einer Waldsiedlung mit hohen Kiefern in der Nähe von Berlin wollte sich ein Ehepaar, dessen Kinder bereits aus dem Haus sind, einen langgehegten Wunsch erfüllen: ein Wohnhaus, das durch strenge, geometrische Prinzipien geprägt sein sollte. Der Architekt – bekannt für einen klaren und schnörkellosen Stil – begann mit einem massiven, quaderförmigen Baukörper, aus dem er gedanklich Teilbereiche herausschnitt und den er dann auf ein Podest aus Stein stellte. Auf diese Weise entstanden drei abgestufte Ebenen, die schließlich das äußere Erscheinungsbild des Hauses prägten. Das gesamte Haus basiert bis ins Detail auf einem Raster von 15 auf 15 Zentimetern, dem auch die 75 Zentimeter breiten Fensterelemente unterliegen. Je nach Orientierung sind jeweils eines, zwei oder drei dieser Elemente zu einem Fenster gekoppelt. Die monolithische Erscheinung des Baukörpers wird durch die dunkle Fassade noch unterstrichen – ein Gebäude, das von einer strengen puristischen Architektursprache bestimmt wird.

Grundriss

Der Grundriss wurde auf klassische Art in Einzelräume gegliedert, die sich um eine zentrale Diele gruppieren. Ein derartiges Konzept ist Platz sparend und minimiert die Verkehrsflächen – Nischen und Restflächen entfallen. Gegenüber des geräumigen Windfangs liegen das Gästebad und die Treppe – diese Nutzflächen teilen das Haus funktional in zwei Hälften. Im Erdgeschoss befinden sich auf der einen Hausseite Küche und Esszimmer, die über eine Doppel-Flügeltür miteinander verbunden werden können, auf der anderen Hausseite – getrennt durch die Diele – das 32 Quadratmeter große Wohnzimmer, das sich über bündig in die Fassade gesetzte, gleichmäßig gegliederte Fenstertüren zur Terrasse öffnet.

Die Räume des Obergeschosses – Schlafzimmer, Gästezimmer, Arbeitsraum und Bad – liegen genau über denen des Erdgeschosses, sodass alle Innenwände übereinander stehen und auch die Sanitäranschlüsse in einer Wand verlaufen können. Die Fläche des Wohnzimmers dient im Obergeschoss als großzügige Dachterrasse. Bei diesem Grundriss wird jeder Quadratmeter optimal ausgenutzt, sodass Großzügigkeit entsteht.

Besonderheit

Der Grundriss besticht durch sein stringentes Konzept: ruhige, gut proportionierte Räume, sinnvolle Raumgrößen und -zuordnungen, eine einfache Erschließung und ein minimaler Verkehrsflächenanteil. Die klare, beinahe feierliche Ausstrahlung des Baukörpers setzt sich konsequent im Grundriss fort – ein Haus, das gerade durch die Reduktion auf das Wesentliche und den Verzicht auf Überflüssiges eine hohe Wohnqualität bietet.

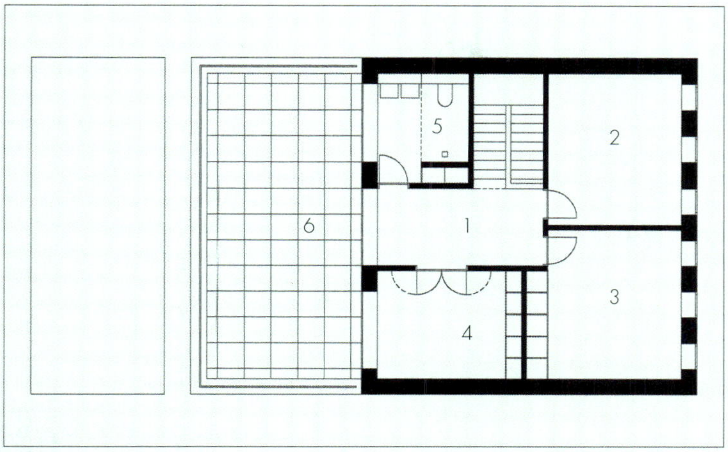

Obergeschoss

1 Halle 2
2 Gäste
3 Schlafen
4 Arbeiten
5 Bad 2
6 Dachterrasse

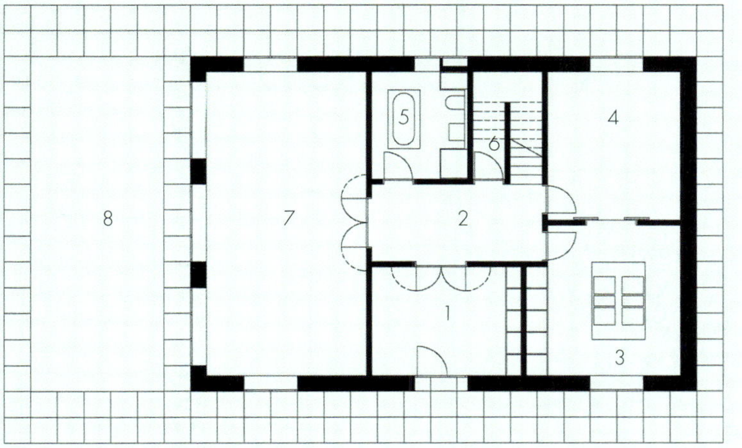

Erdgeschoss

1 Diele (Garderobe)
2 Halle 1
3 Kochen
4 Essen
5 Bad 1
6 Kellerzugang
7 Wohnen
8 Terrasse

1 5

Linke Seite unten: Klare geometrische Prinzipien prägen die Fassade ebenso wie den Grundriss. Der Baukörper besteht aus drei abgestuften Ebenen: dem Podest, dem Erdgeschoss und dem zurückgesetzten Obergeschoss, Ansicht vom Garten.
Linke Seite oben: Leuchten in Wandnischen verleihen dem Treppenhaus eine besondere Atmosphäre.

Anzahl der Bewohner:	2 Erwachsene
Grundstücksgröße:	1000 m²
Wohnfläche:	180 m²
Anzahl der Vollgeschosse:	2
Unterkellerung:	zum Teil
Jahr der Fertigstellung:	2002
Baukosten/m² Wohnfläche:	2777 Euro
Gesamtbaukosten brutto:	ca. 500000 Euro

Die hohen Fenstertüren im Wohnzimmer erlauben einen fast ungehinderten Blick in den Wald.

Wohnen für Familien

Lebt eine Familie in einem Haus zusammen, müssen die verschiedensten Wohnbedürfnisse unter einen Hut gebracht werden. Eine sorgfältige Grundrissplanung dient dazu, allen Familienmitgliedern gerecht zu werden und die alltäglichen funktionalen Abläufe zu optimieren.

Zunächst einmal muss genügend Bewegungsfläche vorhanden sein, besonders im Eingangsbereich. Zu kleine Garderoben oder Windfänge können leicht zu einer konfliktträchtigen Zone werden. Wichtig sind auch Gemeinschaftsbereiche, die allen Mitgliedern zur Verfügung stehen. Wohnküchen beispielsweise werden in der Regel zum Zentrum des Familienlebens, ganz besonders wenn kleine Kinder im Haus sind. Hier wird nicht nur gekocht und gegessen, sondern auch gemalt, gespielt und gelernt – Wohnküchen haben einen ganz eigenen Charme.

Durchgangszimmer und Raum-zu-Raum-Erschließungen sind in der Regel problematisch, wenn mehr als zwei Personen ein Haus bewohnen, da sich gegenseitige Störungen kaum vermeiden lassen. Der familiäre Friede ist auch in Gefahr, wenn für die Kinder ungleichwertige Zimmer vorhanden sind. Man sollte daher unbedingt darauf achten, dass die Kinderzimmer im Hinblick auf Größe, Besonnung, Zugang zu Balkon etc. vergleichbar sind.

Was die Zuordnung der Kinderzimmer zu den Bereichen, die den Erwachsenen vorbehalten sind, betrifft, gibt es keine festen Regeln. Kleinkinder spielen am liebsten in der Nähe der Erwachsenen. Ältere Kinder hingegen wünschen mehr Abgrenzung und schätzen es weniger, wenn ihre Zimmer unmittelbar an den Elternbereich angrenzen.

Generell empfiehlt es sich selbst für Familien mit Kleinkindern, bei der Planung auch daran zu denken, dass die Kinder irgendwann das Elternhaus verlassen werden. Ist der Bereich für die Kinder separat organisiert, lässt er sich später leichter anderweitig nutzen. Dies hat nicht nur im Hinblick auf das Wohnen im Alter Vorteile, sondern kann auch den Wiederverkaufswert des Hauses erhöhen.

Gerade beim Entwurf eines Einfamilienhauses sind viele Randbedingungen zu berücksichtigen, die sich manchmal nicht leicht miteinander vereinbaren lassen. Bei den anschließenden, individuellen Beispielen haben die Architekten Lösungen gefunden, die sich auch auf zukünftige Entwürfe übertragen ließen, auch wenn die Ausgangssituation einer jeden Familie wieder anders aussieht. In jedem Fall sollen die Entwürfe Anregungen bieten, die helfen, auch bei komplizierten Randbedingungen familiengerechte Lösungen zu finden.

Zwischen Obstbäumen

Neubau im elterlichen Garten

Architekten: Roland Hüsser & Stefan Schmid, Lenzburg

Lage und Ausgangssituation

Eine junge Familie will sich im Garten des Elternhauses ein eigenes Wohnhaus bauen – eine Konstellation, die häufig anzutreffen ist. Die Randbedingungen eines solchen Grundstücks wirken sich nicht nur auf den Baukörper – hier ein einfacher Quader aus Holz mit Satteldach – aus, sondern auch auf den Grundriss. Im vorliegenden Fall bestand wegen eines nahe gelegenen Baches Überschwemmungsgefahr, sodass auf eine Unterkellerung verzichtet werden musste. Als Ersatz für die dadurch fehlenden Abstellflächen wurde an der Längsseite des Wohnhauses zusätzlich ein Schuppen angebaut. So entstand vor dem Hauseingang ein kleiner Vorplatz und hinter dem so genannten Schopf ein Freisitz, der von einem weit auskragenden Flachdach überdeckt wird. Der vollflächig verglasten Südwestseite des Hauses wurde eine aufgeständerte Balkonanlage vorgelagert, die durch Wandelemente in unterschiedlichen, kräftigen Farben akzentuiert wird. Die Rückseite des Hauses ist überwiegend geschlossen und mit Lärchenholzbrettern verkleidet, da sich gegenüber eine lange Gewerbehalle erstreckt. Der Zugang zum Haus führt von Nordosten über eine kleine Brücke und anschließend durch das elterliche Grundstück.

Grundriss

Die Grundrisse von Erd- und Obergeschoss unterscheiden sich in der Konzeption erheblich. Das Erdgeschoss wurde offen geplant und großzügig dimensioniert, da es als geselliger Treffpunkt für Familie und Freunde dienen und mit dem direkten Zugang zum Garten den Kontakt zu den Eltern im Nachbarhaus erleichtern sollte. Das Obergeschoss dagegen bietet durch einzeln entlang des Flurs aufgereihte Schlafräume ein hohes Maß an Privatheit.

Zentraler Bereich im Erdgeschoss ist der sich über die gesamte Länge des Hauses erstreckende Wohnraum mit dem eingestelltem Koch- und Essbereich – ein so genannter Allraum, in dem praktisch alle Tätigkeiten des Alltags ausgeübt werden können. Er ist besonders geeignet für Bewohner, die kommunikativ und sehr gesellig sind – hier lassen sich viele Gäste bewirten, und bei großen Festen kann wegen der vollflächigen Verglasung auch der Garten mit seinem alten Baumbestand mit einbezogen werden.

Die Erschließung innerhalb des Hauses erfolgt einbündig entlang der Nordostseite. Dort befindet sich im Erdgeschoss auch der Hauswirtschaftsraum, der sowohl vom Windfang als auch vom Küchenbereich aus zugänglich ist und zusätzlich eine direkte Verbindung ins Freie hat. Dies erleichtert die Hausarbeit erheblich, da ohne Treppensteigen beispielsweise Wäsche gewaschen und zum Trocknen direkt auf die Terrasse gebracht werden kann.

Im Obergeschoss sind drei gleich große Gäste- bzw. Kinderzimmer sowie das Elternschlafzimmer aufgereiht, jeweils mit Zugang zum Balkon und Blick in den Garten. Der besonders breite Erschließungsflur wird über ein Fensterband nach Nordosten und über das Treppenhaus natürlich belichtet und bietet vielfältige Nutzungsmöglichkeiten, zum Beispiel als Arbeitsplatz oder als zusätzlicher Spielbereich für Kinder. Zugunsten der Wohnflächen wurden die reinen Funktionsräume wie Bad und WC auf das nötige Minimum beschränkt.

Besonderheit

Die einbündige Strukturierung eines Grundrisses ist besonders vorteilhaft, wenn – wie in diesem Fall – nur eine Seite der Umgebung ein attraktives Umfeld bietet. Die andere Seite kann dann durch Eingang, Flur und Nebenräume abgeschirmt werden. Angenehm ist im vorliegenden Beispiel die natürliche Belichtung von Treppe und Flur, was die Nutzungsmöglichkeiten der inneren Erschließungsbereiche beträchtlich erweitert.

Links und unten: Auf der Südwestseite des Holzhauses schützt eine Balkonanlage die großflächige Verglasung des Wohnraums im Sommer vor zu starker Sonneneinstrahlung. Farbige Wandflächen setzen lebhafte Akzente.

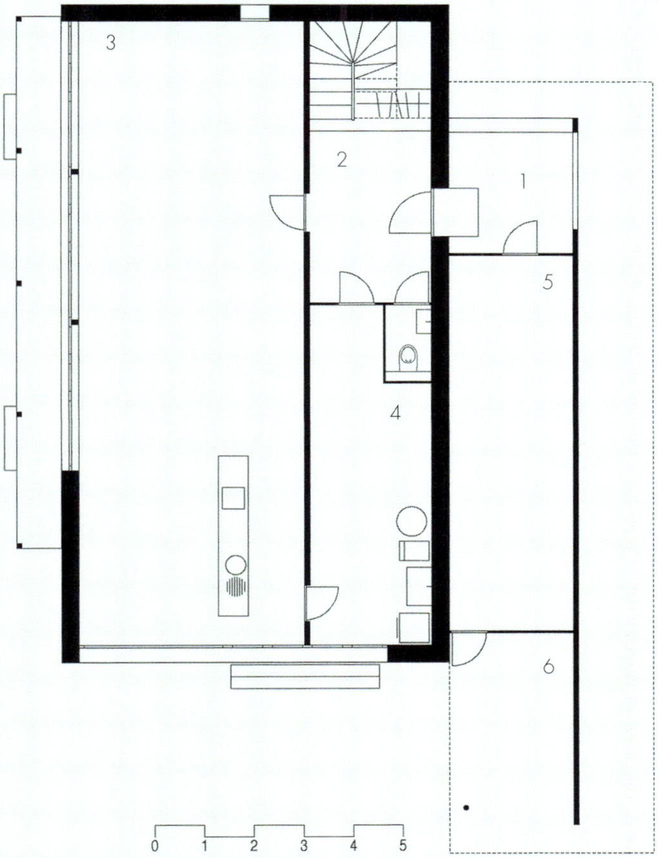

Erdgeschoss

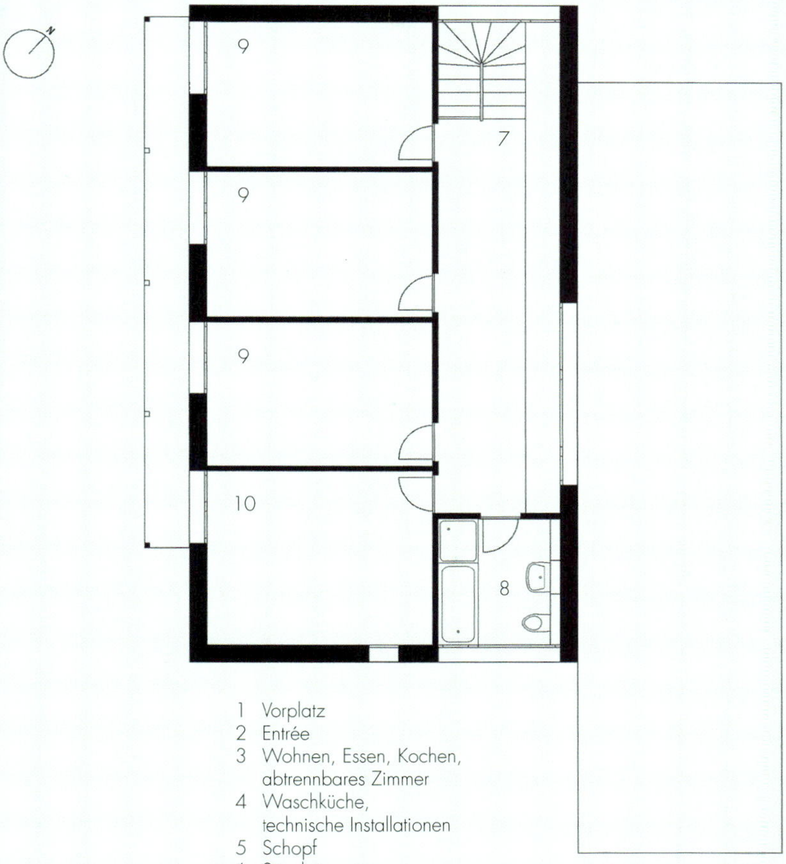

Obergeschoss

1 Vorplatz
2 Entrée
3 Wohnen, Essen, Kochen, abtrennbares Zimmer
4 Waschküche, technische Installationen
5 Schopf
6 Sitzplatz
7 Korridor mit Arbeitsplatz
8 Badezimmer
9 Kinderzimmer
10 Elternzimmer

Der Flur im Obergeschoss ist besonders breit und wird über Fenster natürlich belichtet; dadurcn kann er auch als Arbeitsplatz oder als Spielfläche für die Kinder genutzt werden.

Anzahl der Bewohner:	2 Erwachsene + 2 Kinder
Grundstücksgröße:	573 m²
Bruttogeschossfläche:	210 m²
Anzahl der Vollgeschosse:	2
Unterkellerung:	nein
Jahr der Fertigstellung:	2001
Baukosten je m² BG.:	2500 sFr
Gesamtbaukosten brutto:	653 000 sFr

Licht unterm Dach

Wohnhaus bei Augsburg

Architekten: hausladen der architekten, München

Lage und Ausgangssituation

In einer Neubausiedlung nahe Augsburg konnten die Bauherren ein Grundstück erwerben, für dessen Bebauung jedoch besonders im Hinblick auf die ortstypische Dachgestaltung strikte Vorgaben einzuhalten waren. Trotzdem gelang es den Architekten, ein Einfamilienhaus zu entwerfen, das nicht nur äußerlich mit ungewöhnlichen Lösungen aufwartet.

Sein charakteristisches Erscheinungsbild erhält der auf den ersten Blick traditionell wirkende Baukörper durch die an drei Seiten des Hauses eingeschnittenen Hausecken. Auf diese Weise verzahnt sich der Wohnbereich im Erdgeschoss mit dem Außenraum und definiert so geschützte Eingangs- und Terrassenbereiche.

Grundriss

Der Grundriss entwickelt sich wie ein Baum, ausgehend von der zentralen, einläufigen Treppe als Stamm. Während im Erdgeschoss die Bereiche Kochen, Essen und Wohnen um die Treppe herum gruppiert sind und ineinander übergehen, verästelt sich das Obergeschoss bis unters Dach in immer privater werdende kleine Rückzugseinheiten. Diese vertikale Struktur wird durch den offenen Luftraum, der vom Wohnbereich im Erdgeschoss an den Privaträumen im oberen Geschoss vorbei bis unters Dach reicht, noch betont. Eine derartige dreidimensionale Verzahnung von Räumen sorgt für einen fließenden Übergang vom offenen, großzügigen Wohnbereich im Erdgeschoss zu den kleinteiliger gegliederten Kinder- und Elternbereichen im Dachgeschoss. Diese sind je an einer Giebelseite angeordnet und somit klar voneinander getrennt. Dazwischen liegen die Bäder sowie die Treppe mit Galerie und Luftraum. Diese räumliche Trennung ist gerade dann, wenn etwas ältere Kinder im Haus sind, sinnvoll: die stärker aufgedrehte Stereoanlage führt dann nicht gleich zu Konflikten. Eines der Kinderzimmer erhielt eine Schlafgalerie, die über ein zusätzliches Fenster belichtet wird.

Besonderheit

Der Entwurf besticht durch die ungewöhnliche Lichtführung: Schmale Fensterbänder in den Kniestöcken belichten die Räume im Dachgeschoss wirkungsvoll und bieten Ausblicke, ohne von außen detaillierte Einblicke zu gewähren. Der entlang des gesamten Dachfirsts verlaufende schlotartige Lichtspalt sorgt für Helligkeit bis ins Erdgeschoss und verbreitet eine beinahe sakrale Atmosphäre.

Anzahl der Bewohner:	2 Erwachsene, 2 Kinder
Grundstücksgröße:	635 m²
Wohnfläche:	270 m²
Anzahl der Vollgeschosse:	1 + DG
Unterkellerung:	ja
Jahr der Fertigstellung:	2000
Baukosten / m² Wohnfläche:	keine Angaben
Gesamtbaukosten brutto:	keine Angaben

Links: In modernem Gewand: ein typisch schwäbisches Wohnhaus mit steilem Satteldach, Ansicht von Süden.

Unten: Das schmale Lichtband im Dachfirst lässt durch die offene Grundrissgestaltung das Tageslicht bis ins Erdgeschoss fallen und erzeugt eine beinahe feierliche Raumatmosphäre.

19 Schlafgalerie Kind 1
20 Luftraum
21 kleines Atelier

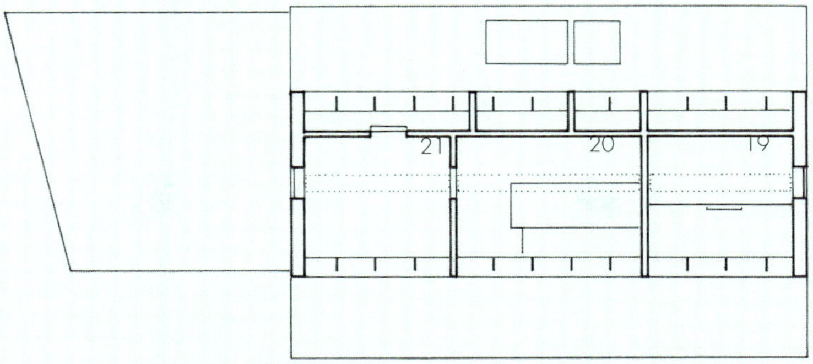

Dachspitz

10 Luftraum Wohnen
11 Galerie
12 Kind 1
13 Kind 2
14 Duschbad
15 Bad
16 Kleiderkammer
17 Arbeitszimmer
18 Schlafen Eltern

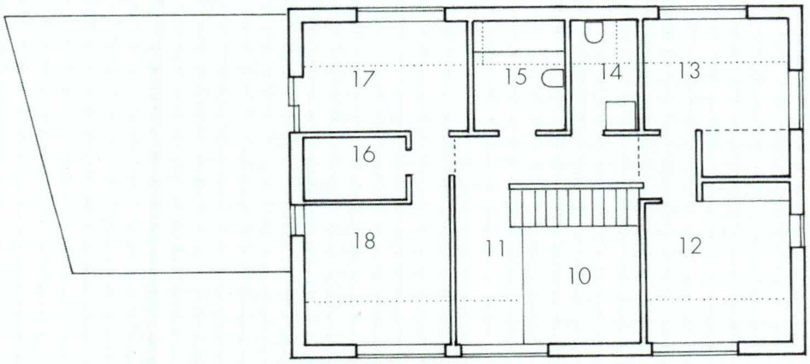

Dachgeschoss

1 Zufahrt
2 Diele
3 WC
4 Speise
5 Kochen
6 Essen
7 Wohnen
8 Terrasse
9 Garage

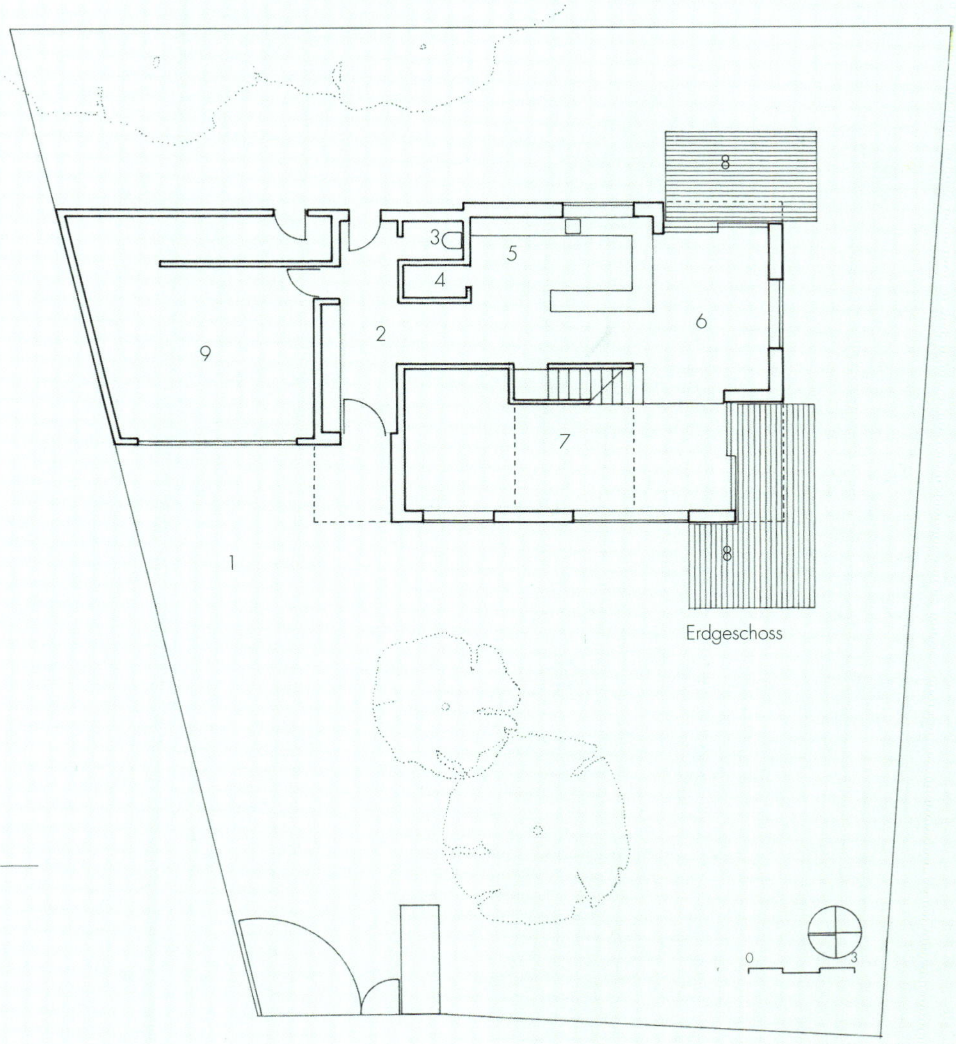

Erdgeschoss

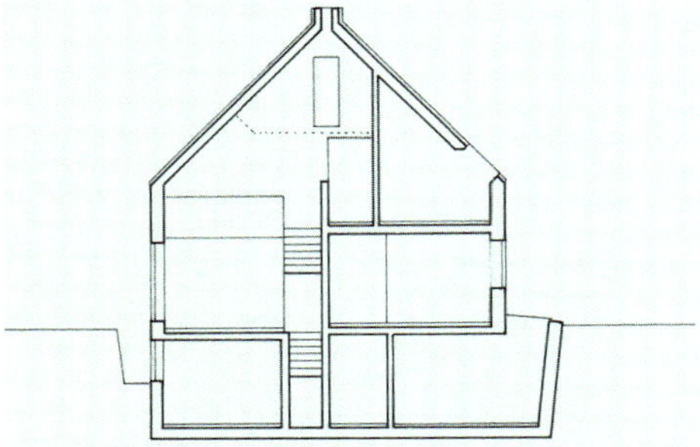

Schnitt

Sachlich reduziert

Einfamilienhaus in der Schweiz

Architekt: Bruno Rüegger, Winterthur

Lage und Ausgangssituation

Auf dem leicht geneigten Hanggrundstück wünschten sich die Bauherren ein kostengünstiges Wohnhaus im Niedrigenergiestandard, das nicht nur ökologischen Aspekten gerecht wird sondern zugleich durch eine ansprechend klare und einfache Formensprache geprägt sein sollte. Wichtig war ihnen zudem, dass sich der Grundriss leicht an veränderte Wohnbedürfnisse anpassen lässt, besonders wenn ihre drei halbwüchsigen Kinder im Laufe der Jahre nach und nach das Haus verlassen würden. Daher entwickelten die Architekten einen Baukörper, der aus einer tragenden Hülle und einem aussteifenden Erschließungskern besteht und somit ohne tragende Innenwände auskommt.

Grundriss

Das Haus steht auf dem nur teilweise in den Hang gegrabenen Keller, in den auch die Garage integriert ist, wie auf einem Sockel, der sich als Plattform in den Gartenbereich fortsetzt.

Das Erdgeschoss wurde vollkommen offen belassen, es wird nur durch den Erschließungskern zusammen mit der Treppe und den Nebenräumen in offene Teilbereiche – Wohnraum mit integrierter Küche sowie Arbeitsbereich – zoniert. Der Arbeitsbereich ließe sich bei Bedarf auch in einen separaten Raum umwandeln, falls sich die Aufnahme pflegebedürftiger Familienmitglieder als notwendig erweisen sollte.

Nach Westen zum Garten hin ist der Wohnraum vollflächig verglast und bietet einen Blick auf die Glarner Alpen. Die übrigen Seiten blieben weitgehend geschlossen, wodurch ein geborgener Raumcharakter entsteht. Durch die langen zusammenhängenden Wandflächen lässt sich der Raum zudem vielfältig möblieren.

Das Obergeschoss bietet mit den individuell gestalteten Einzelräumen für alle Bewohner genügend Rückzugsmöglichkeiten und zusätzlich für die Kinder neben der Treppe ein eigenes und zum natürlich belichteten Flur hin offenes Spielzimmer. Die Innenwände im Obergeschoss wurden als nicht tragende Leichtbauwände direkt auf den fertigen Bodenbelag gestellt, wodurch sich der Grundriss ohne größeren Aufwand verändern lässt.

Besonderheit

Durch die einfache Grundform des Baukörpers entstand ein gut funktionierender, klarer Grundriss – ein sachliches Konzept, das sich auch in der kühlen, metallischen Fassade widerspiegelt. Die Beschränkung der Bauherren auf das Notwendige – beispielsweise wurde anstelle eines zweiten Badezimmers ein geräumiges Familienbad eingeplant – erlaubte es, besonders den Kindern viel Platz anzubieten und gleichzeitig die Baukosten vergleichsweise niedrig zu halten.

Anzahl der Bewohner:	2 Erwachsene, 3 Kinder
Grundstücksgröße:	910 m²
Wohnfläche:	212 m²
Anzahl der Vollgeschosse:	2
Unterkellerung:	ja
Jahr der Fertigstellung:	1999
Baukosten/m² Wohnfläche:	2000 sFr
Gesamtbaukosten brutto:	470 000 sFr

Links oben und unten: Die einfache Form des Baukörpers mit der gleichmäßigen Anordnung der Fenster deutet bereits von außen auf einen klar strukturierten Grundriss. Die Erschließung erfolgt von Südwesten, links neben der Terrasse (unten).
Unten: Der offene Grundriss im Erdgeschoss bietet für die fünfköpfige Familie viel Bewegungsfläche.

1 Garage/Abstellraum
2 Technik
3 Waschen
4 Schutzraumkeller

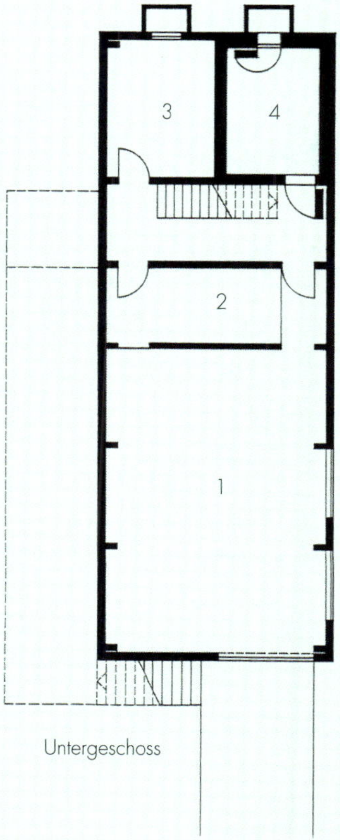

Untergeschoss

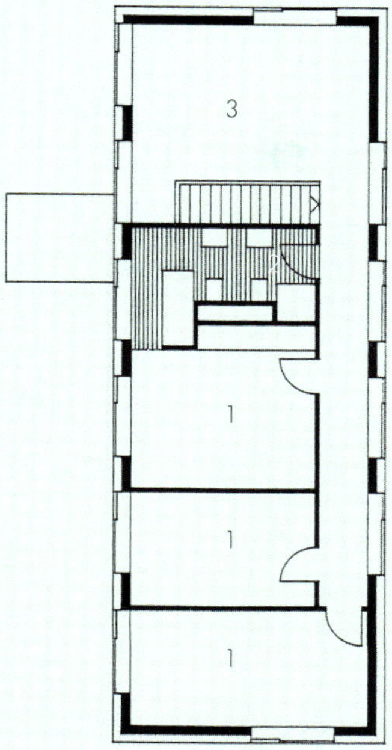

1 Schlafen
2 WC/Bad
3 Galerie

Obergeschoss

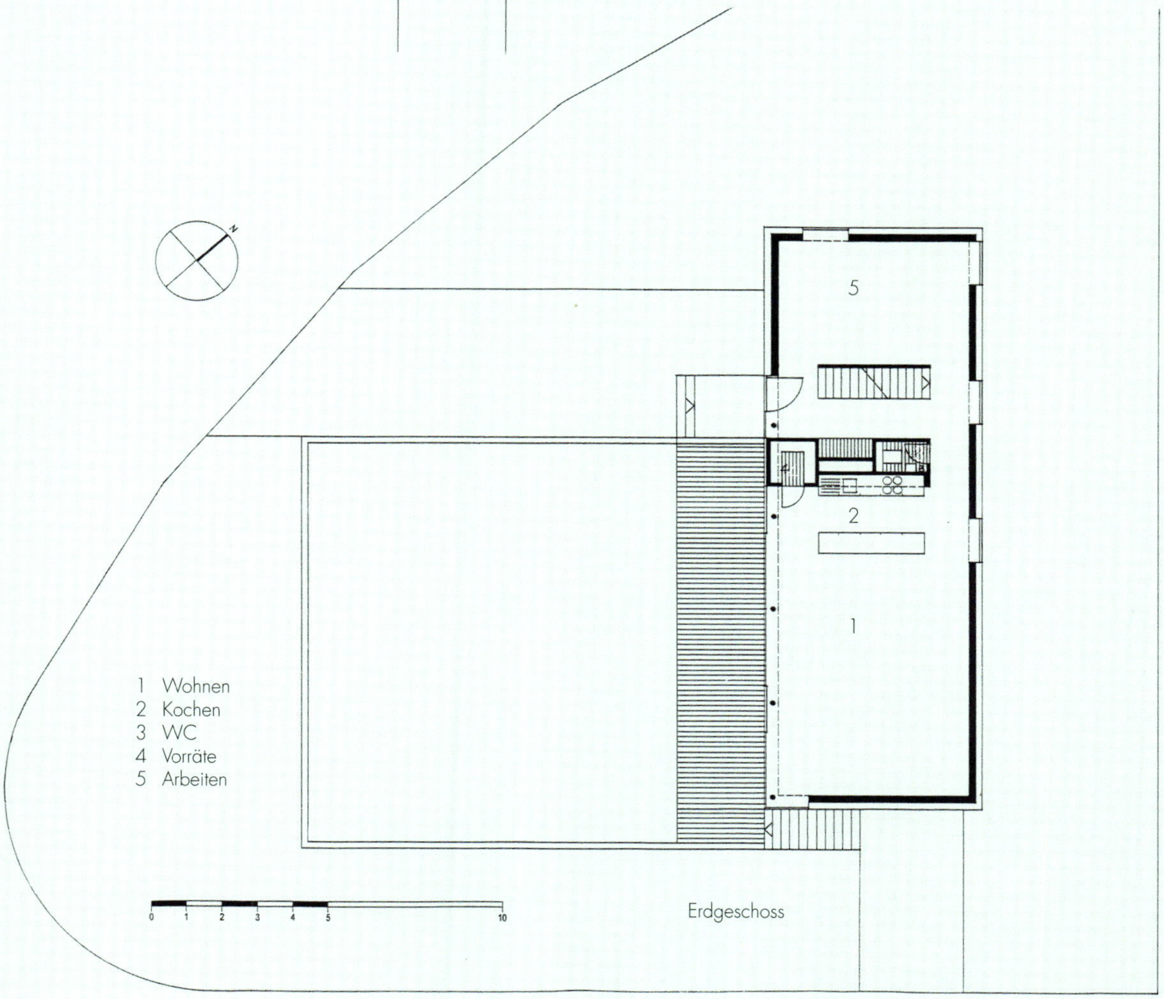

1 Wohnen
2 Kochen
3 WC
4 Vorräte
5 Arbeiten

Erdgeschoss

Den Garten ins Haus holen

Bungalow in der Schweiz

Architekten: Erhart + Partner AG, Schaan/
Berger + Partner AG, Buchs

Lage und Ausgangssituation

Bei diesem Grundstück gab es keinerlei bauliche Vorgaben, so konnten die Architekten den Wunsch der Bauherren nach einem modernen Bungalow inmitten einer Einfamilienhaus-Siedlung uneingeschränkt in einen entsprechenden Entwurf umsetzen. Sie planten das eingeschossige Wohnhaus mit Flachdach und die gegenüber liegende Garage als voneinander unabhängige Baukörper, die zusammen mit einer umlaufenden Sandsteinmauer dem Außenbereich einen hofartigen Charakter verleihen. Eine direkte Verbindung über die Terrasse verkürzt den ansonsten relativ langen Zugang zum Haus.

Grundriss

Vier separate, orthogonale Raumelemente bestimmen den Grundriss: entlang der Außenwände das Elternschlafzimmer mit Ankleide und Bad, das Kinderzimmer, das durch das Einziehen einer Trennwand problemlos in zwei Zimmer unterteilt werden kann und schließlich die Küche mit Speisekammer und Außenabstellraum, sowie mittig angeordnet die Garderobe mit Gäste-WC und Kellertreppe. Innerhalb der rechteckigen Grundfläche erzeugen diese Elemente eine abwechslungsreiche Folge von offenen und geschlossenen Räumen.

Die innere Erschließung führt – analog zu Plätzen und Straßen – rund um den zentralen Kern herum durch Gemeinschaftsbereiche, wie den kombinierten Wohn- und Essbereich oder die Aufweitung auf der Ostseite, in der eine Sitzgruppe Platz findet. Bei der Planung der Raumabmessungen wurde das Elternschlafzimmer auf das absolute Mindestmaß beschränkt, um dafür das Kinderzimmer großzügiger dimensionieren zu können. Diese Aufteilung ist sinnvoll, da ein Schlafzimmer normalerweise nur nachts genutzt wird, ein Kinderzimmer dagegen auch tagsüber. Außen fasst ein überdachter Freisitz den Wohnraum L-förmig ein. Selbst wenn diese in den Baukörper eingeschnittene Terrasse entlang der Außenwand durch die Metall-Schiebeläden geschlossen wird, bleibt durch die Lamellen nach wie vor der Bezug zum Außenraum erhalten.

Besonderheit

Windmühlenartig öffnet sich dieses Haus nach allen Himmelsrichtungen ins Freie – sei es zum Garten oder zum Eingangshof mit Brunnen. Dies zusammen mit den raumhohen Verglasungen im Wohnbereich spiegelt das Bedürfnis der Bauherren wider, mit der Natur zu leben. Das Haus lässt sich durch die Beschränkung auf ein Stockwerk und der barrierefreien Ausführung bis ins hohe Alter bewohnen.

Anzahl der Bewohner:	2 Erwachsene, 1 Kind
Grundstücksgröße:	953 m²
Wohnfläche:	150 m²
Anzahl der Vollgeschosse:	1
Unterkellerung:	teilweise
Jahr der Fertigstellung:	2001
Baukosten/m² Wohnfläche:	5000 sFr
Gesamtbaukosten brutto:	750 000 sFr

Unten links: Der überdachte Freisitz des Bungalows lässt sich über Lamellen-Schiebeläden aus Metall halbdurchlässig schließen. So entsteht im Sommer ein zusätzlicher schattiger Wohnraum. Blick von Südosten.
Unten: Der Essplatz ist zugleich Bestandteil der rund um den Gebäudekern führenden Erschließungsfläche.

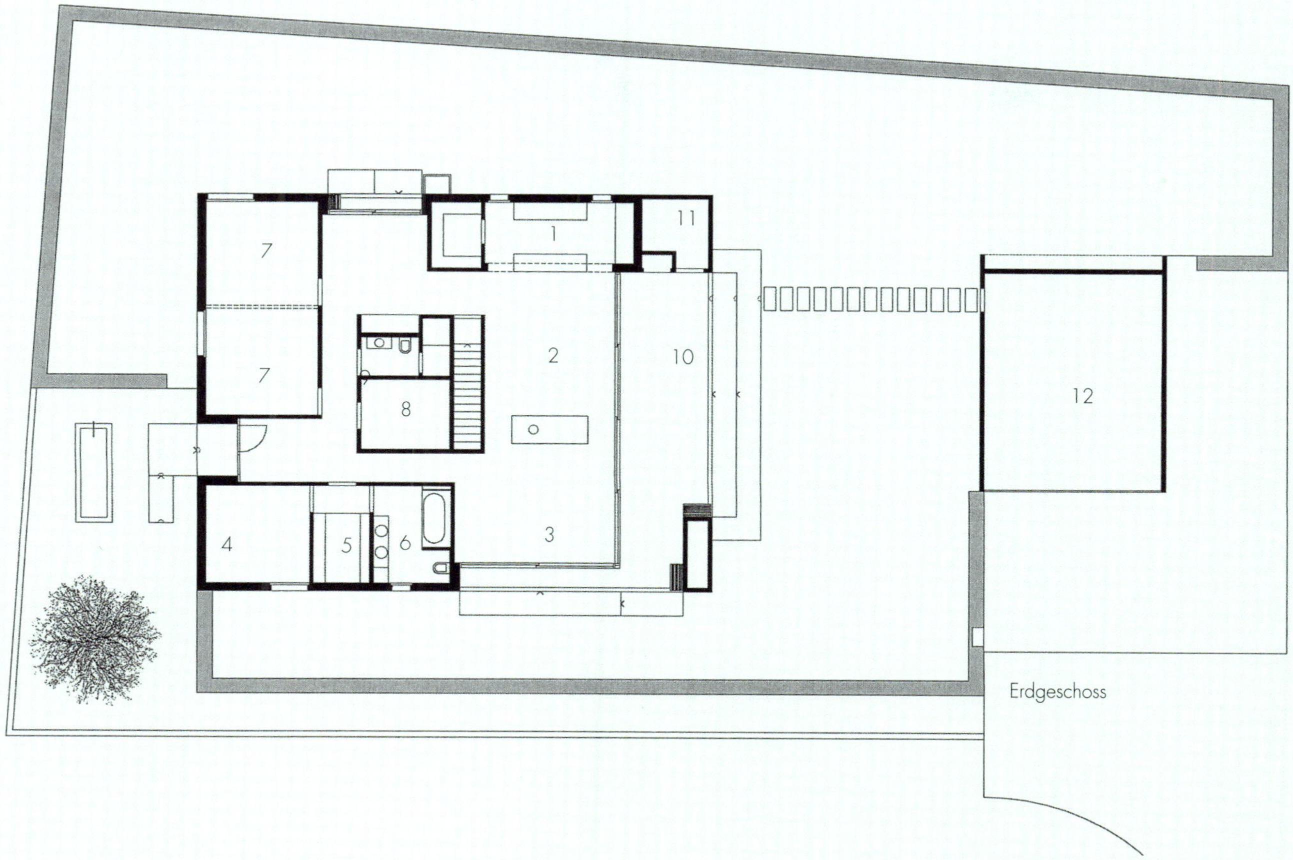

Erdgeschoss

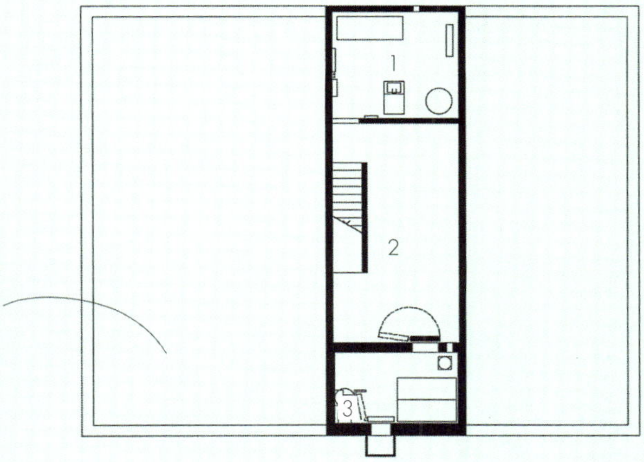

Untergeschoss

Erdgeschoss
1 Küche
2 Essen
3 Wohnen
4 Elternzimmer
5 Schrankraum
6 Bad
7 Kinderzimmer
8 Waschküche/Garderobe
9 WC/Dusche
10 Sitzplatz
11 Abstellraum
12 Garage

Untergeschoss
1 Technikraum
2 Abstellraum
3 Luftschutzkeller

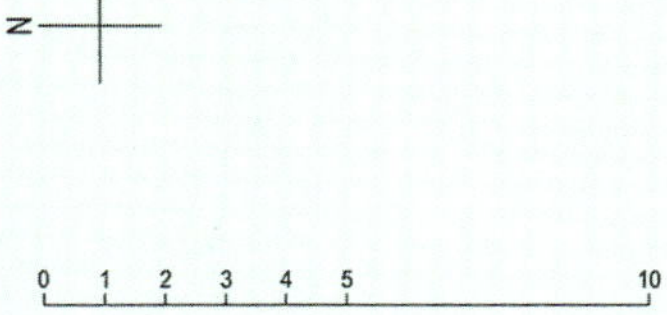

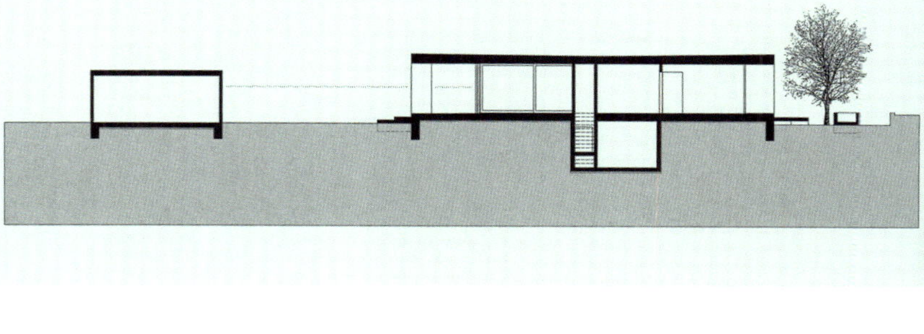

Schnitt

Haus hinter Glas

Wohnhaus in Andechs

Architekt: Prof. Herbert Meyer-Sternberg, München

Lage und Ausgangssituation
Die Lage des Grundstücks in einem von landwirtschaftlichen Wohn- und Betriebsgebäuden geprägten Dorf legte es nahe, hier einen langgestreckten Baukörper mit flach geneigtem Satteldach zu errichten. Das Einfamilienhaus schiebt sich über eine Hangkante und wird daher vom Untergeschoss aus erschlossen. Ein Carport unter dem Haus ersetzt die sonst üblichen Garagen.

Grundriss
Der nach Westen unverbaubare freie Blick und der alte Baumbestand bestimmten die Organisation des Grundrisses. Abgesehen von einem Fitnessbereich und Lagerräumen im Untergeschoss sind sämtliche Nebenräume und Verkehrsflächen an die Ostseite des Hauses gelegt und mit kleinformatigen Fenstern belichtet. Alle Wohn- und Schlafräume öffnen sich dagegen über großflächige Fenster und Türen nach Westen. Die Westseite wird durch eine zweigeschossige, der gesamten Fassade vorgestellte Balkonanlage aufgewertet. Ungewöhnlich dabei: Aus den Balkonen werden durch Glasschiebeelemente Wintergärten und aus der Fassade eine Doppelfassade, die wesentlich zur passiven Nutzung von Solarenergie beiträgt.

Zentrum des Hauses ist der zweigeschossige Essplatz, an dem über eine Theke die geräumige Küche angegliedert ist. Auf der Wohngalerie über der Küche findet man einen ruhigeren Rückzugsbereich, ohne vom Familienleben abgeschnitten zu sein. Die Privatbereiche verteilen sich ebenfalls auf zwei Ebenen. Im Erdgeschoss liegen Elternschlafzimmer mit Ankleide und Gästezimmer sowie das – auf Wunsch der Bauherren – von zwei Seiten erschlossene Bad. Die Kinder erhielten im Obergeschoss zwei gleichwertige und großzügig geschnittene Zimmer, eigene Sanitäreinrichtungen sowie einen natürlich belichteten Spielflur.

Besonderheit
Dem zentralen nach oben offenen Essbereich als Treffpunkt für die ganze Familie stehen die privaten Räume für Eltern und Kinder als Rückzugsbereiche im Südteil des Hauses gegenüber. Im Gegensatz zur häufig anzutreffenden Variante, diese Räume auf einer Ebene – meist im Obergeschoss – anzuordnen, wurden sie hier auf zwei Ebenen verteilt. Dies gewährt vor allem älteren Kindern ihren eigenen Bereich und damit eine gewisse Unabhängigkeit.

Anzahl der Bewohner:	2 Erwachsene, 2 Kinder
Grundstücksgröße:	1000 m²
Wohnfläche/Nutzfläche:	240 m²/86 m²
Anzahl der Vollgeschosse:	2
Unterkellerung:	ja
Jahr der Fertigstellung:	2000
Baukosten/m² Wohnfläche:	2550 Euro
Gesamtbaukosten brutto:	650 000 Euro

Links: Die zweigeschossige Balkonanlage mit Glasschiebeelementen schützt die Westfassade und dient gleichzeitig als Doppelfassade zur Nutzung solarer Energie.
Mitte und rechts: Wohn- und Essbereich sind auf zwei Ebenen verteilt. Durch die zweigeschossige Verglasung und die Galerie entsteht ein großzügiger und lichtdurchfluteter Raum.

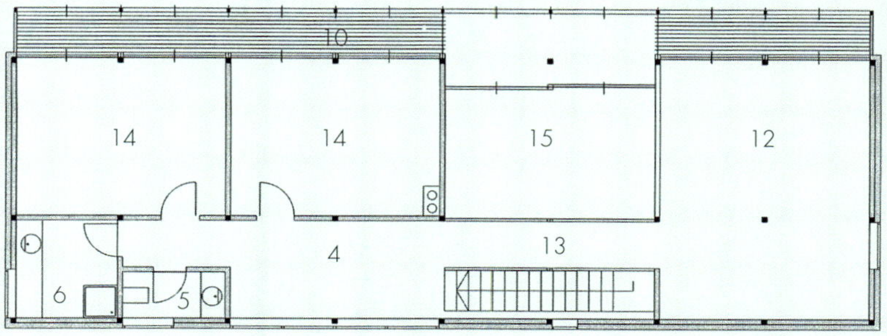

Obergeschoss

1 Essbereich
2 Küche
3 Hauswirtschaft
4 Diele
5 WC
6 Bad
7 Schlafen
8 Ankeliden
9 Gast
10 Wintergarten
11 Terrasse
12 Wohnen
13 Galerie
14 Kind
15 Luftraum
16 Eingangsbereich
17 Weinkeller
18 Dusche
19 Sauna
20 Fitnessbereich
21 Werkstatt
22 Technik
23 Abstellraum
24 Carport

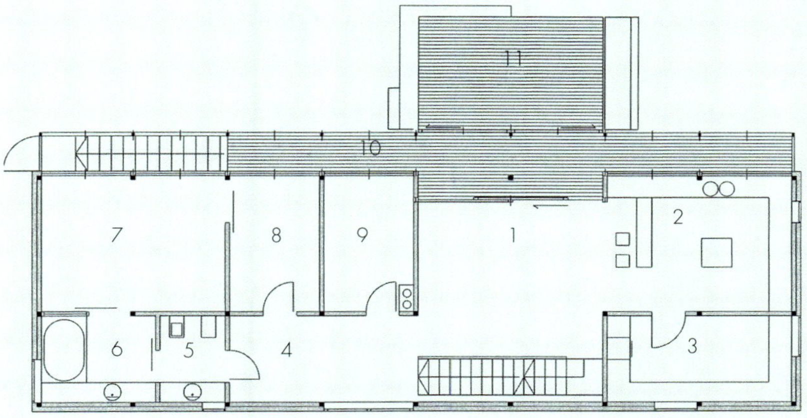

Erdgeschoss

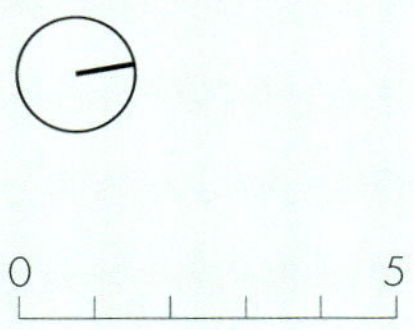

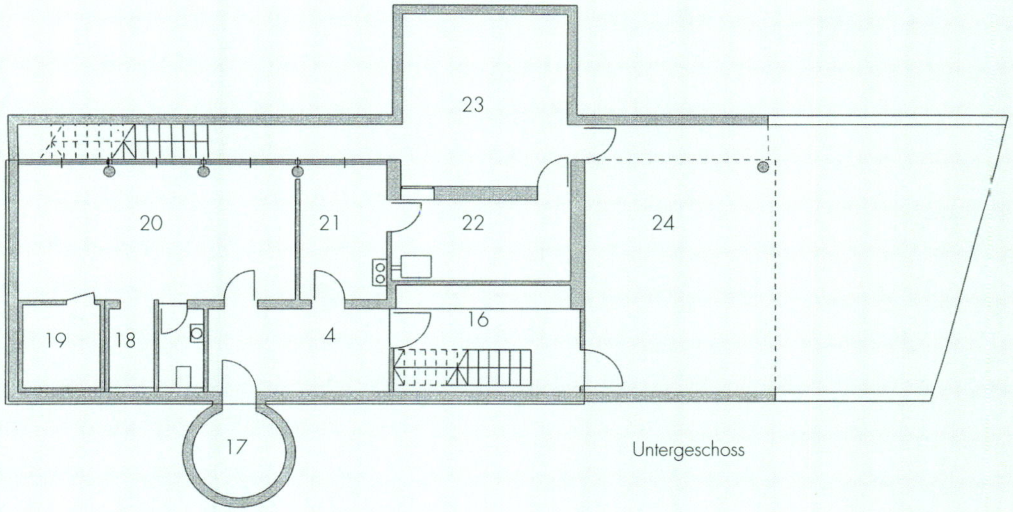

Untergeschoss

Haus ohne Grundstück

Neubau in der Innenstadt

Architekt: Prof. Wolfgang Kergaßner, Stuttgart

Anzahl der Bewohner:	2 Erwachsene, 1 Kind
Grundstücksgröße:	260 m²
Wohnfläche / Nutzfläche:	130 m²/28 m²
Anzahl der Vollgeschosse:	2
Unterkellerung:	nein
Jahr der Fertigstellung:	1999
Baukosten / m² Wohnfläche:	1344 Euro
Gesamtbaukosten brutto:	215 000 Euro

Lage und Ausgangsituation

Der kleine Hinterhof eines Hotels mit Garagen und Stellplätzen für die Gäste erscheint auf den ersten Blick nicht gerade prädestiniert als Grundstück für ein frei stehendes Einfamilienhaus. Mit viel Fantasie machte der Architekt aus der Not eine Tugend: Er setzte auf die Tiefgarage, deren Decke nur eingeschränkt tragfähig war, zwei eingeschossige Baukörper mit eigener Stützkonstruktion, auf denen das zweigeschossige Wohnhaus aufliegt.

Grundriss

Um trotz der geringen Grundfläche im Wohnbereich einen großzügigen Raumeindruck zu erzielen, schob der Architekt die Erschließungszone mit den beiden Treppen ein Stück aus dem Baukörper heraus und machte sie somit auch nach außen sichtbar. Zunächst führt eine zweiläufige Treppe – vom Hof des Hotels durch eine Lamellenwand aus Holz abgeschirmt – zum Eingang des Erdgeschosses. Ein kurzer Flur geht in das kombinierte Wohn-/Esszimmer über, das sich über Glastüren zur Terrasse öffnet und an das sich die separate Küche mit einer Speisekammer anschließt. Ein kleines Detail zeigt, wie man Schrankplatz besser ausnutzen kann: Eine nur schwer zugängliche Schrankecke in der Küche wird von der Diele aus als Garderobe genutzt.

Im Obergeschoss werden einbündig Elternschlafzimmer, Kinderzimmer und Bad erschlossen. Das Oberlichtband über der Treppe sowie das kleine Fenster an deren Stirnseite sorgt für Tageslicht im gesamten Erschließungsbereich. Zwischen den Kinderzimmern – vorläufig bestehen sie aus nur einem großen Raum – wurden anstelle einer Trennwand raumhohe Schrankelemente vorgesehen. Von jedem Zimmer aus ist eine Hälfte davon zugänglich – eine Platz sparende Lösung, die vorspringende Ecken von frei aufgestellten Schränken vermeidet.

Besonderheit

Trotz – oder wegen – der schwierigen äußeren Randbedingungen gelang ein kompakter und funktionaler Grundriss, der wegen der abschirmenden Holzlamellenwände auch erstaunlich private Außenräume bietet. Das Anheben des gesamten Wohnhauses um ein Stockwerk über das Straßenniveau führte zu einer Wohnqualität, die man bei einer derart dichten Nachbarbebauung nicht erwarten würde.

Links: Die Wand aus Holzlamellen schirmt den privaten vom öffentlichen Freibereich ab.
Unten: Das Haus wurde um ein Stockwerk über das Straßenniveau angehoben. Dadurch fällt trotz der dichten Nachbarbebauung genügend Licht ins Haus und ein hohes Maß an Privatheit wird gewahrt.

Obergeschoss
1 Schlafen
2 Schrankraum
3 Kind 1
4 Kind 2
5 Bad
6 Flur
7 Balkon
8 Abstellraum
9 Technik

Erdgeschoss
1 Wohnen
2 Essen
3 Kochen
4 Vorrat
5 WC
6 Eingang
7 Terrasse

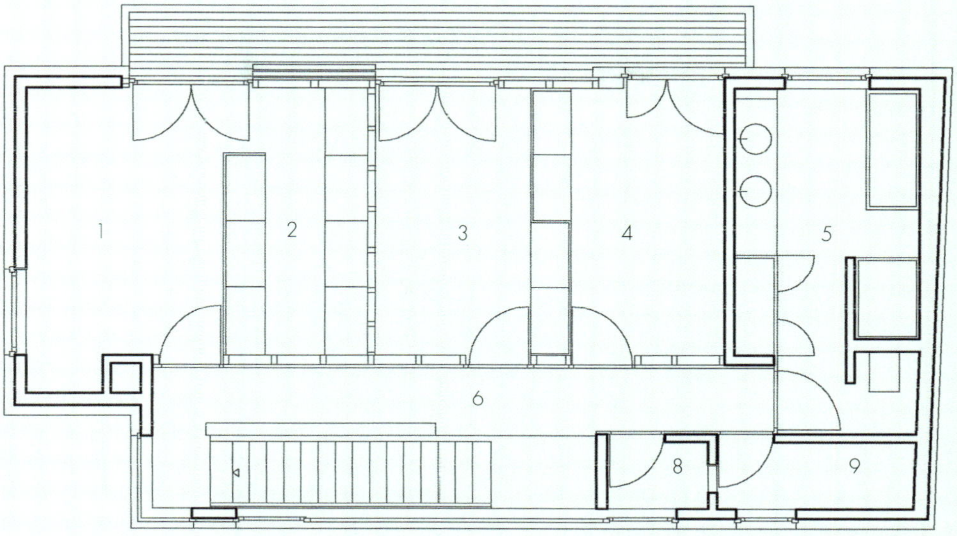

Obergeschoss

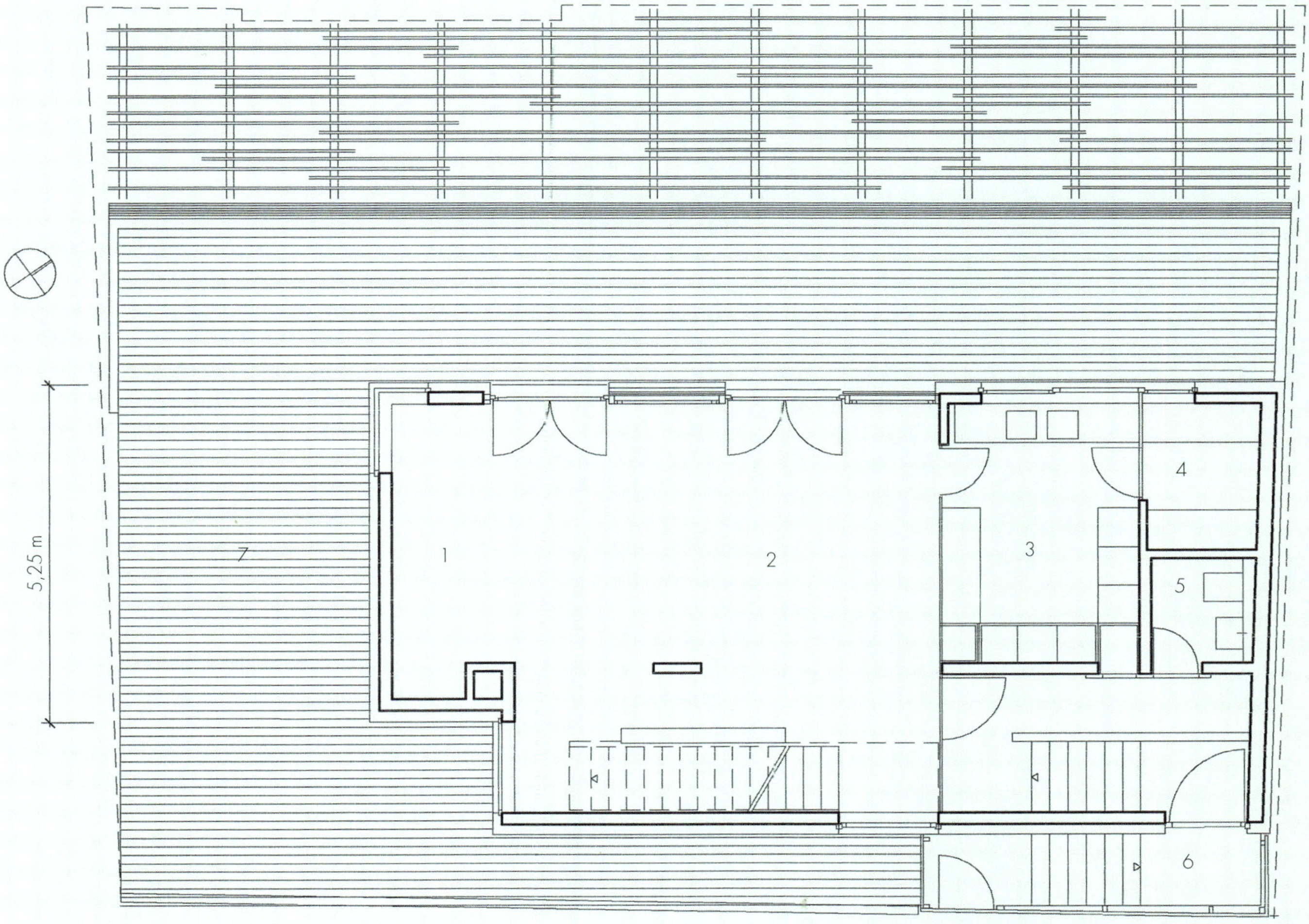

Erdgeschoss

Häuser mit Durchblick

Zwei Doppelhäuser am See

Architekten: Aebi & Vincent, Bern

Lage und Ausgangssituation

Das Berner Oberland ist geprägt von Bauten im Chalet-Stil. Daher dürfen im Dorf Oberried Neubauten nur im Stil dieser traditionellen Schweizer Land- oder Ferienhäuser mit festgelegten baulichen Merkmalen – Holzverkleidung der Fassade und Satteldach – errichtet werden. Am nördlichen Steilufer des Brienzer Sees haben zwei Schweizer Architekten zwei ungewöhnliche Doppelhäuser gebaut, die mit den örtlichen Chalets zwar Größe und Dachform gemeinsam haben, sich jedoch zugleich durch eine moderne Architektursprache von ihnen abheben.

Die viergeschossigen Häuser stehen fast direkt am See und werden über den Uferweg erschlossen. Von kleinen Hecken umsäumte Carports schaffen ein wenig Distanz zwischen öffentlichem und privatem Raum. Die Fassaden sind mit geschosshohen Sperrholzplatten verkleidet, an den Giebelseiten sind sie jedoch vollflächig verglast. Hierdurch wirkt das ausladende, flach geneigte Satteldach leicht und beinahe schwebend.

Grundriss

Beide Doppelhäuser bestehen aus je zwei fast identischen und spiegelsymmetrisch angeordneten Vier-Zimmer-Wohnungen. Man betritt sie über Außentreppen im Erdgeschoss. Separate Nebeneingänge befinden sich im Untergeschoss. Entlang der Fassaden führen einläufige Treppen parallel zur Steigung des Hangs in die Tiefe der Gebäude. Der über alle Geschosse offene Treppenraum lässt die einzelnen Ebenen wie Galerien wirken. Steigt man eine Treppe hinab, kann man durch seitlich angeordnete Fenster stets den See betrachten – aus dem in Hanghäusern häufig lästigen Treppensteigen wird so ein Erlebnis.

Im Erd- und im Obergeschoss befinden sich insgesamt drei Schlafräume und zwei Bäder, im Dachgeschoss erstreckt sich der Wohnraum mit Essplatz und dazwischen gestellter Küche über die gesamte Haustiefe. Ein vom Dachüberstand gedeckter Balkon mit Glasbrüstung vor dem Wohnzimmer ist zum See orientiert, hinter dem Essplatz liegt eine große, windgeschützte Terrasse zum Berg hin. Da die Stirnseiten des Dachgeschosses vollständig verglast sind und die in der Raummitte liegende Küche keine Wände oder Oberschränke hat, kann man auch von der Terrasse aus durch das Haus hindurch auf den See blicken.

Jedes der drei oberen Geschosse öffnet sich über unterschiedlich gestaltete Terrassen zum Außenraum. Diese wurden neben den Häusern und im oberen Stockwerk hinter den Gebäuden in den Hang gegraben. Auf diese Weise wurde das gesamte Grundstück ausgenutzt und die im Hang liegenden Räume, die normalerweise dunkel sind, konnten so über große Fenster seitlich belichtet und nach außen geöffnet werden.

Durch die Aufteilung der Privaträume auf zwei Etagen mit je einem eigenen Bad sind die Wohnungen für Familien ebenso geeignet wie für Singles oder auch für Wohngemeinschaften. Dementsprechend sind die Häuser unterschiedlich belegt: In einer Haushälfte wohnt eine Familie mit Kind, in der anderen wohnen zwei Erwachsene. Das Nachbarhaus wird nur in den Ferien genutzt. Im Erdgeschoss wären auch Ein-Zimmer-Wohnungen denkbar, die Anschlüsse für Kochnischen sind bereits verlegt. Da nur die Sanitärkerne tragend und aussteifend sind, können sämtliche Innenwände – bestehend aus Gipsplatten – leicht entfernt werden. Somit lässt sich der Grundriss problemlos an sich ändernde Wohnbedürfnisse anpassen.

Besonderheit

Diese Häuser verbinden durch ihre Architektursprache Tradition mit Moderne. Von jedem Zimmer aus hat man einen spektakulären Blick auf den See und die umliegenden Berge – ein Beleg dafür, dass die in Hanghäusern häufig anzutreffenden dunklen Raumbereiche geschickt aufgelöst werden können.

Links oben: Die Doppelhäuser bieten nach Süden ein Panorama auf die nahen Berge.
Mitte: Der schweizerische Chalet-Stil, übersetzt in moderne Architektursprache.
Unten: Selbst von der hangseitigen Terrasse im Obergeschoss kann man durch den Wohnraum hindurch den See sehen.

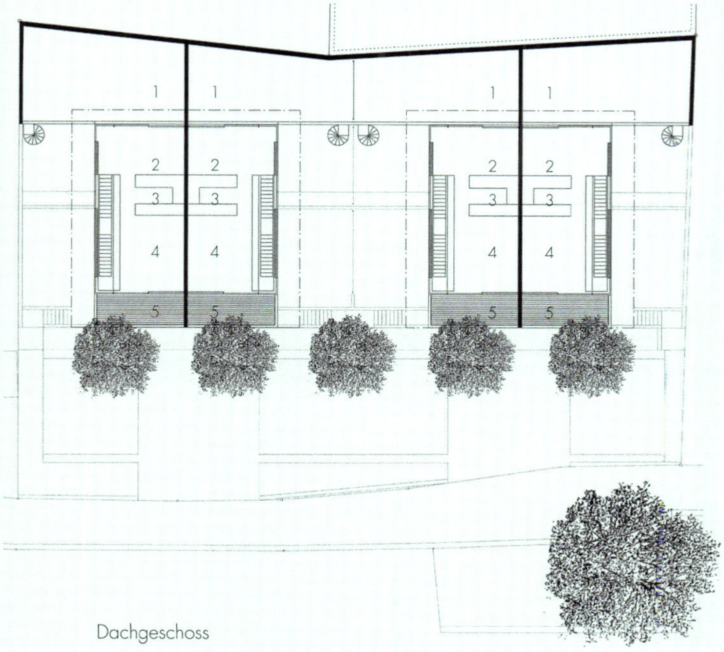

Dachgeschoss

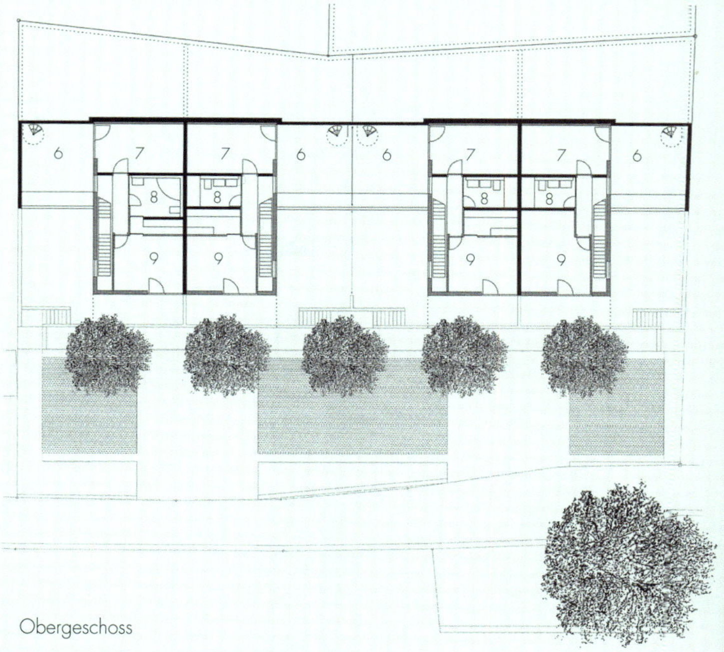

Obergeschoss

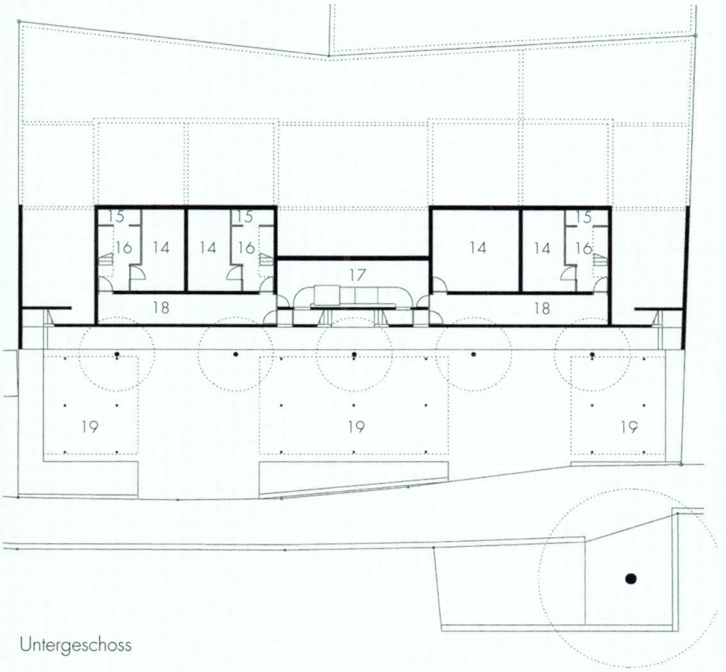

Untergeschoss

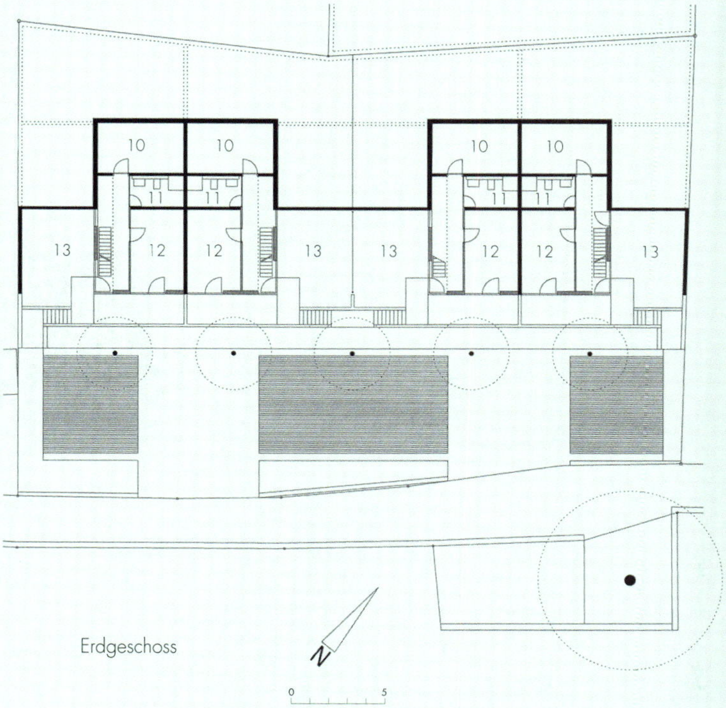

Erdgeschoss

Anzahl der Bewohner:	
1. Haus: 2 Erwachsene +1 Kind	
2. Haus: 2 Erwachsene, als Zweitwohnsitz	
3. Haus: 2 Erwachsene	
4. Haus: 1 Erwachsener	
Grundstücksgröße:	860 m²
Wohnfläche/Nutzfläche:	430 m²
Anzahl der Vollgeschosse:	3
Unterkellerung:	ja
Jahr der Fertigstellung:	2001
Baukosten/m² Wohnfläche:	3400 Euro (inkl. Keller)
Gesamtbaukosten brutto:	1 460 000 Euro

1 Terrasse
2 Essen
3 Kochen
4 Wohnen
5 Balkon
6 Terrasse
7 Zimmer
8 Bad
9 Zimmer
10 Abstellraum
11 WC/Bad
12 Zimmer
13 Terrasse
14 Keller
15 Installation
16 Eingang
17 Haustechnik
18 Vorraum
19 Autounterstand

Auf Abstand gehalten

Doppelhaus an der Bergstraße

Architekten: F+R Architekten,
Prof. Florian Fink, Darmstadt

Lage und Ausgangssituation

Die Besitzer eines sehr schmalen und spitz zulaufenden Grundstücks entschlossen sich, ein vermietbares Doppelhaus zu bauen. Das Grundstück liegt direkt an einer stark befahrenen Bundesstraße und war schwierig zu erschließen, erst die Einbeziehung eines Teils des Nachbargrundstücks ermöglichte eine sinnvolle Lösung.

Grundriss

Um die Wohnbereiche möglichst effektiv zur Straße hin abzuschirmen, wurden ihnen zwei geschlossen wirkende und in kräftigem Rot gestrichene eingeschossige Baukörper vorgelagert. Diese Vorbauten nehmen eine Doppelgarage sowie Nebenräume und Kellertreppen auf und definieren gleichzeitig einen Vorhof, von dem aus beide Doppelhaushälften erschlossen werden. Durch die Auslagerung der Eingangsbereiche und einiger Nebenräume konnten die Hauptgebäude im Erdgeschoss vollkommen offen belassen werden. In den großen Wohnraum wurde jeweils die Küche integriert. In der einen Haushälfte wurde sie nur durch eine Theke abgeteilt, wodurch die Bewohner auch bei der Küchenarbeit am übrigen Geschehen ringsum teilhaben können. In der anderen Haushälfte wurde sie durch eine Trennwand mit Schiebetüren vom Wohnraum abgegrenzt. Von den Wohnzimmern aus führen einläufige, offene Treppen zu den jeweiligen privaten Zimmern im Obergeschoss beziehungsweise zu den Studios unterm Dach. Von den Dachterrassen hat man einen weiten Blick vom Rheintal bis zum Odenwald. Fast alle Räume sind nach Osten zu den Nachbargärten mit altem Baumbestand orientiert, zur Straßenseite hin wurden die Fensterflächen dagegen auf ein Minimum reduziert.

Besonderheit

Beim Entwurf der Grundrisse hatte oberste Priorität, trotz der Belastung durch den Verkehrslärm ein Maximum an Wohnqualität zu erzielen. Daher erfolgt der Übergang vom öffentlichen zum privaten Raum in mehreren Schritten. Die separaten Vorbauten sorgen nicht nur für eine räumliche Distanz zur Straße, sondern bilden gleichzeitig auch – zumindest für den Wohnbereich im Erdgeschoss – einen wirkungsvollen Schallschutz.

Zur ruhigeren Gartenseite öffnen sich die Wohnbereiche im Erdgeschoss über mehrere Fenstertüren, diejenigen im Obergeschoss über breite Fensterbänder.

Anzahl der Bewohner: Haus 1: 2 Erwachsene, 2 Kinder; Haus 2: als Büro vermietet	
Grundstücksgröße:	858 m²
Wohnfläche/Nutzfläche: Haus 1: 161 m² (+ 10 m² Terrasse + 79,5 m² Nutzfläche); Haus 2: 157 m² (+ 8,5 m² Terrasse + 76 m² Nutzfläche)	
Anzahl der Vollgeschosse:	2 + DG
Unterkellerung:	ja
Jahr der Fertigstellung:	2002
Baukosten/m² Wohnfläche:	1045 Euro
Gesamtbaukosten:	670 000 Euro

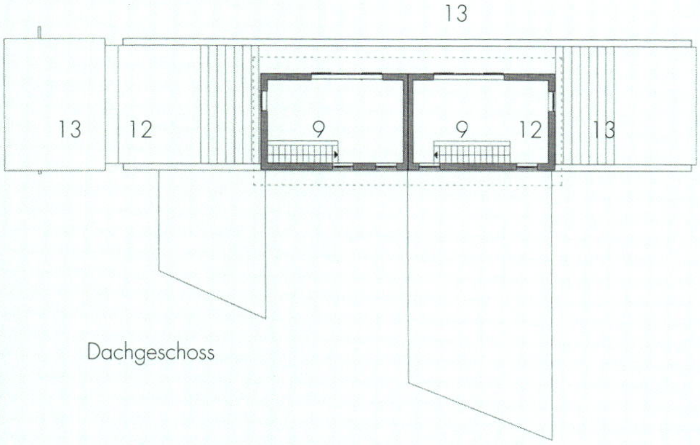

Dachgeschoss

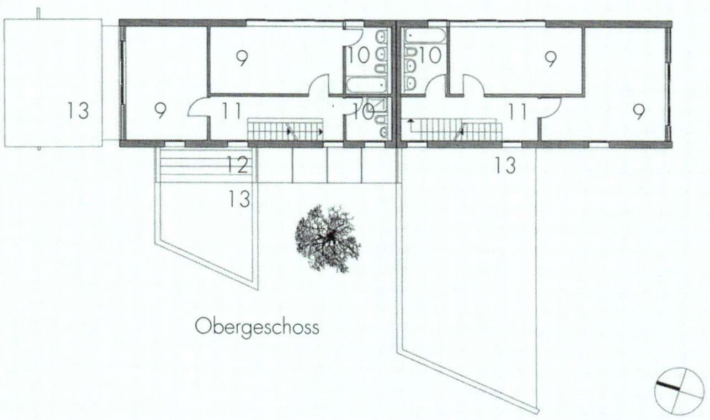

Obergeschoss

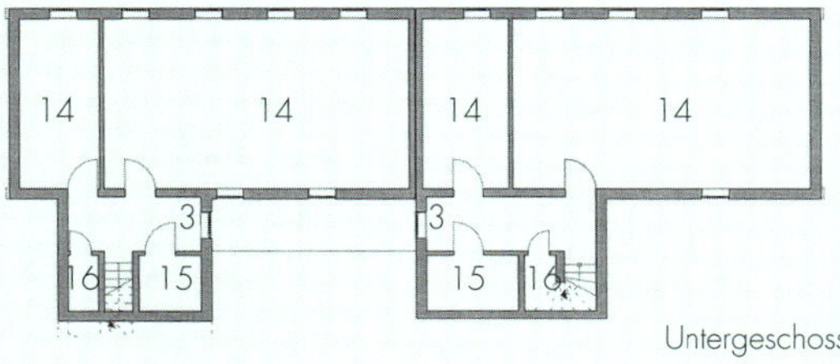

Untergeschoss

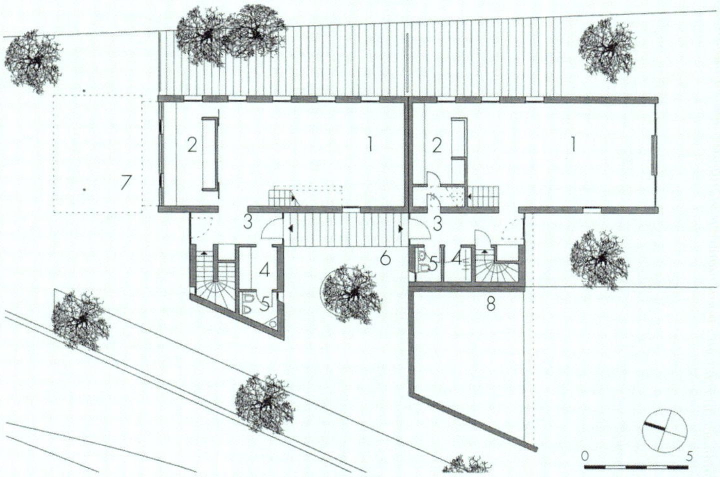

Erdgeschoss

1 Wohnen/Essen
2 Küche
3 Flur
4 Garderobe
5 WC
6 Eingangshof
7 Carport
8 Garage
9 Zimmer
10 Bad
11 Flur
12 Dachterrasse
13 begrünte Dachfläche
14 Kellerraum
15 Hausanschlüsse
16 Abstellraum

Durch Vorbauten und eine relativ geschlossene Fassade wird das Haus gegen die stark befahrene Straße abgeschirmt.

In Stadt und Wald

Wohnhaus am Stadtrand von Berlin

Architekten: Becher + Rottkamp, Berlin

Lage und Ausgangssituation
Mitten im Wald und zugleich am Stadtrand von Berlin – dieses Grundstück war für die Bauherren, die sich ein einfaches, klar strukturiertes Wohnhaus mit Flachdach vorstellten, wie geschaffen. Wichtig war ihnen zudem die Verkleidung der Fassade mit handsortierten Wittmunder Torfbrandklinkern, die der Fassade einen individuellen Charakter verleihen sollten. Bedingt durch die leichte Hanglage war es möglich, das Erdgeschoss über den Sockel des Kellergeschosses auskragen zu lassen. Dadurch wirkt das Gebäude, als schwebe es teilweise über dem Boden, und die dicht angrenzenden Bäume konnten erhalten werden.

Grundriss
Der Grundriss des Hauses ist klar nach Funktionen gegliedert: Die Nebenräume und der Erschließungsbereich liegen an der überwiegend geschlossenen Nordostseite, die Wohn- und Schlafräume an der Südwestseite. Verkehrsflächen wurden minimiert, im Erdgeschoss vor allem durch die offene Folge von Koch-, Ess- und Wohnbereich. Der nach Süden und Westen verglaste Wohnraum erlaubt nicht nur einen weiten Ausblick in den Wald, sondern ist so hell, dass er über eine vertikale Wandöffnung auch den dahinter liegenden Flur belichtet. Der Wohnbereich führt L-förmig um den offenen Kamin herum – eine Variante, die den offenen Grundriss auf natürliche Weise zoniert. Von der Sitzgruppe aus ist kein direkter Blick auf die Küchenzeile möglich, trotzdem bleibt der großzügige Raumeindruck erhalten.

Im Obergeschoss – vom Eingangsbereich über eine einläufige Treppe erschlossen – reihen sich an der Südseite Kinderzimmer, Gästezimmer und Schlafzimmer aneinander. Auch hier dominiert eine einfache und klare Formensprache: Weiße Wandscheiben, geschosshohe Türen und ein Dachoberlicht über der Treppe, das für viel Licht bis ins Erdgeschoss sorgt. Gerade bei Flachdächern bietet sich diese Art der Belichtung an. Aufgrund der Hanglage kann das Kellergeschoss von Südosten natürlich belichtet werden, sodass hier eine Einliegerwohnung eingerichtet werden könnte.

Besonderheit
Der Reiz dieses Einfamilienhauses liegt in seiner klaren Formensprache. Die einzelnen Räume und Raumbereiche sind gut geschnitten und sinnvoll angeordnet. Angenehm ist der offene Windfang, der den Eingangsbereich einfasst und vom Wohnraum abschirmt, dabei jedoch nicht beengend wirkt. Praktisch ist auch die unmittelbar von der Küche aus zugängliche Speisekammer. Ein gut funktionierender Grundriss, der – wie der gesamte Baukörper – ruhig und harmonisch wirkt.

Anzahl der Bewohner:	2 Erwachsene, 1 Kind
Grundstücksgröße:	900 m²
Wohnfläche/Nutzfläche:	148 m²/60 m²
Anzahl der Vollgeschosse:	2
Unterkellerung:	ja
Jahr der Fertigstellung:	2003
Baukosten/m² Wohnfläche:	1966 Euro
Gesamtbaukosten brutto:	291 000 Euro

Links: Der Baukörper ragt über den Sockel des Kellergeschosses hinaus und wirkt dadurch trotz seiner kompakten Form leicht und beinahe schwebend, Ansicht vom Garten.
Links unten: Der Wohnraum ist so hell, dass über die vertikale Wandöffnung (am rechten Bildrand) der dahinter liegende Flur belichtet werden kann.
Unten: Das Dachoberlicht über der Treppe sorgt je nach Tageszeit und Witterung für wechselnde Lichtverhältnisse.

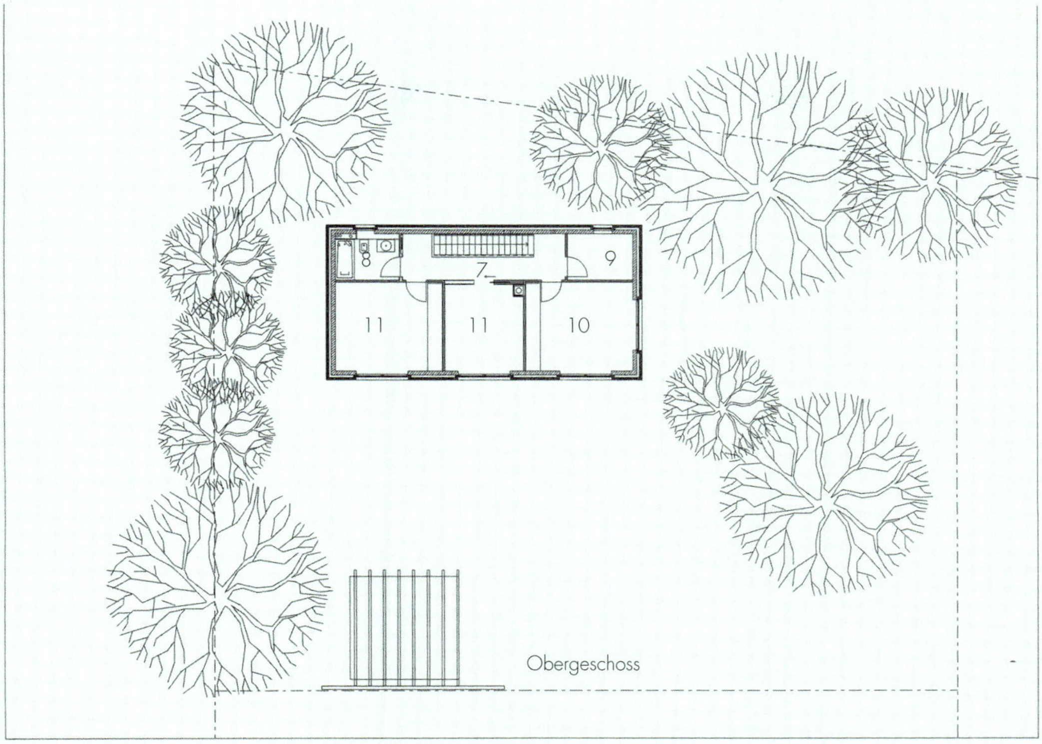

Obergeschoss

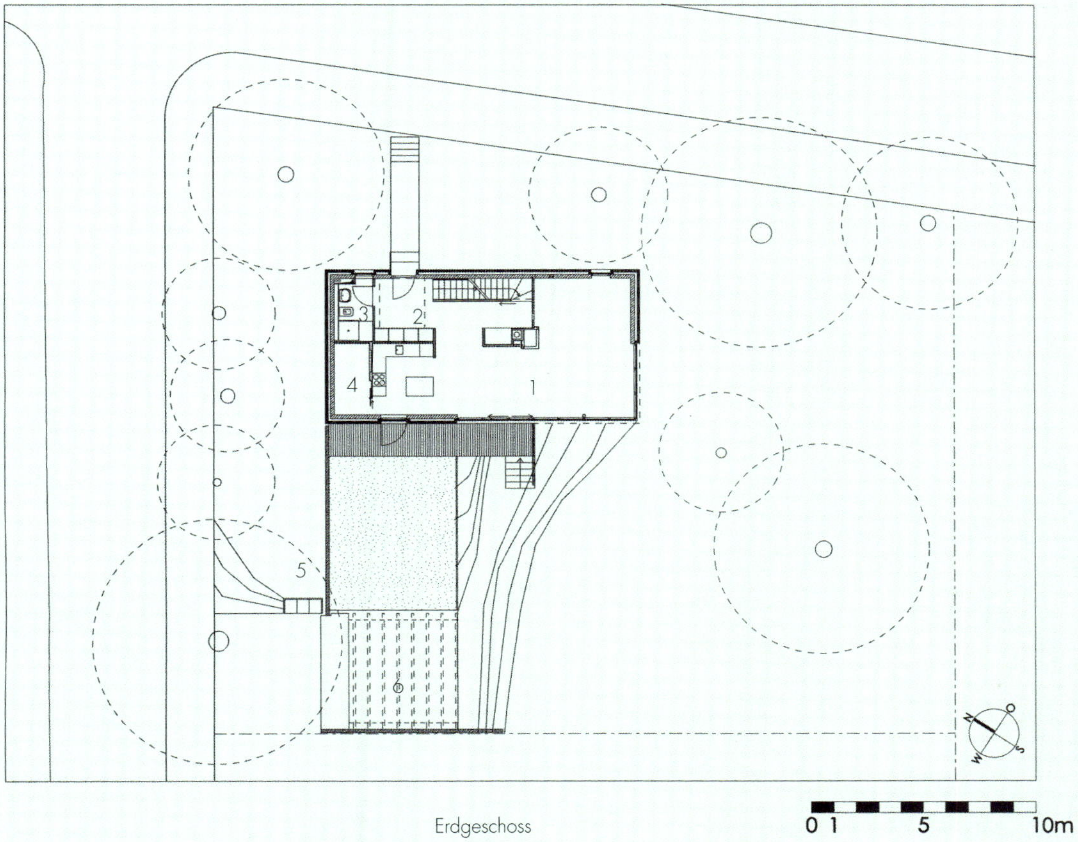

1 Wohnen/Essen
2 Entree
3 WC
4 Speisekammer
5 Hochgarten
6 Pergola
7 Flur
8 Bad
9 Arbeitszimmer
10 Schlafzimmer
11 Kinderzimmer

Erdgeschoss

Brüderlich geteilt

Doppelhaus am Hang

Architekt: Johannes Manderscheid, Rottenburg

Lage und Ausgangsituation

Man nehme ein Haus mit Satteldach, schneide es senkrecht zum First in der Mitte durch, ziehe die beiden Hälften auseinander und nutze den entstehenden Zwischenraum für die Carports und die darüber liegende Terrasse: Darin besteht das Konzept des Architekten für diese für zwei befreundete Familien errichteten schmalen Wohnhäuser. Das Hanggrundstück war ursprünglich für die Bebauung mit einem Doppelhaus ausgewiesen, bei dem sich die Familien zwischen der ungünstigen Nordhälfte und der bevorzugten Südhälfte hätten entscheiden müssen. Genehmigt wurden jedoch auch zwei – im wortwörtlichen Sinne – Doppel-Haushälften, die gleichwertig sind und die jeder Familie das Gefühl geben, in einem frei stehenden Einfamilienhaus zu wohnen.

Grundriss

Die beiden Grundrisse sind annähernd spiegelsymmetrisch zueinander konzipiert, wobei gleiche Nutzungsbereiche einander gegenüber liegen. Die Häuser zeigen jedoch kleine Unterschiede wie bei der Anzahl der Arbeits- und Kinderzimmer, der Zuordnung der Koch-/Essbereiche und bei der Anordnung der Fenster, was auf die verschiedenen Bedürfnisse der Familien zurückzuführen ist.

Die Häuser können im Untergeschoss, das hier auf Straßenniveau liegt, von den Carports aus betreten werden, die Haupterschließung erfolgt jedoch auf der Erdgeschossebene über eine Außentreppe beziehungsweise eine Rampe. Der Eingangsbereich fasst zusammen mit dem Flur die Nebenräume und das Kinder- oder Arbeitszimmer L-förmig ein und führt auch auf die zwischen den Haushälften liegende Terrasse. Der rückwärtige Teil der Terrasse wird durch eine Mauer in private Höfe geteilt. Eine leichte Drehung der Haushälften gegeneinander genügte, um die Terrasse zum Hang und zum Garten etwas aufzuweiten. Die zu dieser Seite orientierten Wohnräume sowie die Koch-/Essbereiche auf der gegenüber liegenden Stirnseite reichen bis nach oben unter das Dach. Durch diese Lufträume, die über schmale Dachoberlichtstreifen zusätzlich belichtet werden, und durch die Dachschrägen ist das oberste Geschoss wesentlich kleiner und bleibt mit Schlafzimmer, Bad und Ankleide den Eltern vorbehalten.

Besonderheit

Obwohl die Häuser sehr schmal sind, entstanden großzügig wirkende Wohnräume, die Durchblicke längs durch die Häuser gewähren. Dies liegt daran, dass sowohl die Wohnzimmer als auch die Koch-/Essbereiche jeweils an den Stirnseiten der Häuser angeordnet sind und somit nicht nur von der gesamten Hausbreite profitieren, sondern auch bis unters Dach geöffnet werden können. Die Trennung und leichte Verschwenkung der Häuser bringt die gewünschte Südsonne in die Wohnräume beider Haushälften und erzeugt für jede Familie geschützte Außenbereiche.

Unten: Zwischen den beiden Doppelhaushälften liegen die Carports, über denen eine Gemeinschaftsterrasse angelegt wurde.

Unten rechts: Auf der dem Hang zugewandten Seite – nach Osten – teilt sich die Terrasse in zwei private Außenbereiche, die um die jeweiligen Häuser herumführen. Obwohl es sich um Doppelhäuser handelt, bekommt jede Haushälfte die Qualität eines frei stehenden Einfamilienhauses.

Anzahl der Bewohner: Haus 1: 2 Erwachsene Haus 2: 2 Erwachsene, 2 Kinder	
Grundstücksgröße:	700 m^2
Wohnfläche:	Haus 1: 130 m^2 Haus 2: 140 m^2
Anzahl der Vollgeschosse:	2 + DG
Unterkellerung:	Untergeschoss teilweise im Erdreich
Jahr der Fertigstellung:	1998
Baukosten/m^2 Wohnfläche:	keine Angaben
Gesamtbaukosten:	keine Angaben

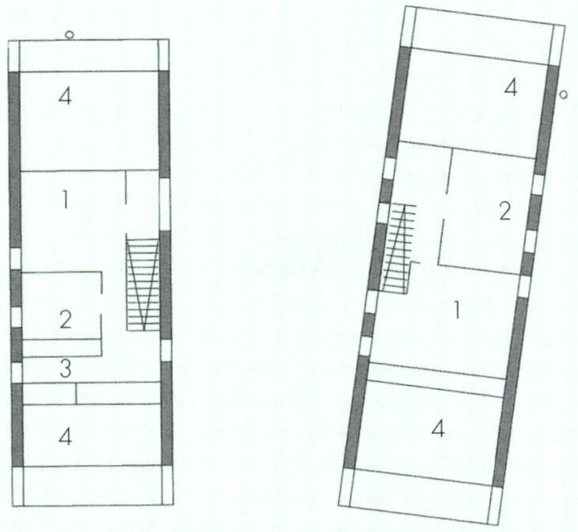

Obergeschoss

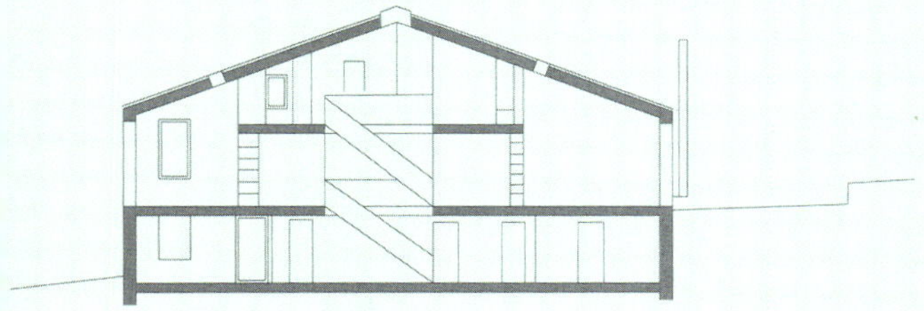

Längsschnitt

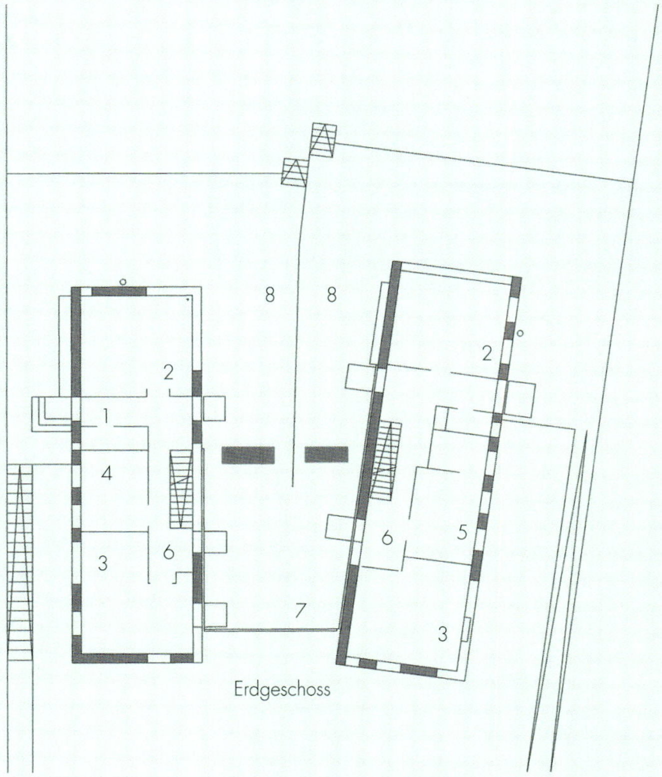

Erdgeschoss

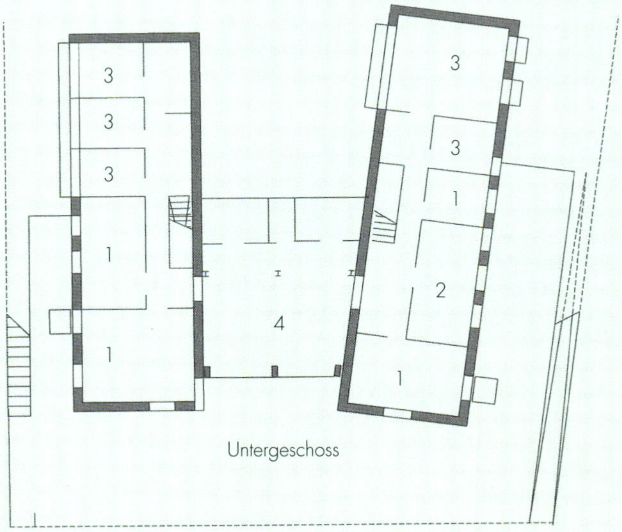

Untergeschoss

Obergeschoss
1 Schlafraum
2 Bad
3 Ankleide
4 Luftraum

Erdgeschoss
1 Eingang
2 Wohnraum
3 Küche
4 Arbeitsraum
5 Kinderzimmer
6 Flur
7 gemeinsamer Hof
8 private und getrennte Außenbereiche

Untergeschoss
1 Arbeitsraum
2 Kinderzimmer
3 Keller
4 Carport

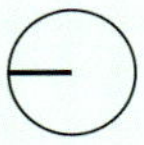

Gleiches Recht für alle

Eine Villa mit Einliegerwohnung

Architekt: Manfred Fischer, München

Oben: Nach Süden öffnen sich sämtliche Räume auf den Balkon oder die Terrasse. Der für Oberbayern typische Dachüberstand wurde verglast, um auf dem Balkon Schutz vor Regen zu bieten, ohne Licht wegzunehmen.

Lage und Ausgangssituation

Ein großes Grundstück in einem Villenvorort – hier bei München– mit lockerer Nachbarbebauung bietet natürgemäß ideale Voraussetzungen für den Bau eines frei stehenden Einfamilienhauses. Neben Vorgaben durch den Bebauungsplan, der zum Beispiel die Anzahl der Geschosse und die Dachneigung regelte, mussten bei diesem Entwurf nur wenige Randbedingungen berücksichtigt werden – und die Erhaltung des auf dem Grundstück vorhandenen alten Baumbestands bedeutete weniger eine Einschränkung als vielmehr ein Privileg.

Grundriss

Der Wunsch der Bauherren nach einem repräsentativen, für den Empfang und die Bewirtung von Gästen geeigneten Wohnhaus führte im Erdgeschoss neben dem großzügigen Eingangsbereich zu einer offenen Anordnung von Bibliothek, Wohnzimmer mit offenem Kamin und Essplatz. Über einen Frühstückstresen wird auch die Küche in den Wohnraum mit einbezogen, sie ist jedoch auch separat von der Eingangshalle aus zugänglich – eine spürbare Erleichterung beim Einräumen von Vorräten. Raumhohe, durch Wandpfeiler gegliederte Fenster und die längs durch das Haus verlaufende Blickachse mit zusätzlichen schmalen Fensterstreifen an den Giebelseiten lassen das Erdgeschoss angenehm hell und zugleich wohnlich erscheinen.

Im Obergeschoss trennt die einläufige Treppe deutlich den Eltern- vom Kinderbereich. Drei in etwa gleichwertige Kinderzimmer werden über einen breiten, großzügig belichteten Spielflur erschlossen. Das Elterschlafzimmer mit begehbarem Kleiderschrank und direkt zugeordnetem eigenen Bad liegt davon unabhängig unmittelbar an der Treppe. Auch hier oben sind alle Räume – mit Zugang zu einem Balkon – nach Süden orientiert. Der glasgedeckte Dachüberstand bietet Schutz vor Regen und lässt trotzdem viel Licht hindurch. Sämtliche Fenster im Haus lassen sich über Schiebeläden aus Lärchenholz verschließen. Im Kellergeschoss wurde neben diversen Nebenräumen eine von außen separat erschlossene Einliegerwohnung für die Kinderfrau untergebracht.

Besonderheit

Bei diesem Entwurf wurden die Bedürfnisse aller Familienmitglieder gleichermaßen berücksichtigt. Obwohl der offene Wohnbereich repräsentativen Anlässen gerecht wird, behält er dennoch durch die gegliederte Fensterfront, die Zonierung durch den mittig eingestellten Kamin und die abgeteilte Küche einen familiären, geborgenen Charakter. Die gleichwertig geschnittenen Privaträume im Obergeschoss bieten reichlich Platz für jeden und vermeiden Konkurrenz unter den Kindern. Die klare Trennung der jeweiligen Nutzbereiche trägt dazu bei, räumlich bedingte Konflikte zu vermeiden.

Links Mitte: Der offene Wohnraum wird nur durch eingestellte Wandscheiben gegliedert – hier mit Kamin – und ermöglicht so abwechslungsreiche Blickbezüge.
Links: Auch der Hauseingang wird durch einen verglasten Dachüberstand geschützt.

Anzahl der Bewohner:	3 Erwachsene, 2 Kinder
Grundstücksgröße:	1414 m²
Wohnfläche:	277 m²
Anzahl der Vollgeschosse:	2
Unterkellerung:	ja
Jahr der Fertigstellung:	2001
Baukosten / m² Wohnfläche:	2888 Euro
Gesamtbaukosten:	ca. 800 000 Euro

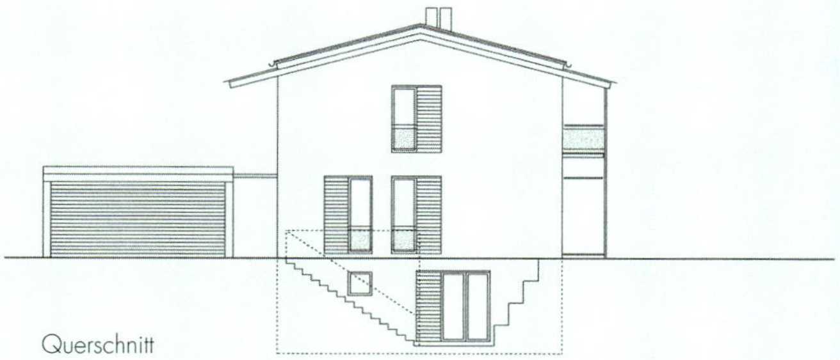

Querschnitt

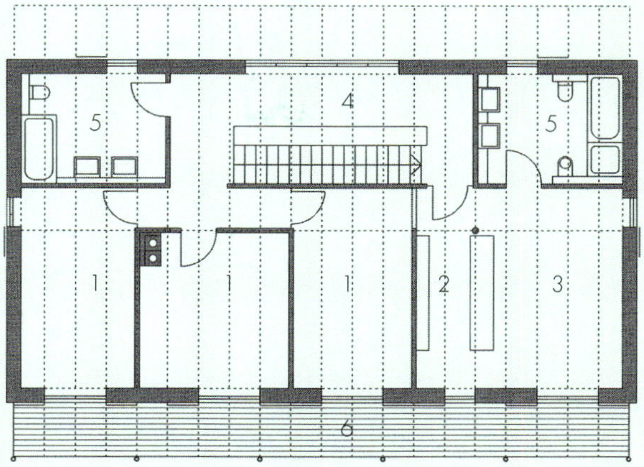

Obergeschoss

Obergeschoss
1 Kinderzimmer
2 Ankleide
3 Schlafzimmer
4 Flur
5 Bad
6 Balkon

Erdgeschoss
1 Bibliothek
2 Wohnraum
3 Esszimmer
4 Küche
5 Halle
6 Garderobe
7 WC
8 Garage

Untergeschoss
1 Flur/Schrankraum
2 Eingang Einlieger
3 Dusche/WC Einlieger
4 Küche Einlieger
5 Wohnraum Einlieger
6 Schlafnische Einlieger
7 Heizung
8 Fitnessraum
9 Haushaltsraum
10 Weinkeller

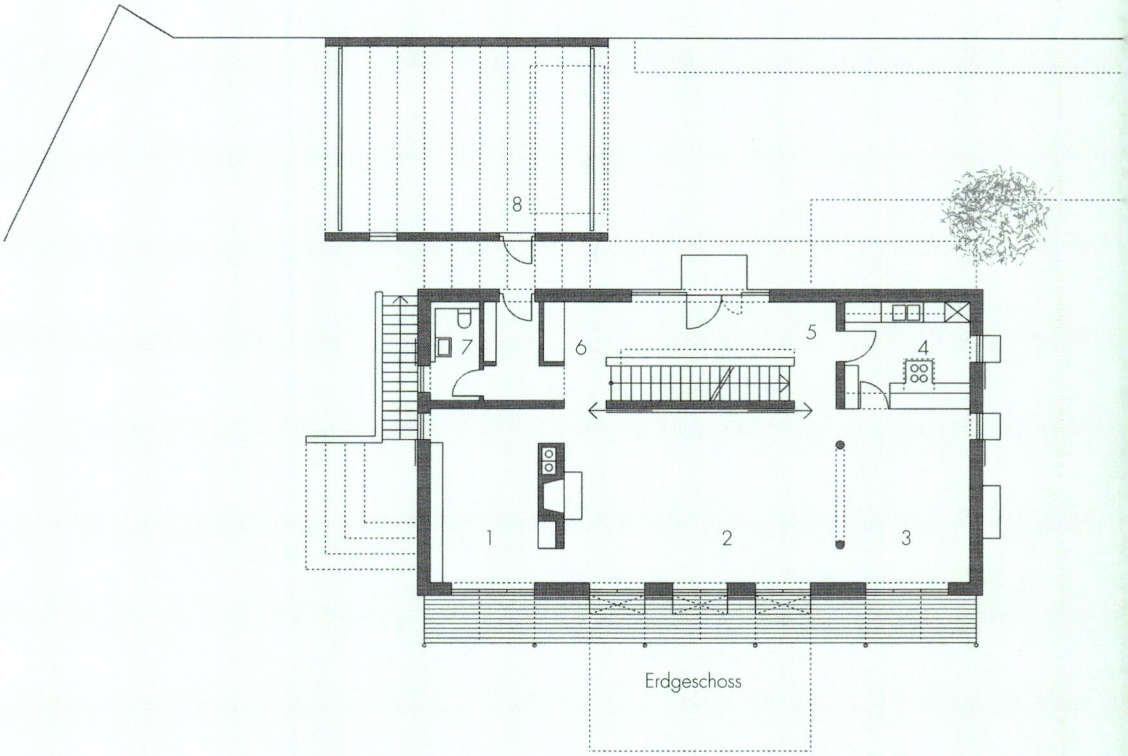

Erdgeschoss

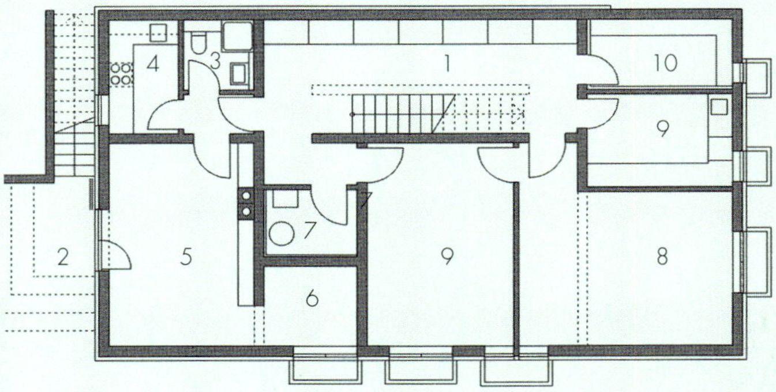

Untergeschoss

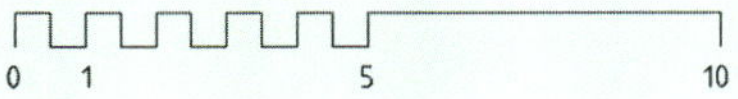

Zwei Dächer für eine Familie

Wohnhaus in der Oberpfalz

Architekten: Berschneider + Berschneider, Pilsach/Neumarkt

Lage und Ausgangssituation

Nachdem der baufällige Bestand abgerissen worden war, stand den Bauherren in einer Einfamilienhaus-Siedlung aus den 1950er Jahren ein Grundstück zur Bebauung zur Verfügung. Der Neubau – ein monolithisch wirkender Block mit steilem Satteldach ohne Überstand – zitiert die Formensprache typischer Nachkriegshäuser, wird jedoch in Bezug auf Ökologie, Energieausnutzung und Raumangebot modernen Anforderungen gerecht. Die Architekten erhielten für diesen Entwurf den Regionalpreis Niederbayern/Oberpfalz vom Bund Deutscher Architekten (BDA) in der Sparte »Wohnen«.

Grundriss

Die Bauherren haben eine 16-jährige Tochter sowie eine erwachsene Tochter, die häufig zu Besuch kommt. Um den Kindern ein eigenes Reich zu bieten, ergänzten die Architekten das Haupthaus mit dem steilen Satteldach durch einen eingeschossigen Anbau mit Flachdach. Beide Häuser fassen zusammen mit der Doppelgarage einen zur Straße abgeschlossenen Vorhof ein. Das Nebengebäude ist vom Hauptgebäude unabhängig, jedoch mit ihm durch den gemeinsamen Eingangsflur verbunden.

Die Auslagerung der Kinderzimmer machte es möglich, das Haupthaus völlig offen und großzügig zu gestalten. Im Erdgeschoss dient ein mittig platzierter Kamin aus Eisenplatten als ruhendes Zentrum und gliedert zugleich den bis unters Dach offenen Wohnraum mit integrierter Küche. Das Obergeschoss besteht aus einer Lese- und Arbeitsgalerie sowie aus einem abgeschlossenen Schlafbereich mit angegliedertem Bad. Beide Bereiche werden über einen Steg mit filigranem Stahlgeländer miteinander verbunden, der zur Transparenz des gesamten Innenraums beiträgt.

Besonderheit

Ein Haus für die Eltern, ein Haus für die Kinder – dieses Konzept bietet ausreichend Rückzugsmöglichkeiten und Privatsphäre für alle Familienmitglieder. Zugleich erlaubt der offene Allraum spannende und abwechslungsreiche Blickbezüge zwischen Galerie, Treppe, Steg, Theke und Dachraum und – was der Bauherrenfamilie besonders wichtig war – ein geselliges Miteinander, auch wenn jeder der Bewohner einer anderen Tätigkeit nachgeht.

Oben und links: Ein modernes Satteldachhaus in der Formensprache der 1950er Jahre, Blick von Süden (links) und von Osten (oben).
Unten: Der völlig offene Innenraum wird nur durch den mittig eingestellten Kamin gegliedert und lässt vielfältige Blickbezüge zu.

Anzahl der Bewohner:	2 Erwachsene, 2 Kinder
Grundstücksgröße:	705 m²
Wohnfläche/Nutzfläche:	215 m²/147 m²
Anzahl der Vollgeschosse:	1 + DG
Unterkellerung:	ja
Jahr der Fertigstellung:	2002
Baukosten/m² Wohnfläche:	1750 Euro
Gesamtbaukosten brutto:	395 000 Euro

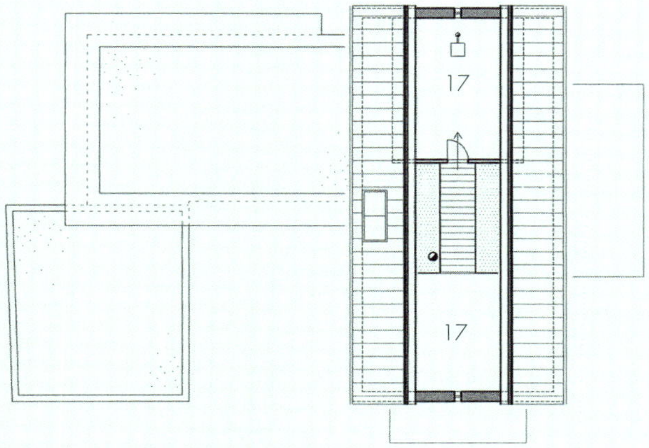

Dachgeschoss

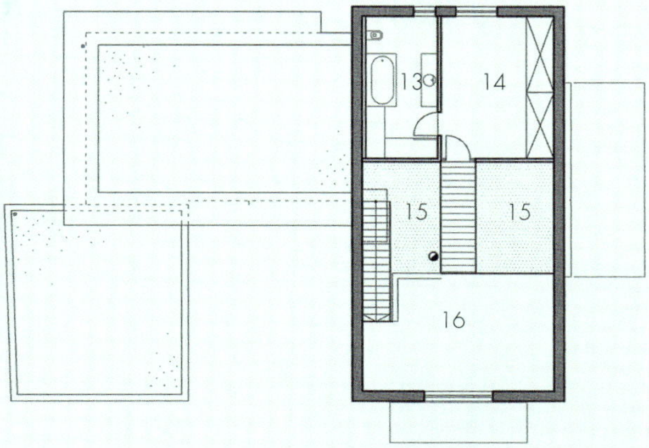

Obergeschoss

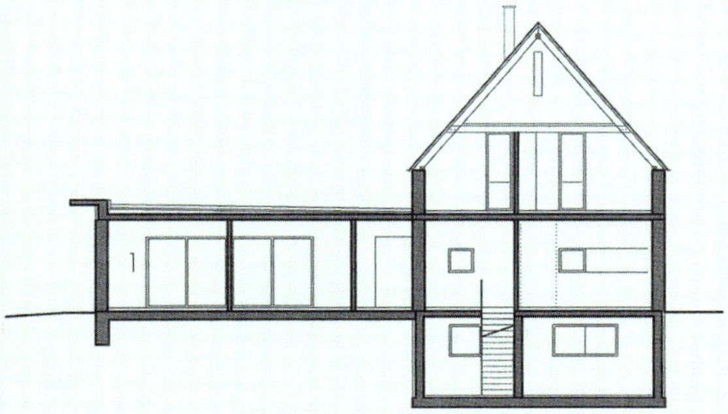

Querschnitt

1 Kind
2 Kind
3 Bad Kinder
4 Flur
5 Garage
6 Vorhof
7 Garderobe
8 Gäste-WC
9 Küche
10 Essen
11 Wohnen
12 Terrasse
13 Bad
14 Eltern
15 Luftraum
16 Lese-/Arbeitsgalerie
17 Spitzboden

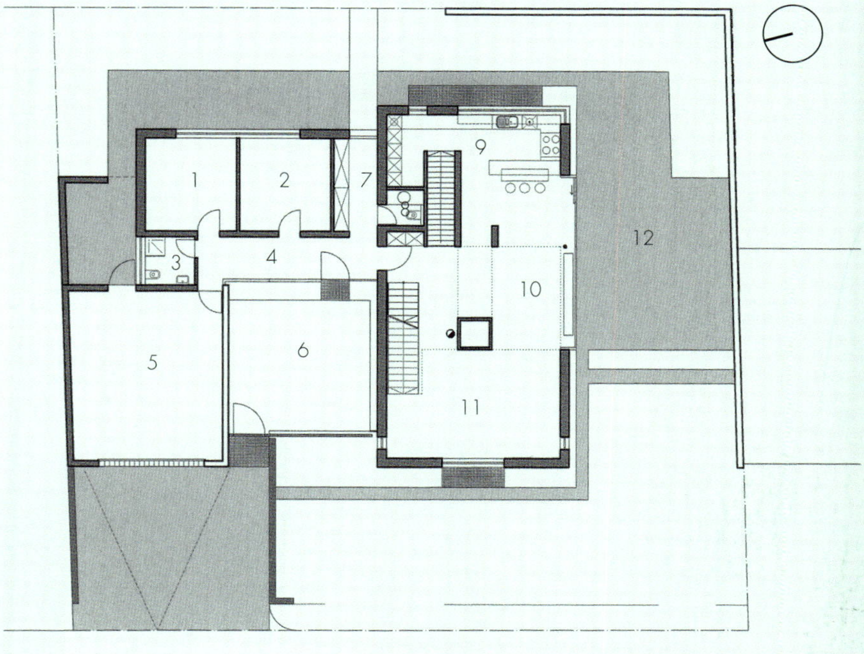

Erdgeschoss

Zwillinge mit kleinen Unterschieden

Doppelhaus in der Schweiz

Architekten: meier architekten, Zürich

Lage und Ausgangssituation

Grundstücke in Hanglage sind für viele Bauherren attraktiv, weil ein freier, häufig unverbaubarer Ausblick ein hohes Maß an Wohnqualität verspricht. Erschließungs- und Belichtungskonzept eines Hauses sind jedoch bei Hanglagen meist komplizierter als bei ebenen Grundstücken. Diese beiden Einfamilienhäuser stehen auf der Sonnenseite des Uetlibergs bei Zürich. Da sich die Zufahrt im Süden am Fuß des terrassierten Steilhangs befindet, erforderte das Erschließungskonzept bei dem ansonsten idealen Grundstück besondere Sorgfalt.

Grundriss

Die Bewohner können zwar beide Häuser über die in den Hang geschobenen Garagen im Untergeschoss betreten, Besuchern wollten die Bauherren jedoch einen attraktiveren Zugang bieten. Daher legten die Architekten einen Weg aus Steinplatten an, der von der Straße aus entlang einer beleuchteten Steinmauer am Rand des Grundstücks hangaufwärts zu den Eingängen auf der Nordseite führt. Unmittelbar im Anschluss an die Eingangszone im Obergeschoss – hier befindet sich der Privatbereich mit jeweils einem Elternschlafzimmer, zwei Kinderzimmern sowie zwei Bädern – führt entlang der Hauswand eine im oberen Bereich über ein langes Fensterband belichtete Rampe wieder hangabwärts ins Erdgeschoss. Diese Ebene – nach Süden und Westen durchgehend raumhoch verglast – wird fast vollständig vom Wohn-/Essbereich eingenommen, von dem sich die Küche über eine Schiebetür abteilen lässt. Die Zwillingshäuser wurden unterschiedlich tief in den Hang hineingeschoben. Daher wurde eines der kleinen Büros im rückwärtigen Bereich des Erdgeschosses mit einem seitlichen Fenster ausgestattet, das andere wird über einen in den Hang gegrabenen Lichthof belichtet.

Ein überlegenswertes Detail bei den Kinderzimmern: Im östlichen Haus wurde die Trennwand durch eine breite Schiebetür unterbrochen – ein gerade bei kleinen Kindern sinnvoller Kunstgriff, um die Räume in ein großes Spielzimmer verwandeln zu können.

Besonderheit

Beide Grundrisse wurden im Hinblick auf die besonders schöne Aussicht auf die Berge entwickelt: Die Rampen mit ihrem seitlichen Lichtband bieten beim Hinabsteigen ein Raumerlebnis besonderer Art. Auch das herausgeschobene Fenster im Schlafzimmer dient dazu, den Ausblick zu genießen. Die breite Brüstung bildet eine Art Sitzbank zum Verweilen, Lesen oder einfach zum Hinausschauen.

Anzahl der Bewohner:	je Haus 2 Erwachsene, 2 Kinder
Grundstücksgröße:	1438 m²
Wohnfläche:	je Haus 215 m²
Anzahl der Vollgeschosse:	2
Unterkellerung:	ja
Jahr der Fertigstellung:	2003
Baukosten/m² Wohnfläche:	5390 sFr/5080 sFr
Gesamtbaukosten:	1 300 000 sFr/ 1 260 000 sFr

Links oben: Die beiden Häuser stehen am Südhang des Uetlibergs.
Darunter: Das seitliche Fensterband belichtet den inneren Erschließungsbereich.
Rechts: Anstelle einer Treppe führt eine Rampe von der Eingangstür hinab ins Erdgeschoss.

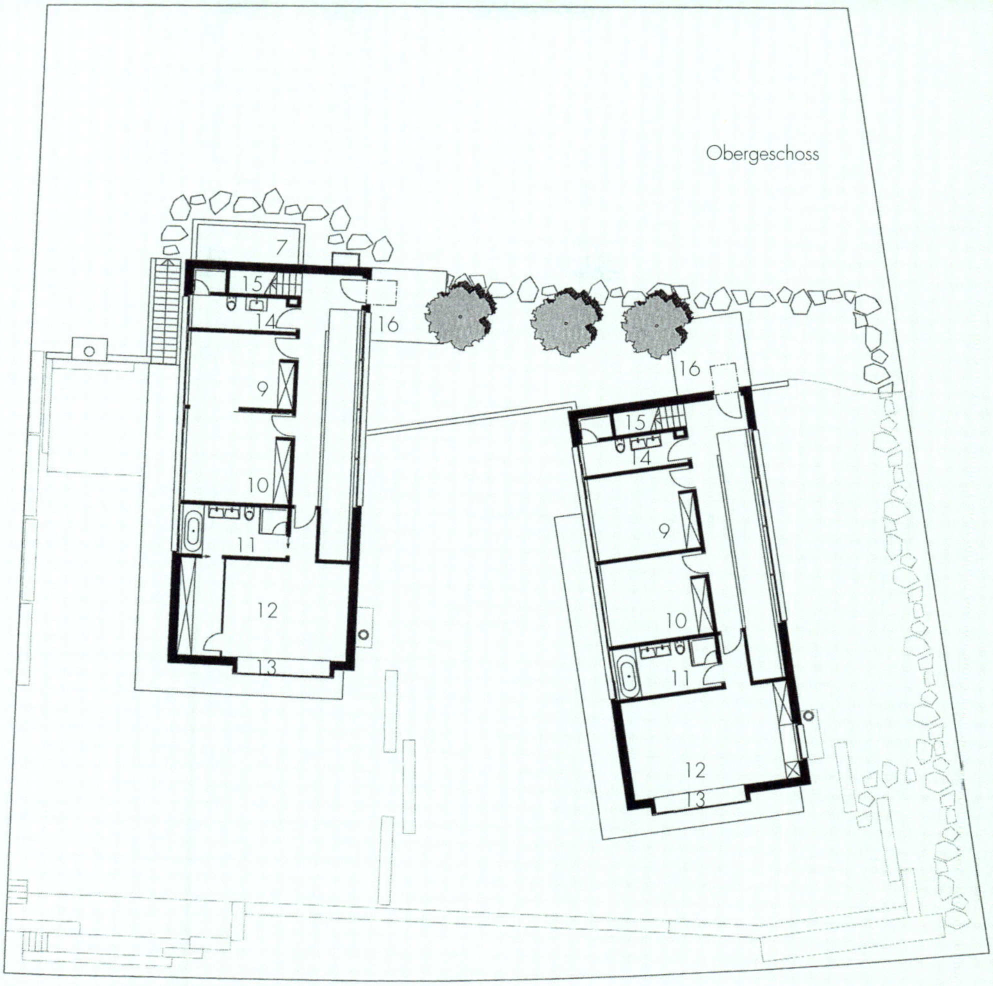

9 Kinderzimmer
10 Kinderzimmer
11 Bad/Dusche/WC
12 Zimmer Eltern
13 Kastenfenster
14 Dusche/WC
15 Zugang für späteren Dachpavillon
16 Hauseingang

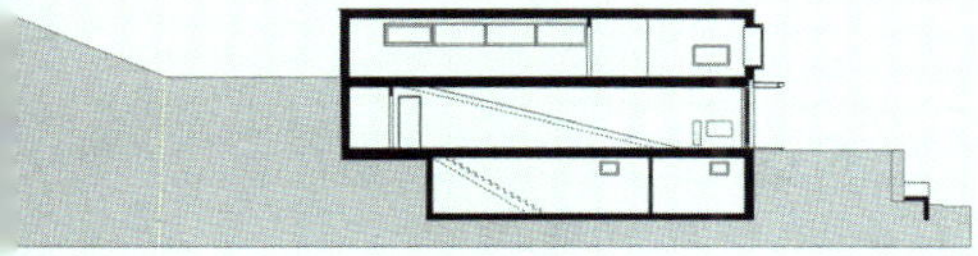

Querschnitt

1 Wohnen/Essen
2 Küche
3 Büro
4 WC
5 Zugang Keller/Garage
6 Zugang Obergeschoss, Rampe
7 Lichthof
8 Besucherzugang, Rampe

0 5

Fest im Griff

»Stöcklgebäude« in der Wiener Innenstadt

Architekten: Georg Schwalm-Theiss
& Horst Gressenbauer ZT GmbH, Wien

Oben: Vom obersten, über ein durchgehendes Fensterband belichteten Geschoss führt eine Treppe auf die Dachterrasse.
Unten: Im Hinterhof eines mehrgeschossigen Wohnhauses findet dieses Einfamilienhaus auf nur 42 Quadratmetern Grundfläche Platz, Ansicht von Südosten.

Lage und Ausgangssituation

Ein ungewöhnlich schmales Grundstück von nur 12,0 x 3,5 Metern im Hinterhof eines neu errichteten Mehrfamilienhauses, an drei Seiten durch die Brandwände der Nachbarhäuser begrenzt – selbst unter diesen auf den ersten Blick ungünstigen Bedingungen lässt sich ein funktionales Einfamilienhaus planen, das ausreichend Platz für eine vierköpfige Familie bietet.
Die Architekten entschieden sich in dieser Situation für ein so genanntes Stöcklgebäude mit mehreren »übereinander gestöckelten« Geschossen, bei dem alle Räume nach einer Seite, in diesem Fall nach Süd-Osten, orientiert sind. Der Zugang erfolgt über eine Treppe im Vorderhaus und vom ersten Stock aus über den begrünten Innenhof, der den Bewohnern des Einfamilienhauses zugleich als Gartenhof dient.

Grundriss

Aufgrund der äußerst geringen Grundfläche stapelten die Architekten verschiedene Wohnebenen übereinander. Mittig liegt die Treppe, links und rechts davon sind jeweils die einzelnen Räume angeordnet. Im Erdgeschoss, das von der Straße aus gerechnet eigentlich bereits das erste Obergeschoss ist, befindet sich die Wohnküche mit Zugang zur Terrasse sowie einige Nebenräume. Ein Stockwerk darüber liegen zwei gleich große Kinderzimmer von je etwa 12 Quadratmetern sowie das Kinder-Badezimmer, darüber das Elternschlafzimmer mit Bad, und im vierten Obergeschoss ein durchgängiger Wohnraum, der im Gegensatz zu den anderen Zimmern über ein großes, durchlaufendes Fensterband belichtet wird. Darüber schließlich erstreckt sich über die gesamte Hausbreite eine Dachterrasse, ein für die innerstädtische Lage relativ großflächiger privater Freiraum. Die Erschließungsflure in den ersten beiden Obergeschossen sind etwas von der Fassade abgerückt und erinnern dadurch an Galerien – ein gestalterischer Kunstgriff, um die geringe Haustiefe optisch zu vergrößern. Das durchlaufende vertikale Fensterband vor der Treppe unterstützt diese Absicht und verleiht dem Erschließungsbereich eine freundliche und großzügige Atmosphäre.

Besonderheit

Dieser Grundriss ermöglicht trotz der extrem kleinen Grundfläche von 42 Quadratmetern durch die vertikale Anordnung verschiedener Wohnbereiche Räume mit sinnvoller Größe und Zuordnung, und bietet ein ausgewogenes Verhältnis von Gemeinschafts- und Rückzugsflächen. Die Architekten haben durch die klare Gliederung des Grundrisses in verschiedene Nutzungsbereiche ein Konzept entwickelt, das auch für andere Wohnformen wie zum Beispiel Wohngemeinschaften denkbar ist.

Anzahl der Bewohner:	2 Erwachsene + 2 Kinder
Grundstücksgröße:	310 m² (Vorderhaus + Stöckelgebäude)
Grundstücksgröße Stöckelgebäude:	90 m²
Wohnfläche:	118 m²
Anzahl der Vollgeschosse:	4
Unterkellerung:	nein
Jahr der Fertigstellung:	2002
Baukosten / m² Wohnfläche:	1786 Euro
Gesamtbaukosten brutto:	210 700 Euro (inkl. anteiliger Garagenkosten)

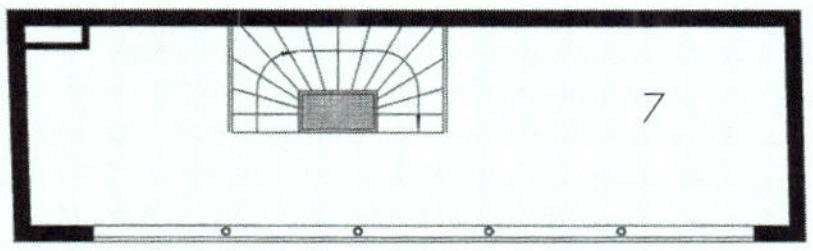

4. Obergeschoss

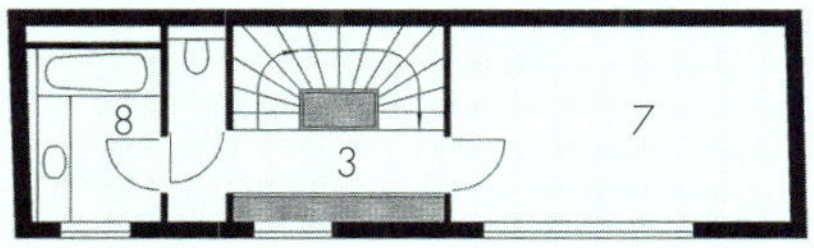

3. Obergeschoss

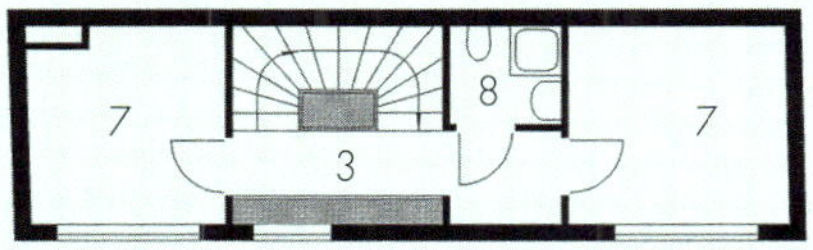

2. Obergeschoss

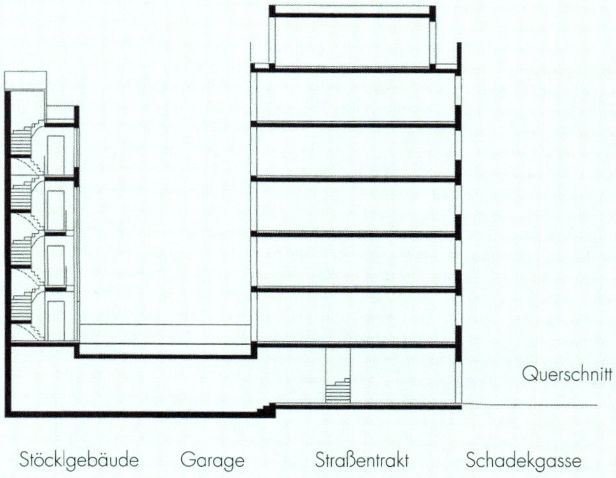

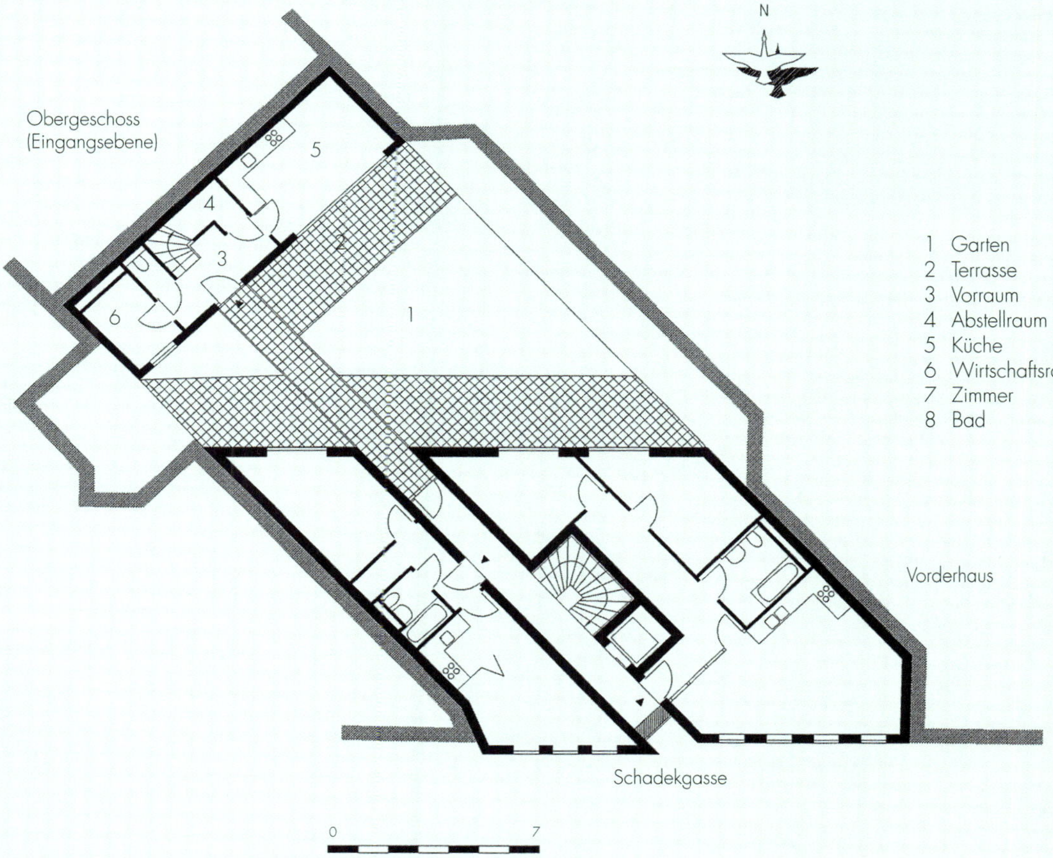

1 Garten
2 Terrasse
3 Vorraum
4 Abstellraum
5 Küche
6 Wirtschaftsraum
7 Zimmer
8 Bad

Auf den Stall gestellt

Umbau im Dorfkern

Architekten: vautz mang architekten, Stuttgart

Lage und Ausgangssituation

Im Wohnhaus einer vierköpfigen Familie aus einem Dorf mit landwirtschaftlich geprägter Bebauung war es viel zu eng geworden. Der Stall hinter dem Wohnhaus war zwar seit langem ungenutzt, für Wohnzwecke jedoch nicht geeignet. Da ein Anbau aus Platzgründen und ein Neubau aus Kostengründen nicht in Frage kam, entschlossen sich die Bauherren, die über dem Stall liegende Scheune als Familienwohnung umzunutzen. Die vorhandene Holzkonstruktion ließ sich jedoch aus statischen Gründen nicht verwenden, daher musste die Scheune komplett abgetragen und das tragfähige Mauerwerk des Erdgeschosses mittels einer Holzrahmenkonstruktion aufgestockt werden. Die im neuen Obergeschoss entstandene Wohnung wird über eine Stahltreppe vom Hof aus erschlossen.

Grundriss

Der ehemalige Stall im Erdgeschoss sowie ein kleiner Gewölbekeller konnten mit geringem Aufwand hergerichtet und für Nebenräume genutzt werden. Dadurch hielten sich die Kosten, die normalerweise für eine Unterkellerung oder den Bau einer Garage anfallen, in Grenzen. Die darüber liegende Wohnung gliedert sich in eine Familienebene und eine Galerieebene für die Eltern. Direkt an der geräumigen Eingangsdiele, die durch eine raumhohe Verglasung natürlich belichtet wird und auch als zusätzliche Spielfläche dient, liegen zwei großzügig dimensionierte Kinderzimmer von je etwa 17 Quadratmetern. Diese Diele mündet ohne Tür in ein über die gesamte Hausbreite durchgestecktes und bis unters Dach offenes Esszimmer mit Küchenzeile, in dem der alte, 3 Meter lange Ratstisch der Familie Platz fand. Ein Oberlichtband parallel zum Dachfirst lässt den gesamten Raum, den Mittelpunkt des Familienlebens, noch heller und größer wirken. Vom Esszimmer aus führt eine Holztreppe auf die Galerie, die Platz für eine gemütliche Sitzgruppe bietet und das Elternschlafzimmer erschließt. Hier vermittelt die zurückspringende Trennwand zu Bad und Ankleide den Eindruck zusätzlicher räumlicher Tiefe. Die durchlaufende Dachgaube wurde auch an den Seitenflächen der Trennwände verglast, sodass sie einen uneingeschränkten Ausblick in den Garten bietet.

Besonderheit

Bei diesem Entwurf wurde besonderes Augenmerk auf die Bedürfnisse der Kinder gelegt. Die großzügig bemessenen Spielflächen werden noch durch die alte Scheunendurchfahrt ergänzt, die – mit neuen Toren versehen – als zusätzlicher Spielplatz bei schlechtem Wetter dient. Auf ein Wohnzimmer im herkömlichen Sinne wurde zu Gunsten eines großen Familienzimmers, das den Bauherren besonders wichtig war, verzichtet.

Anzahl der Bewohner:	2 Erwachsene, 2 Kinder
Grundstücksgröße:	740 m²
Wohnfläche/Nutzfläche:	146 m² + 94 m² Nebenräume EG
Anzahl der Vollgeschosse:	2 + DG
Unterkellerung:	nein (kleiner Gewölbekeller unter dem Stall)
Jahr der Fertigstellung:	2001
Baukosten/m² Wohnfläche:	1278 Euro
Gesamtbaukosten brutto:	182 530 Euro

Links oben: Das neue Wohnhaus wurde auf den ehemaligen Stall gesetzt, der nun die Garage und Nebenräume aufnimmt, Ansicht vom Garten.
Darunter: Der Wohnbereich wird im ersten Obergeschoss über die Außentreppe erschlossen.
Unten: Vom Essplatz aus – dem Familienzimmer – führt eine Holztreppe auf die Galerie. Der gesamte Bereich wird zusätzlich zu den raumhohen Fenstern über ein Oberlichtband belichtet.

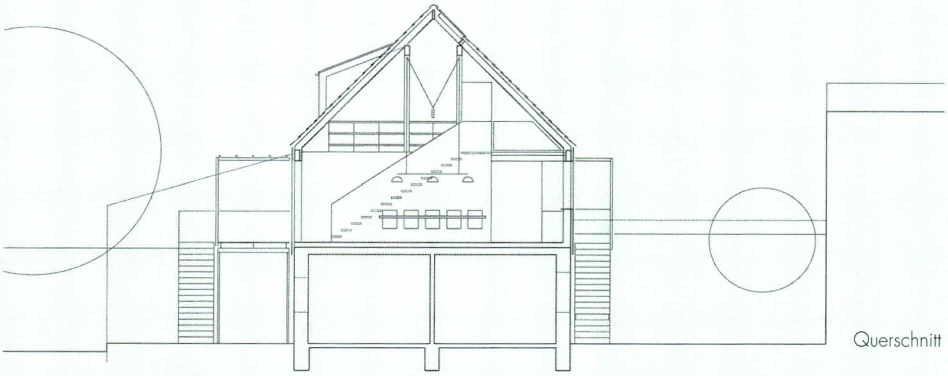

Querschnitt

1 Diele
2 Kind
3 Essen
4 Balkon
5 Abstellen
6 Bad
7 Luftraum
8 Galerie Eltern (Wohnen/Arbeiten)
9 Schlafen Eltern
10 Ankleide
11 Heizung Werkstatt
12 Abstellen
13 Spielen im Trockenen
14 Garage
15 Hof
16 Garten
17 Vorderhaus (Einlieger)

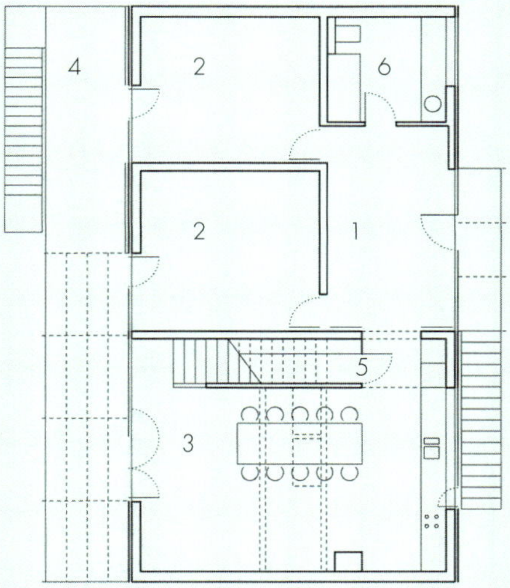

Obergeschoss

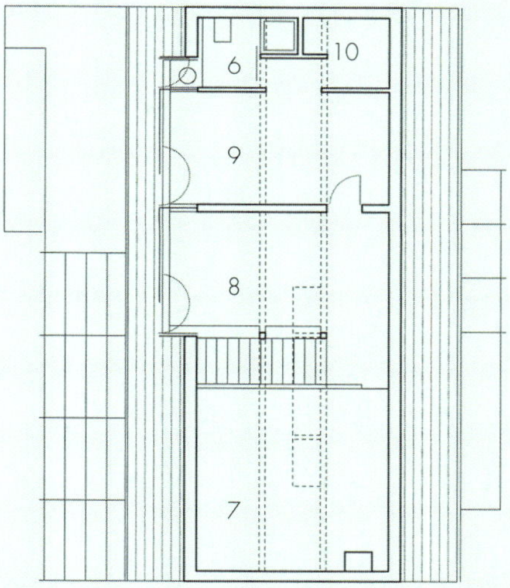

Dachgeschoss

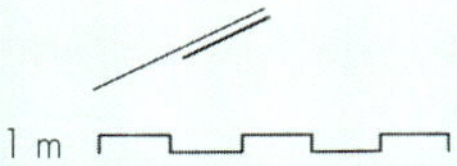

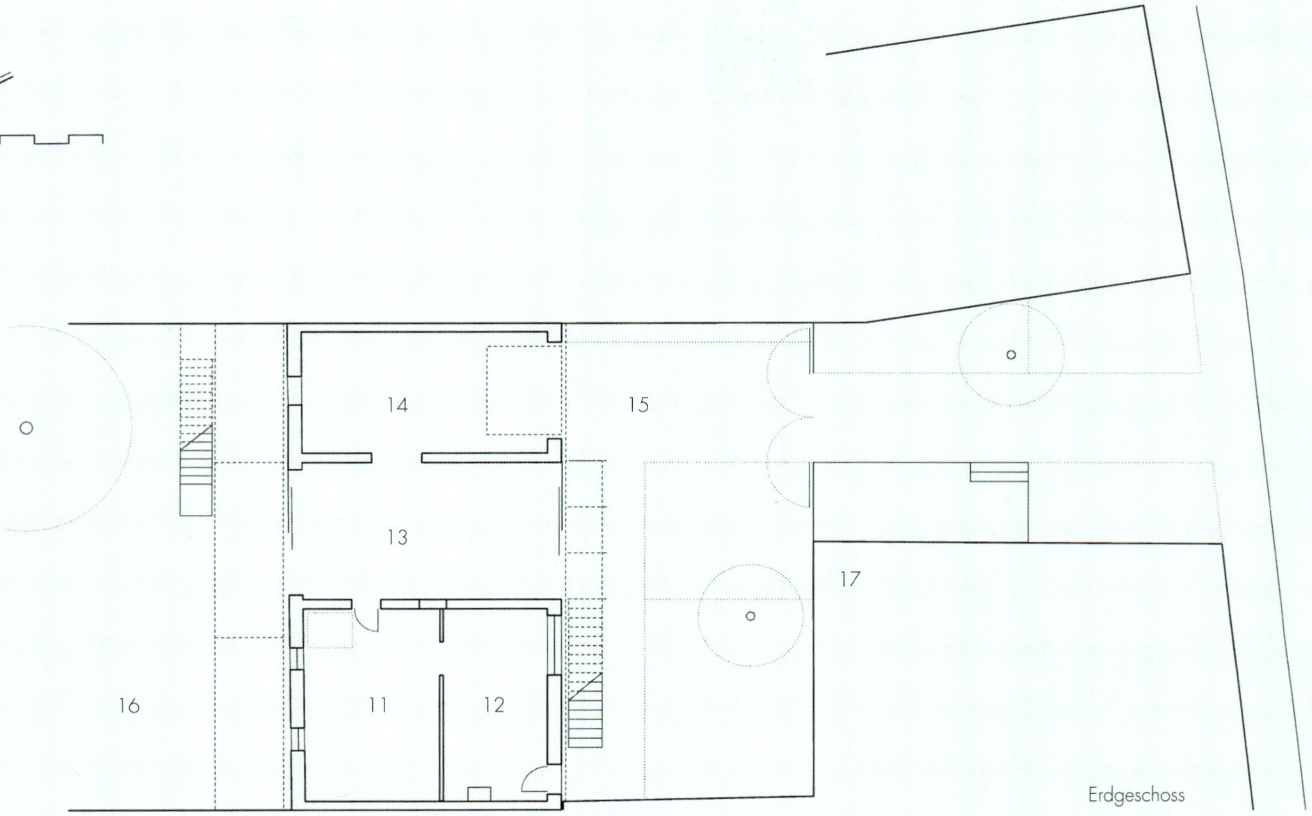

Erdgeschoss

Auf Tradition gegründet

Wohnhaus über einem Gewölbekeller

Architekt: Georg Redelbach, Marktheidenfeld

Lage und Ausgangssituation

Auf einem Grundstück nahe des Zentrums von Marktheidenfeld betrieb der Großvater der Bauherrin einen florierenden Alteisenhandel. Einziges Relikt aus dieser Zeit war das gut erhaltene, aus rotem Mainsandstein gemauerte Kellergewölbe der dazu gehörigen Scheune. Die Aufgabe des Architekten bestand unter anderem darin, diese Überreste in ein neu zu bauendes Wohnhaus zu integrieren und gleichzeitig die Familiengeschichte auch äußerlich sichtbar zu machen.

Grundriss

Das für die Entwicklung des Grundrisses bestimmende Element war der Gewölbekeller, der das Fundament des etwas erhöht liegenden zweigeschossigen Wohnraums bildet. Von hier aus folgen mehrere hintereinander angeordnete Raumzonen: Einige Distanzstufen führen hinab zum über die gesamte Hausbreite durchgesteckten Essbereich und zur Küche, die auch über einen Nebeneingang von der Garage aus zugänglich ist.

An dem Höhensprung zum Wohnraum beginnt auch der Treppenlauf ins Obergeschoss. Er wird zunächst von einem Einbauschrank, der als Raumteiler dient, vom Wohnraum abgeschirmt und mündet schließlich in eine kleine Galerie mit Blick auf den Wohnraum. Durch die einbündige Erschließung der Räume ist auch das Obergeschoss klar gegliedert. Es besteht aus drei gleich großen Kinderzimmern sowie dem Elternschlafzimmer mit zusätzlichem Bad und Ankleideraum. Eltern- und Kinderbad liegen Wand an Wand, wodurch der Aufwand für die Installation der Sanitäreinrichtungen vergleichsweise gering ist. Ein nützliches Detail: Im taghellen, da über mehrere Fenster belichteten Flur wurden Schranknischen integriert, die viel Stauraum bieten und in den jeweiligen Zimmern Schränke überflüssig machen.

Die klare Organisation des Grundrisses lässt sich auch von außen ablesen – wie zum Beispiel an der gleichmäßigen Anordnung der Fenster im Obergeschoss zu sehen ist. Und die rostige Oberfläche der Fassadenverkleidung von Garage und Abstellraum weckt wieder Erinnerungen an frühere Zeiten …

Besonderheit

Der klar zonierte Grundriss mit den abgeteilten Funktionsbereichen ist besonders für Familien mit mehreren Kindern vorteilhaft. Im Gegensatz zu einem Allraum, in dem sich alle gleichzeitig aufhalten, stehen hier genügend Rückzugsbereiche zur Verfügung und das Familienleben kann sich auf mehrere Räume verteilen – eine Lösung, die Konflikte vermeiden hilft.

Oben: Die rostige rote Oberfläche der Garagenverkleidung ist eine Reminiszenz an den ehemaligen Alteisenhandel des Großvaters, vom Garten aus gesehen.
Unten: Vom Wohnraum im Erdgeschoss blickt man entlang der Fassade durchs gesamte Haus.

Links: Ansicht von der Straße. Links neben der ins Haus geschobenen Garage befindet sich der Hauseingang.

Anzahl der Bewohner:	2 Erwachsene, 3 Kinder
Grundstücksgröße:	1016 m²
Wohnfläche/Nutzfläche:	216 m²/128 m²
Anzahl der Vollgeschosse:	2
Unterkellerung:	teilweise, über bestehenden Gewölbekeller
Jahr der Fertigstellung:	2001
Baukosten/m² Wohnfläche:	1750 Euro
Gesamtbaukosten brutto:	435 000 Euro

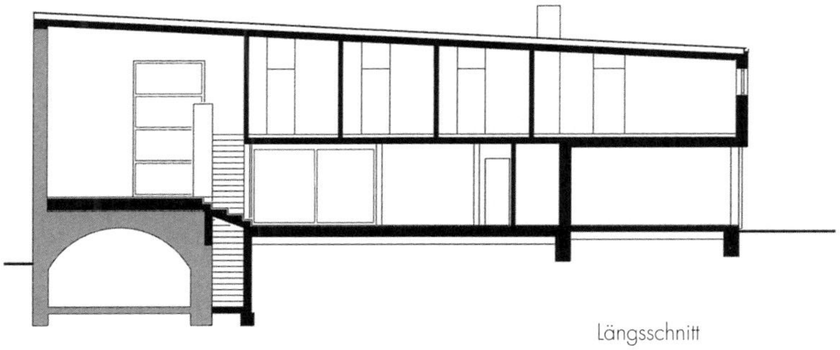

Längsschnitt

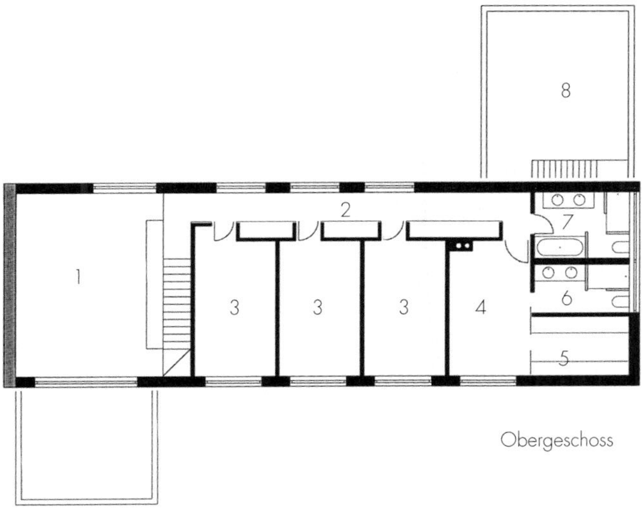

1 Luftraum
2 Flur
3 Kind
4 Eltern
5 Ankleide
6 Bad Eltern
7 Bad Kinder
8 Abstellraum

Obergeschoss

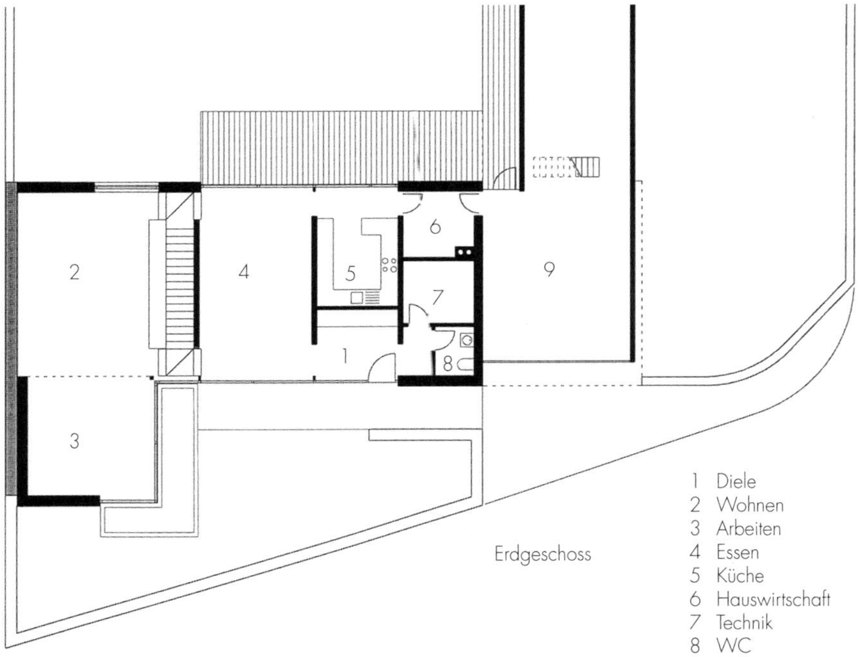

Erdgeschoss

1 Diele
2 Wohnen
3 Arbeiten
4 Essen
5 Küche
6 Hauswirtschaft
7 Technik
8 WC
9 Garage

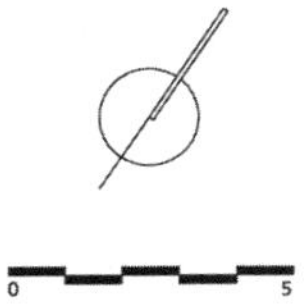

Residieren im Landhaus

Villa mit großem Garten

Architekten: von Gerkan, Marg und Partner, Hamburg
Entwurf: Meinhard von Gerkan und Joachim Zais

Oben: Die Villa steht auf einem weitläufigen, nach Süden leicht abfallenden Grundstück in der Nähe von Hamburg.
Mitte: Von der Eingangshalle blickt man durch den Wohnraum hindurch in den Garten. Durch raumhohe Schiebetüren lassen sich die Wohnbereiche abteilen.

Lage und Ausgangsituation

Auf dem parkähnlichen, leicht nach Süden abfallenden Grundstück am Rand eines Naturschutzgebiets wünschten sich die Bauherren eine großzügige Villa, bei deren Entwurf der weitläufige Garten mit einbezogen werden sollte. Der Architekt entwarf ein Haus mit gegeneinander versetzten Pultdächern, das parallel zur Straße steht und somit das Grundstück von der Öffentlichkeit abschirmt. An beiden Stirnseiten ordnete er lang gestreckte eingeschossige Nebengebäude an, die Garagen und Geräteräume enthalten und den Vorplatz einfassen.

Grundriss

Mit Ausnahme des Eingangsbereichs erscheint das Haus von der Nordseite beinahe völlig geschlossen, selbst die kleinen Nebenraumfenster werden durch auf Lücke vor der Fassade montierte horizontale Holzlatten verdeckt. An den eingeschossigen Vorbau, in dem neben der Eingangshalle unter anderem die Küche, die Bibliothek und ein Apartment für die Kinderfrau untergebracht sind, lehnt sich das zweigeschossige Haupthaus. Die etwa 1,50 Meter breite Mittelzone zwischen den Baukörpern – das Rückgrat des Hauses, in dem auch sämtliche Versorgungsleitungen geführt werden – besteht im Erdgeschoss fast durchgehend aus zweiseitig zugänglichen Einbauschränken. Sie wird nur durch kurze Treppen aufgelockert, die in die etwas tiefer gelegenen, zur Südseite hin vollflächig verglasten Wohnräume führen. Die Grundrissorganisation – die Wohnräume sind linear aufgereiht – ermöglicht abwechslungsreiche Raumkombinationen: Schiebetüren zwischen Ess-, Wohn- und Fernsehzimmer ermöglichen sowohl einen Durchgang entlang der Mittelzone, der alle Wohnbereiche miteinander verbindet, als auch das Abteilen von Einzelräumen. Nur das zusätzliche private Zimmer der Bauherrin an der einen Stirnseite sowie ein kleines Arbeitszimmer des Bauherrn an der anderen Stirnseite werden separat erschlossen.

Im Obergeschoss – von der Eingangshalle über eine einläufige Treppe erreichbar – ist der Elterntrakt mit zwei separat zugänglichen Bädern deutlich vom Bereich für die Kinder getrennt. Die vergleichsweise kleinen Kinderzimmer sind zusätzlich mit je einer – bei Kindern sehr beliebten – Schlafgalerie ausgestattet und werden durch ein separates Spielzimmer ergänzt. Zusätzlich zu der nach Süden zum Garten hin raumhohen Verglasung wird das Haus im Bereich der Eingangshalle durch ein Dachoberlicht belichtet.

Besonderheit

Der Grundriss bietet vier großzügige Wohnräume mit unterschiedlichem Grad an Privatheit, gleichzeitig können jedoch mit wenigen Handgriffen zusammenhängende, kommunikative Bereiche geschaffen werden. Dies erlaubt eine große Nutzungsvielfalt, bei der die Interessen aller Familienmitglieder berücksichtigt werden können.

Links unten: Die Nordseite der Villa ist überwiegend geschlossen. Die kleinen Fenster der Nebenräume liegen hinter den horizontal auf Lücke montierten Holzlatten.

Anzahl der Bewohner:	2 Erwachsene, 2 Kinder
Grundstücksgröße:	ca. 5500 m²
Wohnfläche:	350 m²
Anzahl der Vollgeschosse:	1 und 2
Unterkellerung:	nein
Jahr der Fertigstellung:	2000
Baukosten/m² Wohnfläche:	keine Angaben
Gesamtbaukosten:	keine Angaben

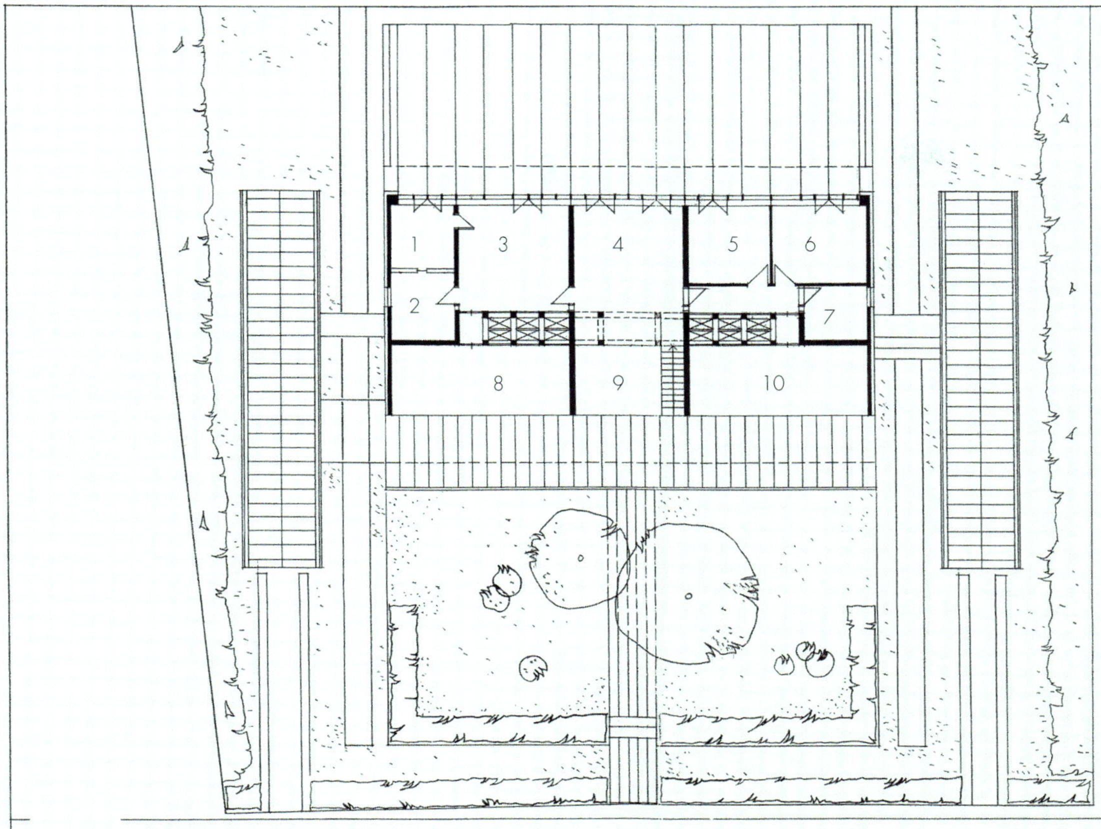

1 Bad
2 Bad
3 Elternschlafzimmer
4 Spielzimmer
5 Kinderzimmer
6 Kinderzimmer
7 Bad
8 Boden
9 Halle/Luftraum
10 Boden

Obergeschoss

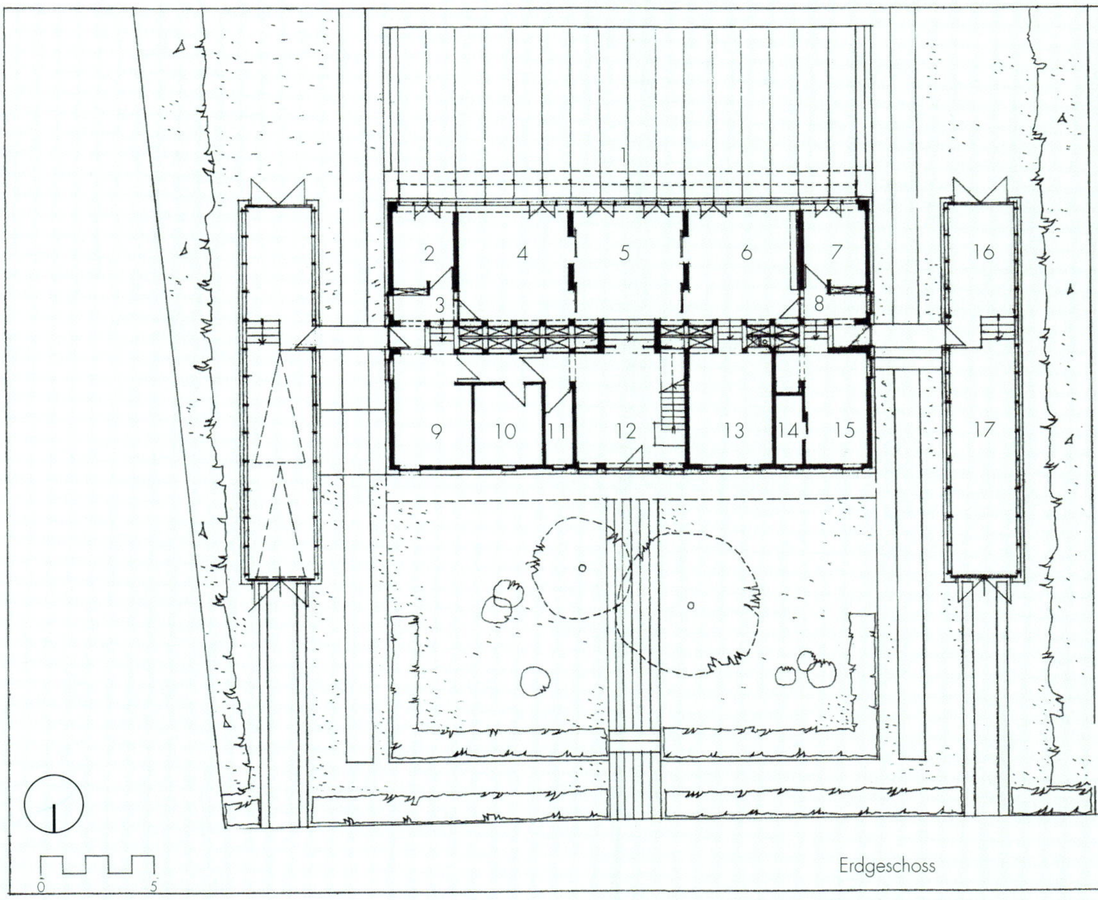

1 Terrasse
2 Damenzimmer
3 Flur
4 Esszimmer
5 Wohnzimmer
6 Audio-/Videoraum
7 Arbeitszimmer
8 Flur
9 Küche
10 Hauswirtschaftsraum
11 WC
12 Halle
13 Bibliothek
14 Bad
15 Au-Pair-Zimmer
16 Gartengeräte
17 Garage

Erdgeschoss

Modern interpretiert

Holzhaus im Allgäu

Architekten: becker architekten, Kempten

Lage und Ausgangssituation

Im Rahmen einer Dorferweiterung konnten die Bauherren im Allgäuer Voralpenland ein Grundstück erwerben. Wichtig war ihnen, dass ihr neues Wohnhaus nicht nur viel Platz für die fünfköpfige Familie bot, sondern auch ökologische Kriterien erfüllte und sich die Baukosten dennoch in einem akzeptablen Rahmen bewegten. Die Architekten planten einen Holzständerbau mit aussteifenden Sichtbetonscheiben, der sich in Form, Proportion und Material an die ortstypische Bauweise anlehnt und zugleich durch eine moderne Grundrissgestaltung den Wohnbedürfnissen der Familie gerecht wird.

Grundriss

Das Haus wird von der Längsseite aus erschlossen, was den gesamten Entwurf prägte. Beide Geschosse werden durch die Erschließungsachse mit der einläufigen Treppe entlang der Fassade und den parallel dazu verlaufenden Fluren bestimmt. Im Erdgeschoss entstand so eine lange Diele, in der eine den Wohnraum abschirmende Schrankwand viel Platz für die Garderobe bietet. Der Wohnbereich besteht aus einem großen Raum, der sich nach Süden und Osten über eine durchgehende, geschosshohe Verglasung öffnet. Zwei rechtwinklig zur Schrankzone eingestellte Sichtbetonwandscheiben mit integrierten Schiebetüren definieren darin einzelne Raumbereiche. Trotz der offenen Raumorganisation ist die Küche vom Wohnraum aus nicht einsehbar, da sie in der Achse der Erschließungszone liegt. Auf der gegenüber liegenden Hausseite wurde die Garage ins Erdgeschoss integriert, sodass ein – häufig unattraktiver – Garagenanbau vermieden werden konnte.

Im Gegensatz zum offenen und die Kommunikation fördernden Erdgeschoss zeigt das Obergeschoss einen privateren Charakter. Das Elternschlafzimmer und die drei gleichwertigen Kinderzimmer sind durch das dazwischen liegende Familienbad – ein zweites Bad befindet sich im Erdgeschoss – räumlich etwas voneinander abgesetzt. Auch hier bietet eine vom Flur und den einzelnen Zimmern aus zugängliche Schrankwand viel Stauraum. Der Flur wird entlang der gesamten Länge über ein Fensterband belichtet und kann dadurch als Ankleide und im rückwärtigen Bereich von den Kindern als zusätzliche Spielfläche genutzt werden.

Besonderheit

Der klar nach Funktionen gegliederte Grundriss erlaubt eine flexible Nutzung: Die Wohnräume im Erdgeschoss können je nach Bedarf mit wenigen Handgriffen in Einzelräume abgeteilt werden. Besonders praktisch sind die in den Trennwänden oder Schrankelementen versenkbaren Schiebetüren – werden sie geöffnet, können keine in den Raum ragenden Türblätter die Übergänge zwischen den einzelnen Wohnbereichen behindern. Die Trennwände aus Beton erfüllen noch weitere Funktionen: Sie bieten auf Vorder- und Rückseite Platz für Regale oder Schränke, die bei offen gestalteten Grundrissen oft nicht leicht unterzubringen sind. Außerdem wurden in ihnen zur so genannten Betonkernaktivierung Heizschlangen integriert, sodass auf herkömmliche Heizkörper verzichtet werden konnte.

Links oben und unten: Das in Holzständerbauweise errichtete Haus interpretiert auf moderne Art die ortstypische Bautradition, Blick von Südwesten (unten).
Rechts: Ein durchgehendes Fensterband belichtet und besonnt den Flur im Obergeschoss. Die Schrankwand ist wechselseitig von außen oder von den Zimmern aus zugänglich.

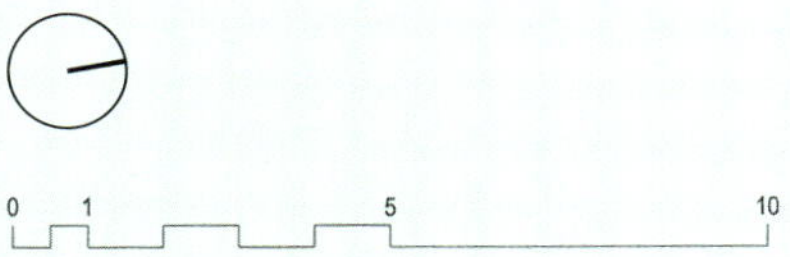

Obergeschoss
12 Eltern
13 Bad
14 Kind
15 Kind
16 Kind
17 Spielflur

Erdgeschoss
6 Holzlege
7 Küche
8 Essen
9 Wohnen
10 Arbeiten
11 Garage
12 Duschbad

Untergeschoss
1 Keller
2 Naturkeller
3 Heizraum
4 Holzpellets
5 Waschküche

Anzahl der Bewohner:	2 Erwachsene, 3 Kinder
Grundstücksgröße:	591 m²
Wohnfläche/Nutzfläche:	174 m²/ 71 m²
Anzahl der Vollgeschosse:	2
Unterkellerung:	ja
Jahr der Fertigstellung:	2001
Baukosten/m² Wohnfläche:	1821 Euro

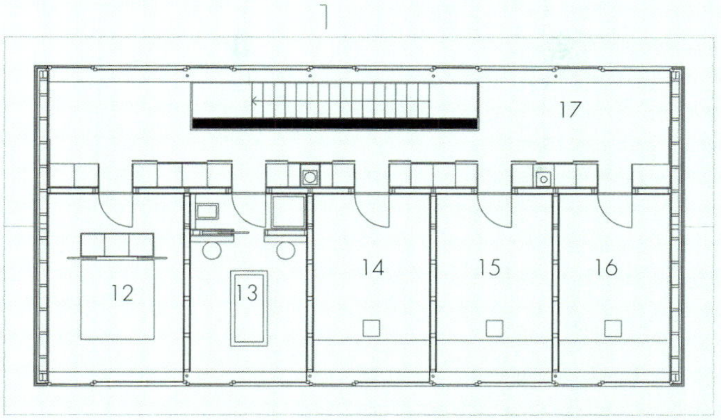

Obergeschoss

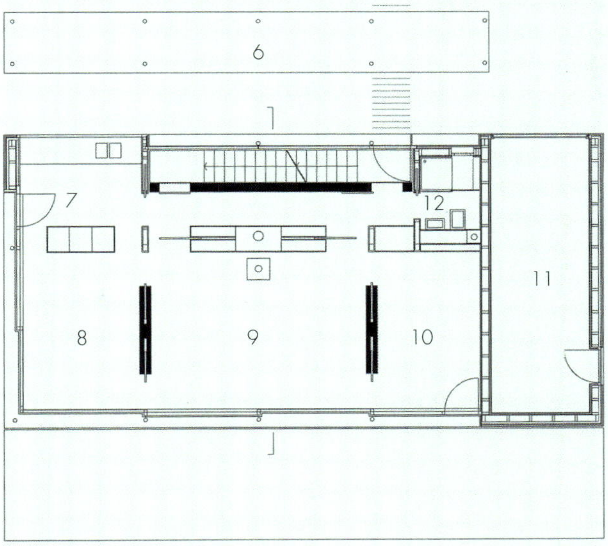

Erdgeschoss

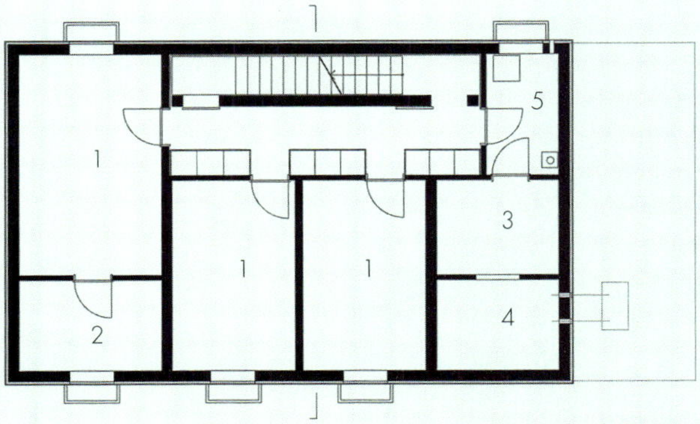

Untergeschoss

Tragen und getragen werden

Haus am Hang

Architekt: Michele Arnaboldi, Locarno

Lage und Ausgangssituation

Schweben in scheinbarer Schwerelosigkeit – eine Schwierigkeit, mit der sich die Bauherrin in ihrem Beruf als Tänzerin tagtäglich auseinander setzen muss. Für ihr Wohnhaus verwirklichte der Architekt auf einem steilen, terrassierten Hanggrundstück seine Vision von Schwerelosigkeit. Er entwarf einen quaderförmigen Baukörper mit horizontaler Holzverschalung, der sich weit ausladend auf einen kleineren Quader aus Glas stützt. Beide Quader ruhen auf einem massiven Sockelgeschoss und bieten einen weiten Blick nach Süden über die Dächer des nahe gelegenen Ortes Solduno hinweg auf die Berge.

Grundriss

Eine Außentreppe führt vom Fuß des ehemaligen Weinbergs hinauf zum Hauseingang, der direkt in den dreiseitig verglasten, offenen Wohnbereich mündet. Dieser kombinierte Wohn-/Essbereich mit Küchenzeile erstreckt sich über das gesamte Erdgeschoss und geht scheinbar nahtlos in die großflächige Terrasse über. Einzig die drei Stützen, die zusammen mit der nordseitigen Hausrückwand die Decke des Erdgeschosses tragen, sowie die Rahmen der raumhohen Schiebefenster erinnern daran, dass man sich im Hausinnern befindet.

Das Obergeschoss – über eine einläufige Treppe entlang der Rückwand erreichbar – ist den Privaträumen vorbehalten: Es gliedert sich in Kinder- und Elternzimmer, die einbündig von einem geräumigen, als Galerie ausgebildeten Flur erschlossen werden. Hier bieten raumhohe Einbauschränke viel Strauraum – eine sinnvolle Auslagerung von üblicherweise in den Zimmern aufgestellten Schränken, wodurch sich die Zimmer vielfältiger möblieren lassen. Auf der Westseite mündet der Flur in einen offenen Spielbereich für die Kinder – der später auch als Arbeitszimmer genutzt werden könnte – und dient damit nicht nur als reine Verkehrsfläche. Sehr rationell sind die beiden Bäder angeordnet: das vom Flur erschlossene Bad für die Kinder sowie das nur über das Schlafzimmer erreichbare Bad der Eltern liegen Wand an Wand, wodurch die Installationen kostengünstig in einem Schacht geführt werden können.

Auch das Sockelgeschoss wird von innen über eine einläufige Treppe erschlossen. Hier wurden neben Kellerräumen auch ein nach Süden raumhoch verglastes Büro untergebracht.

Besonderheit

Bei diesem Haus wurde auf Wunsch der Bauherren besonders auf die Bedürfnisse der Kinder eingegangen. Zusätzlich zu den gut proportionierten Kinderzimmern wurden ihnen großzügig bemessene Spielflächen zugedacht: im Innenraum als Erweiterung der Galerie, außen durch die große holzgedeckte Terrasse, auf der sich die Kinder austoben können.

Darüber hinaus kombiniert der Architekt in diesem Entwurf auf prägnante Weise Gegensätze wie Transparenz und Geschlossenheit und lässt Innen- und Außenraum fließend ineinander übergehen.

Anzahl der Bewohner:	2 Erwachsene, 2 Kinder
Grundstücksgröße:	1289 m²
Wohnfläche:	160 m²
Anzahl der Vollgeschosse:	2
Unterkellerung:	ja
Jahr der Fertigstellung:	1999
Baukosten/m² Wohnfläche:	4670 sFr
Gesamtbaukosten brutto:	870 000 sFr (inkl. Außenraumgestaltung)

Links: Der massive Baukörper ragt weit über das verglaste Erdgeschoss hinaus und stützt sich dabei auf drei Betonstützen ab, Ansicht von Westen.
Unten: Das Wohnzimmer scheint beinahe nahtlos in den Außenraum überzugehen.

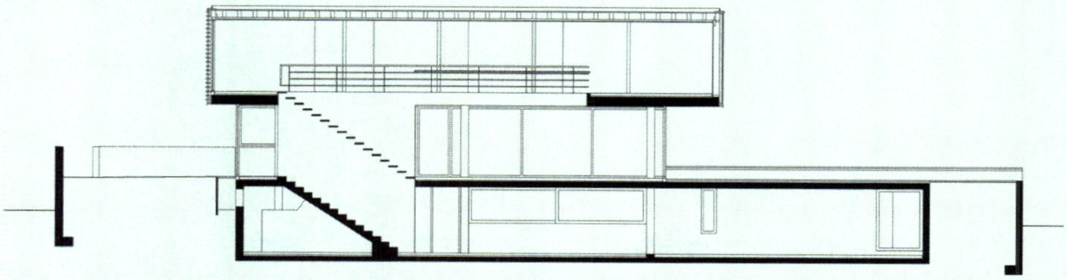

Längsschnitt

1 Spielzimmer
2 Kinderzimmer
3 Bad Kinder
4 Bad Eltern
5 Elternzimmer

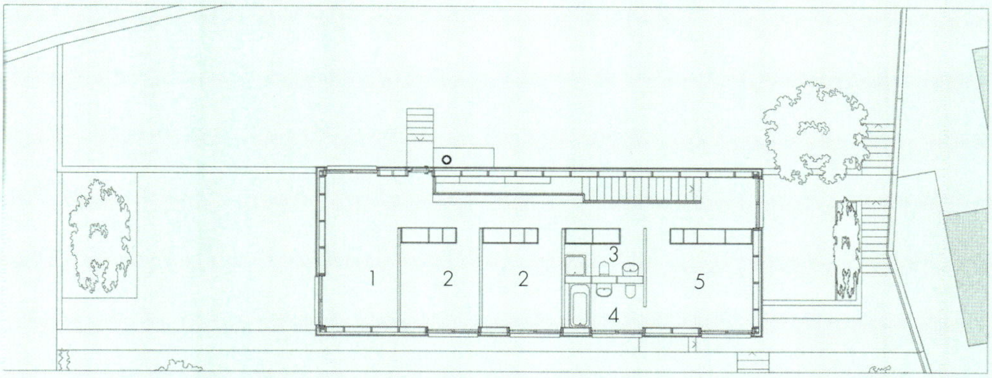

Obergeschoss

1 Wohnzimmer
2 Küche
3 Terrasse

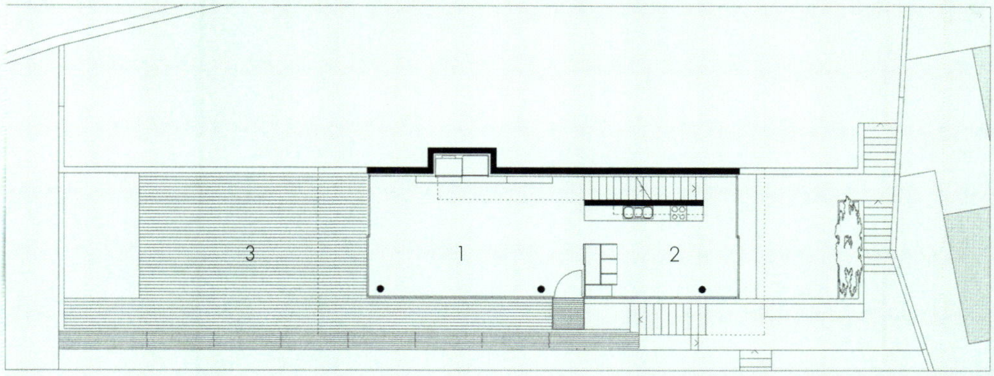

Erdgeschoss

1 Keller
2 Büro
3 technischer Raum

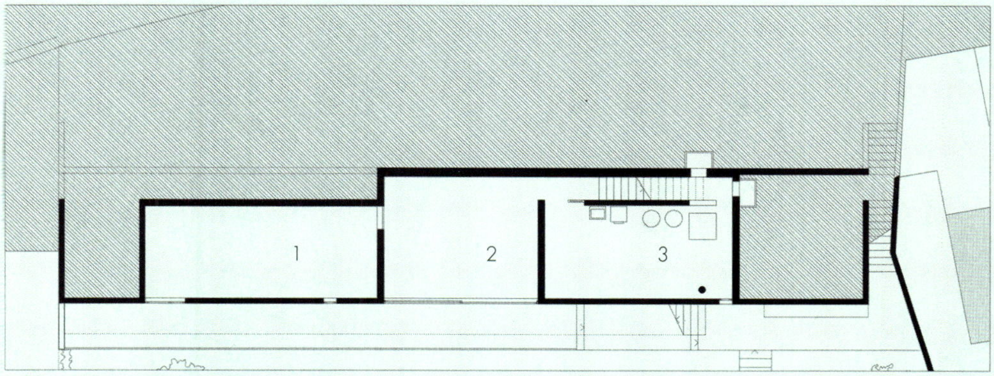

Untergeschoss

Winkelgeometrie

Umbau eines Einfamilienhauses im Hang

Architekten: Stoeppler + Stoeppler, Hamburg

Lage und Ausgangssituation

Ein Haus, das kaum einen rechten Winkel aufweist, in vernünftig nutzbare Räume zu unterteilen, ist für jeden Architekten eine Herausforderung. Der vieleckige Grundriss dieses Wohnhauses aus den 1970er Jahren im Treppenviertel von Hamburg-Blankenese wirkte beengt und ließ für die dreiköpfige Familie des Bauherrn wenig Spielraum. Das Haus selbst versprach jedoch wegen seiner Lage an einem Steilhang hoch über der Elbe hohe Wohnqualität. Um großzügigere Raumverhältnisse zu schaffen, entkernten die Architekten das Haus teilweise, gestalteten es inklusive der Fassaden neu und ermöglichten durch eine vollständige Renovierung der haustechnischen Anlagen den Betrieb im Niedrigenergiestandard.

Oben: Bei diesem Wohnhaus an einem Steilhang wurden sowohl die Fassade als auch der Grundriss erneuert, Ansicht von Südosten.
Unten: Im Obergeschoss entstand nach dem Entfernen von Wänden ein großzügiger Wohnraum.

Grundriss

Im Erdgeschoss wurden zwei kleine Mauervorsprünge abgetragen um den Flur zu verbreitern, die Raumaufteilung blieb ansonsten unverändert erhalten. Die Nutzung der Räume ist jedoch neu: Der frühere Hauswirtschaftsraum wurde zum Elternschlafzimmer umfunktioniert und ein weiterer Raum zum Jugendzimmer für die Tochter, sodass nun das gesamte Erdgeschoss als Privatbereich genutzt werden kann. Das Bad erhielt eine schwellenlos begehbare Dusche sowie ein großes Übereck-Waschbecken. Bodenbeläge aus geschliffener Terracotta und Kirschbaumholz prägen den neuen Charakter der Innenräume.

Im Obergeschoss legte die vieleckige Grundrissform den Abbruch der bestehenden Wände (Küche und Gäste-WC) nahe – durch diese Entkernung entstand eine durchgehende Zone für Wohnen, Kochen und Essen. Die offene Raumorganisation war den Bauherren besonders wichtig, da sie häufig Gäste empfangen und während des Kochens nicht von der fröhlichen Runde abgeschnitten sein wollten. Die breite raumhohe Glasfront nach Süden bietet ein weites Panorama auf die Elbe. Für das Jahr 2004 ist die Erweiterung des Hauses um ein Bad im Obergeschoss und einen Schlafraum in einem weiteren Geschoss im Hang geplant. Dieser Bereich soll – zusammen mit dem jetzigen Obergeschoss – über eine Außentreppe einen eigenen Zugang erhalten. Hierdurch ließe sich das Haus später in zwei eigenständige Wohnungen aufteilen, um so eventuell veränderten Wohnbedürfnissen gerecht werden zu können.

Besonderheit

Durch gezielte Eingriffe in den Bestand wurde die ungewöhnliche Grundform des Hauses betont und im Obergeschoss ein durchgängiger Raum geschaffen, der durch die in stumpfen Winkeln aufeinander zulaufenden Wände großzügig wirkt und so dem kommunikativen Lebensstil der Bewohner entspricht. Spitze Winkel wurden nach Möglichkeit vermieden. Durch die Neugestaltung der Fassade wird der eigenwillige Charakter des Gebäudes auch nach außen hin deutlich sichtbar.

Anzahl der Bewohner:	2 Erwachsene + 1 Jugendliche
Grundstücksgröße:	ca. 450 m²
Wohnfläche/Nutzfläche:	145 m²
Anzahl der Vollgeschosse:	2
Unterkellerung:	nein
Jahr der Fertigstellung:	Bestand 1978/ Umbau 2002
Baukosten/m² Wohnfläche:	1655 Euro
Gesamtbaukosten brutto:	240 000 Euro

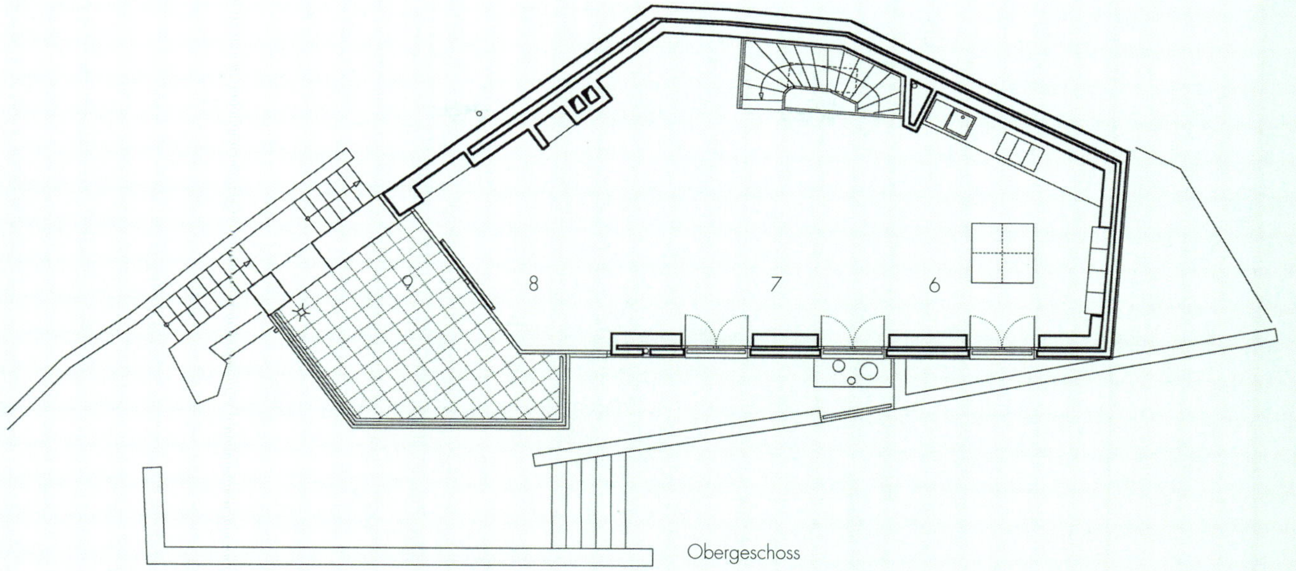

Obergeschoss

Obergeschoss
6 Kochen
7 Essen
8 Wohnen
9 Terrasse

Erdgeschoss
1 Eingang/ Flur
2 Bad
3 Kind
4 Technik
5 Schlafen

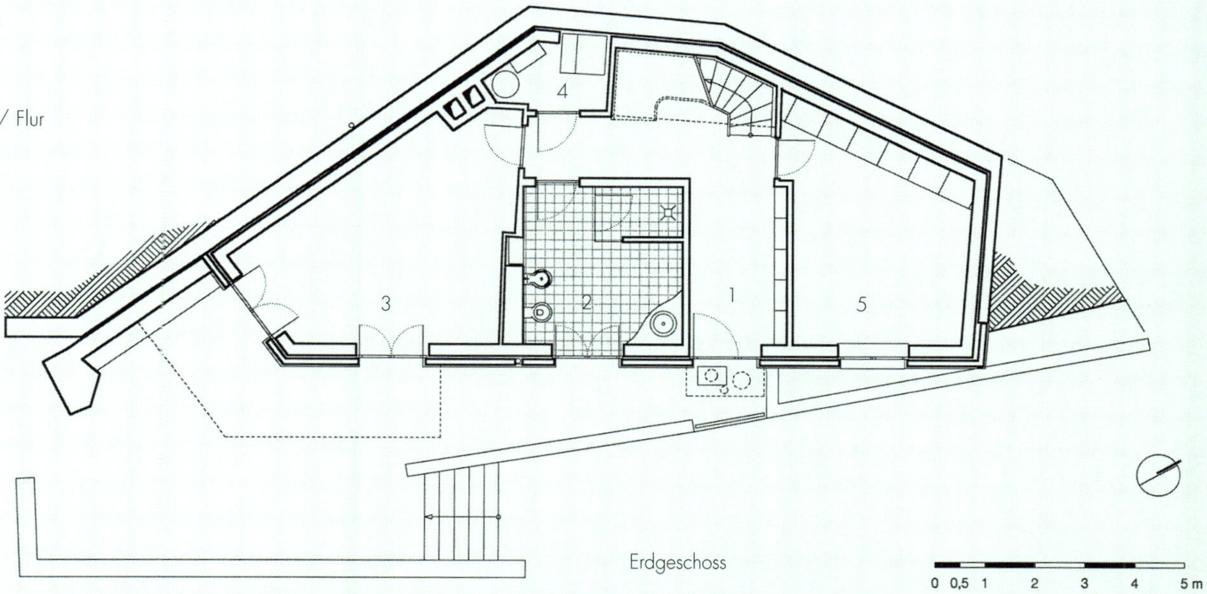

Erdgeschoss

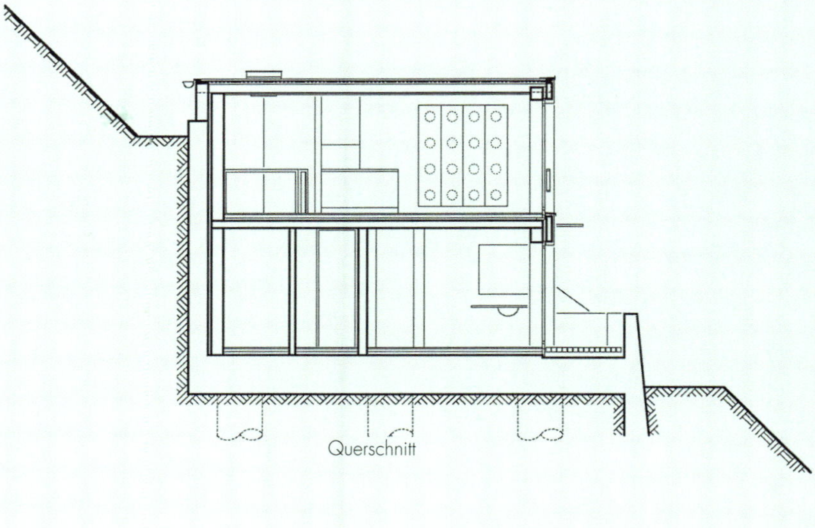

Querschnitt

Würfelspiel

Einfamilienhaus, versteckt zwischen alten Gärten

Architekten: Zamel Krug Architekten, Hagen

Lage und Ausgangssituation

Versteckt hinter Bäumen, umgeben von alten Gärten und über einen schmalen Zufahrtsweg erschlossen – das sind die Eigenschaften eines Hanggrundstücks in Hagen, auf dem der Architekt sein eigenes Haus plante. Es wird durch drei sich ineinander schiebende Kuben bestimmt – eine Anspielung auf die Formensprache der klassischen Moderne. Kontrastreich stehen zweigeschossige Glasflächen den schlitzartigen Fensteröffnungen in der mit Zedernholz verkleideten Fassade gegenüber. Das unbehandelte Holz nimmt mit der Zeit eine silbergraue Färbung an – eine bewusste Anspielung an die Architektur Neuenglands, der Heimat der Bauherrin.

Grundriss

Das Erdgeschoss besteht aus offen ineinander übergehenden Raumbereichen, die nur durch eingestellte Wandscheiben gegliedert werden. Ein derartiger Grundriss, bei dem nach Möglichkeit auf Türen verzichtet wird, lässt ein Haus optisch größer wirken, als es in Wirklichkeit ist. Trotzdem werden die einzelnen Funktionsbereiche klar definiert. Verstärkt wird die großzügige Raumwirkung noch durch den nach oben offenen Wohnraum und die von Erd- bis Obergeschoss vollflächig verglaste Südfassade. Der Übergang vom Innenraum zum Garten verläuft fließend. Gerade auf diesem Grundstück lohnte sich die großzügige Öffnung zum Grünraum, denn der dichte Baumbestand bietet ein attraktives Umfeld und verhindert zugleich Einblicke von außen. Im Obergeschoss wird der private Charakter der Räume wegen der klaren Trennung von Elternbereich und Kindertrakt durch Treppe, Galerie und Luftraum deutlich. Hier sorgt die über die Südfassade und ein Dachoberlicht belichtete Galerie für eine großzügige Raumwirkung. Schlafzimmer, Bad und Kinderzimmer lassen sich durch die ausgewogenen Flächenproportionen sinnvoll und effektiv möblieren.

Besonderheit

Der offene Raum im Erdgeschoss und die großflächige Verglasung der Südseite ermöglichen vielfältige Blickbezüge nach innen und außen und lassen eine ungewöhnlich großzügige Raumwirkung entstehen, die eine wesentlich größere als die vorhandene Wohnfläche vermuten lässt. Der offene Grundriss erlaubt nur begrenzte Rückzugsmöglichkeiten – im Souterrain befindet sich noch ein separater Raum für unterschiedliche Nutzungen – und bietet sich insbesondere für Bauherren an, denen Offenheit und Kommunikation besonders wichtig sind.

Anzahl der Bewohner:	2 Erwachsene + 2 Kinder
Grundstücksgröße:	870 m²
Wohnfläche/Nutzfläche:	186 m²
Anzahl der Vollgeschosse:	2
Unterkellerung:	ja
Jahr der Fertigstellung:	2000
Baukosten/m² Wohnfläche:	1750 Euro
Gesamtbaukosten brutto:	325 000 Euro

Links: Drei sich ineinander schiebende Kuben bestimmen die Gestalt dieses Einfamilienhauses, Ansicht von Süden.
Unten: Der Wohnraum öffnet sich großflächig zum Garten. Einblicke von außen sind nicht möglich.

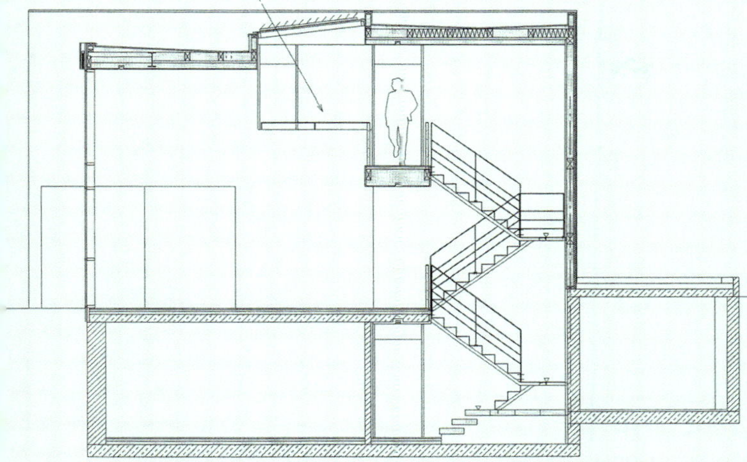

Schnitt

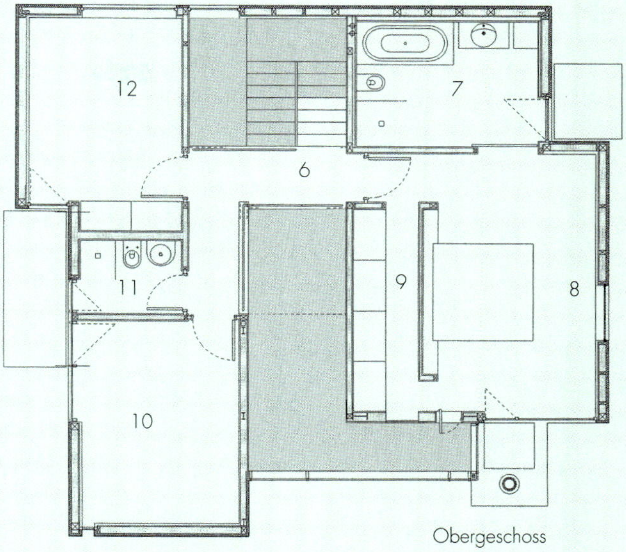

Obergeschoss

1 Eingang
2 WC
3 Küche
4 Essen
5 Wohnen
6 Galerie
7 Bad
8 Eltern
9 Ankleide
10 Kind
11 Bad
12 Kind
13 Flur
14 Technik
15 Arbeiten
16 WC
17 Keller
18 Garage

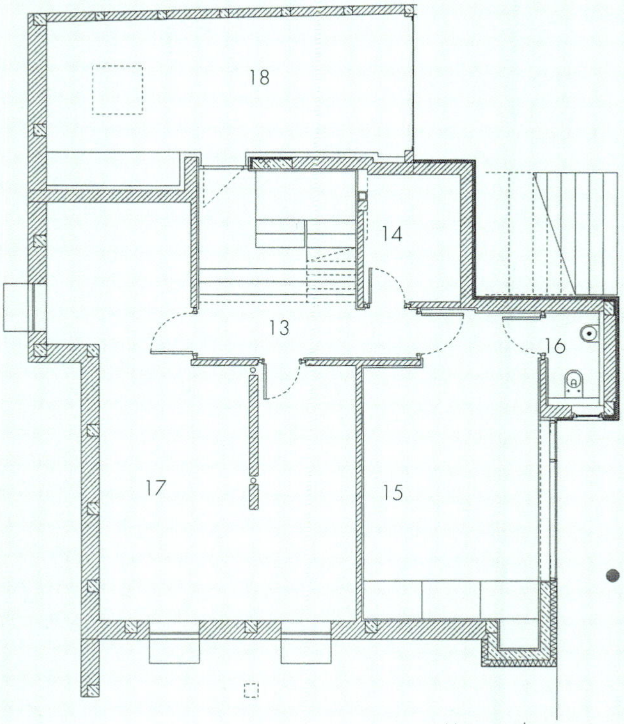

Untergeschoss

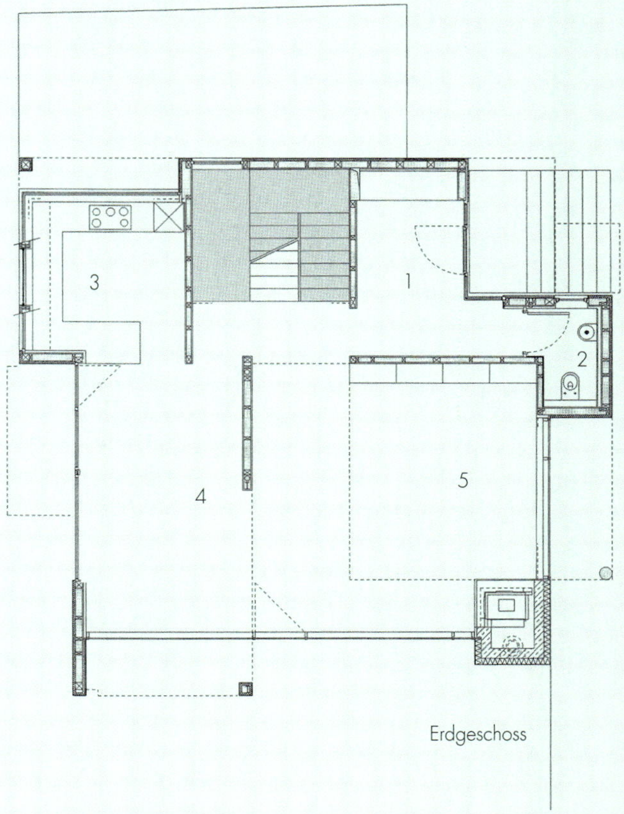

Erdgeschoss

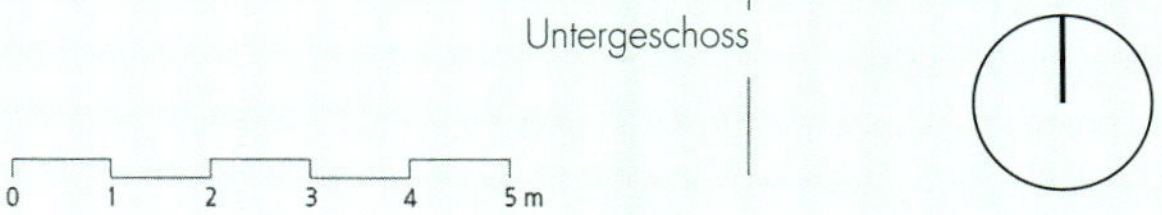

Wohnen für mehrere Generationen

Während noch vor 100 Jahren mehrere Generationen wie selbstverständlich unter einem Dach lebten, wird die Gesellschaft in der heutigen Zeit zunehmend von Kleinfamilien geprägt. Doch auch heutzutage kann ein Miteinander der Generationen für alle Beteiligten sehr bereichernd sein, vorausgesetzt, die räumlichen Voraussetzungen stimmen und jedem steht ein klar abgegrenzter Privatbereich zur Verfügung. Getrennte Wohnungen unter einem Dach sind dafür genauso geeignet wie zwei nebeneinander stehende Wohnhäuser.

Wohnen für Generationen muss nicht unbedingt heißen, dass Jung und Alt miteinander in einem Haus oder in einer Hausgemeinschaft leben. Es kann auch bedeuten, den Wohnraum im Hinblick auf spätere Lebensjahre zu planen. Familien befinden sich in einem ständigen Veränderungsprozess. Wenn aus einem Paar eine Familie wird, erhöht sich zunächst der Raumbedarf erheblich. Wachsen die Kinder heran, ändert sich die Art der Nutzung der Wohnräume im Haus; gehen die Kinder schließlich aus dem Haus, verringert sich der Platzbedarf für die Eltern wieder.

Wer einen Neubau plant, der einen langen Zeitraum nutzbar sein soll, muss bereits beim Entwurf auf die Flexibilität von Konstruktion und Grundriss achten, damit sich das Haus an wechselnde Anforderungen anpassen lässt. Kinderzimmer beispielsweise können später, wenn die Kinder ausgezogen sind, leichter umgenutzt werden, wenn bereits eine eigene Erschließung vorhanden ist oder an geeigneter Stelle nachträglich eingerichtet werden kann. Dann kann der Kindertrakt in eine Einliegerwohnung verwandelt und vermietet werden. Wichtig beim Planen eines Neubaus für mehrere Generationen ist auch, bereits im Voraus zumindest das Erdgeschoss barrierefrei zu gestalten, damit es bei Bedarf als separate Wohneinheit für die ältere Generation dienen kann.

Häufig muss jedoch ein bereits bestehendes Haus an veränderte Bedürfnisse angepasst werden. Dann gibt es mehrere Möglichkeiten: Entweder werden im Haus voneinander unabhängige Wohnungen eingerichtet oder es wird ein Anbau geplant, der sowohl für die Kinder als auch für die Eltern – ähnlich einem Austragshaus – als kleines eigenes Wohnhaus gedacht sein kann.

Ans Elternhaus gekoppelt

Anbau an ein Einfamilienhaus

Architekten: bayer | uhrig Architekten, Kaiserslautern

Links und rechts: Der Anbau passt äußerlich zur Umgebung und hebt sich dennoch vom Bestand ab. Alte Bauteile wie Türen und Geländer wurden wiederverwendet. Rechts: Ansicht von Osten mit Eingang.

Lage und Ausgangssituation

Bei diesem zweigeschossigen Anbau galt es, klare bauliche Vorgaben der Gemeinde zu berücksichtigen: Das äußere Erscheinungsbild sollte der lokalen Bautradition entsprechen und der Umgebung am Ortsrand eines oberbayerischen Dorfes angepasst sein. Dennoch zeigt der kleine Holzständerbau, bei dem bereits vorhandene alte Bauteile wie Türen und Geländer mit verwendet wurden, ein ganz eigenes Profil und unterscheidet sich in Firsthöhe und Dachneigung sowie in der Konstruktion vom Altbau. Lage und Größe des Anbaus richteten sich nach dem alten Baumbestand. Die Bauherrinnen – Mutter und erwachsene Tochter – wünschten sich eine klare optische Trennung von Alt- und Neubau mit jeweils eigenen Eingängen sowie eine Verbindung im Hausinnern.

Grundriss

Während die Tochter den Anbau sowie oben den größten Teil des Altbaus bewohnt, steht der Mutter dort das Erdgeschoss sowie ein Zimmer im Obergeschoss zur Verfügung. Beide Wohnbereiche sind im Obergeschoss durch eine Tür am Ende des Flurs miteinander verbunden. Im Erdgeschoss des Neubaus befinden sich ausschließlich Funktionsbereiche wie der Hauswirtschaftsraum, der Durchgang zum Garten sowie die Treppe, die im Lesezimmer, dem Verteiler und Übergang zum Altbau, mündet. Auf der einen Seite liegt das Wohnzimmer mit großer Übereck-Verglasung nach Südosten und Blick auf die Pferdekoppel der Bauherrin. Auf der anderen Seite gelangt man durch das Esszimmer hindurch in die Küche und in den Flur, der wiederum Schlafzimmer und Bad erschließt. Diese Raum-zu-Raum-Erschließung – ein häufig bei Anbauten notwendiger Kompromiss – könnte bei größeren Familien zu Unruhe führen, in diesem Fall ist sie jedoch nicht nur unproblematisch, sondern sogar vorteilhaft, da die gesamte Grundfläche dem Wohnen zugute kommt. Der klassische Mittelflur-Grundriss des Altbaus wurde nicht verändert, die Räume jedoch umgenutzt. Das einzelne Zimmer im Obergeschoss könnte später der Tochter überlassen werden, die Mutter hätte dann ebenerdig eine barrierefrei ausbaubare Seniorenwohnung.

Besonderheit

Der Anbau ist kein eigenständiges Wohnhaus. Er erweitert das bestehende Einfamilienhaus und schafft Raum für zwei ineinander verschränkte und doch unabhängige Wohnungen. Mutter und Tochter leben unter einem Dach – jede für sich – und können sich über eine Verbindungstür im Hausinneren dennoch jederzeit besuchen.

Anzahl der Bewohner:	2 Erwachsene
Grundstücksgröße:	1039 m²
Wohnfläche Anbau:	65,62 m²
Anzahl der Vollgeschosse:	2
Unterkellerung:	nein
Jahr der Fertigstellung:	2003
Baukosten/m² Wohnfläche:	1450 Euro
Gesamtbaukosten brutto:	120 000 Euro

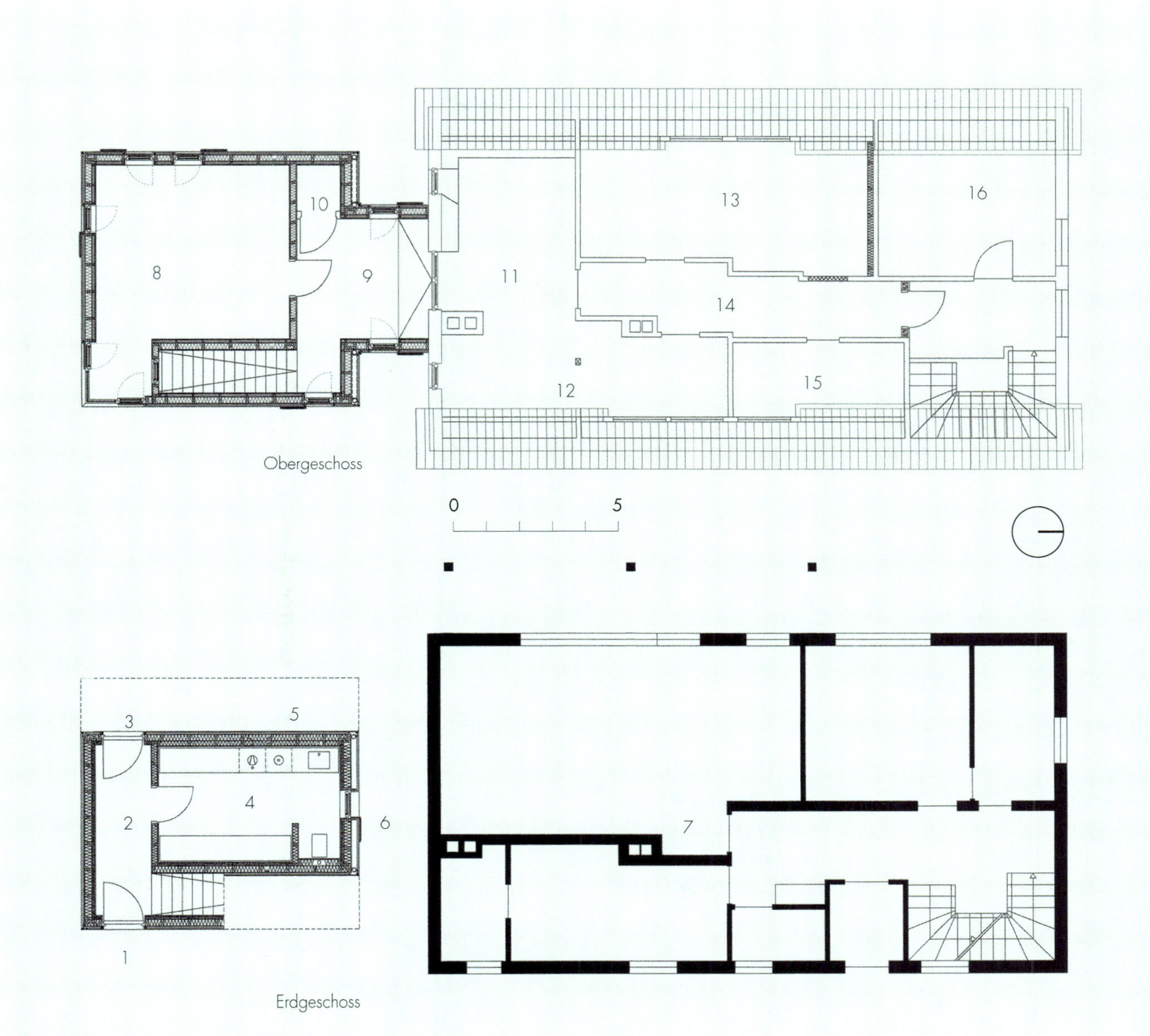

Obergeschoss

Erdgeschoss

Das Wohnzimmer im Obergeschoss bietet durch die Übereckverglasung einen weiten Blick in den Garten und auf die Pferdekoppel.

1 Haupteingang
2 Flur
3 Gartenausgang
4 Hauswirtschaftsraum
5 Freisitz
6 Durchgang
7 Wohnung der Mutter
8 Wohnraum
9 Lesezimmer/Übergang
10 Abstellkammer
11 Wohnen/Essen
12 Kochen
13 Schlafen
14 Flur
15 Bad
16 Zimmer der Mutter im Obergeschoss

Rot und Grün

Anbau an ein Einfamilienhaus

Architekten: F64 Architekten, Kempten

Lage und Ausgangssituation
Ist die Erweiterung eines bestehenden Wohnhauses geplant, muss häufig wertvolle Gartenfläche überbaut werden. Zudem ergeben sich meist Grundrisse mit gefangenen Räumen, die nur über benachbarte Räume betreten werden können. Die Bauherren verwarfen daher die ursprünglich angedachte Möglichkeit einer Verlängerung des Bestands, der auf einer Art Plattform inmitten eines steilen Hanggrundstücks in Memmingen steht. Statt dessen entschieden sie sich für einen eingeschossigen separaten Baukörper entlang der hangseitigen Grundstücksgrenze, der zusammen mit dem Altbau den Garten L-förmig einfasst. In Holzständerbauweise errichtet und mit roten Holzplatten verkleidet hebt er sich kontrastreich vom Massivbau und zugleich von der üppig grünen Umgebung ab.

Grundriss
Man betritt den Neubau an seiner Stirnseite, von wo aus ein kurzer Flur die geräumige verglaste Eingangsdiele mit dem Altbau verbindet. Entlang der nach Südwesten zum Garten hin vollflächig verglasten Fassade werden das Bad, zwei offene Wohnräume, die durch raumhohe Schiebeelemente abgeteilt werden können sowie eine geschützte Terrasse erschlossen. Die Raum-zu-Raum-Erschließung entlang einer Fassade ist ungewöhnlich, denn normalerweise verläuft ein Flur an der geschlossenen Raumseite. Doch hier wird der Erschließungsbereich Bestandteil des Wohnraums, was es erlaubt, die schmale Grundfläche des Anbaus optimal zu nutzen. Die jeweils an drei Seiten geschlossenen Wandflächen lassen einen geborgenen Raumcharakter entstehen und bieten vielfältige Stellmöglichkeiten für Möbel. Ob man sich von Raum zu Raum bewegt oder sich in einem der Räume aufhält – stets hat man einen weiten Blick über den Garten auf die Allgäuer Hügellandschaft.

Besonderheit
Der gut proportionierte Anbau bietet der vierköpfigen Familie zusätzlichen Wohnraum für vielfältige Nutzungen. Da er später als separate Wohnung genutzt werden soll, wurde ein Bad eingebaut und die Anschlüsse für eine mögliche Küchenzeile bereits vorbereitet. Die Wohnung ließe sich dann vermieten oder könnte für eines der heranwachsenden Kinder zur ersten »eigenen Bude« werden. Die Eltern wiederum hätten später – wegen der barrierefreien Ausgestaltung – ein geeignetes Seniorenhaus, falls erforderlich.

Anzahl der Bewohner:	2 Erwachsene, 2 Kinder
Grundstücksgröße:	831 m²
Wohnfläche:	75 m²
Anzahl der Vollgeschosse:	1 (Altbau: 1 + DG)
Unterkellerung:	nein (Altbau unterkellert)
Jahr der Fertigstellung:	2002
Baukosten/m² Wohnfläche:	1133 Euro
Gesamtbaukosten brutto:	85 000 Euro

Links: Der eingeschossige Anbau stellt ein eigenständiges, kleines Wohnhaus dar, Blick von Süden. Rechte Seite: Die innere Erschließung verläuft Platz sparend entlang der Fassade und wird vom Wohnraum aus nicht als Flur wahrgenommen.

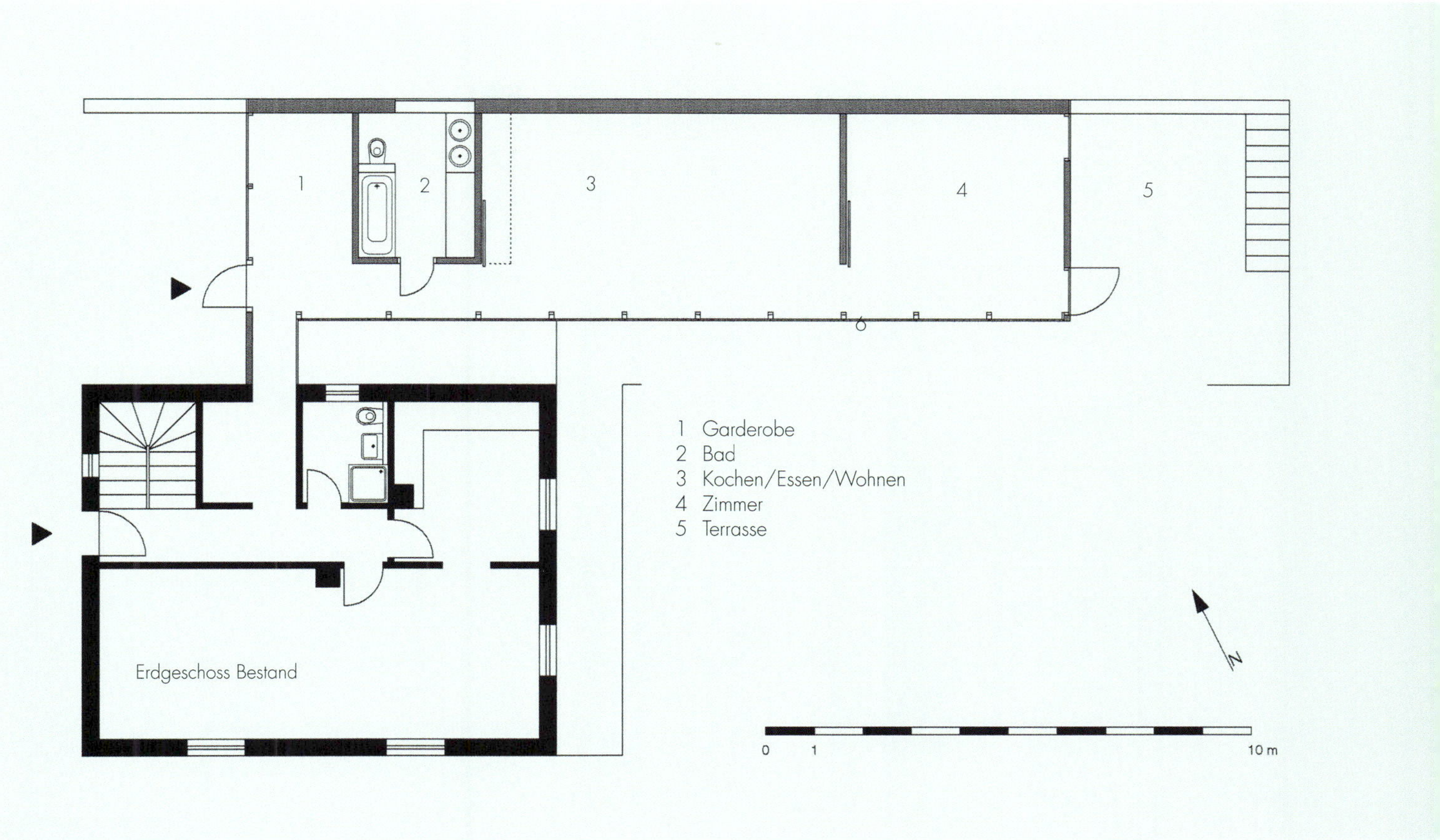
1
2
3
4
5
6
1 Garderobe
2 Bad
3 Kochen/Essen/Wohnen
4 Zimmer
5 Terrasse
Erdgeschoss Bestand
N
0 1
10 m

Zwei Häuser unter einem Dach

Anbau an ein bestehendes Wohnhaus

Architekt: Walter Stolz, Rosenheim

Lage und Ausgangssituation

Unter einem Dach abgeschlossene Wohnbereiche für mehrere Generationen zu vereinen – diesen Wunsch einer in Oberbayern lebenden Familie erfüllte der Architekt mit einem kompakten mehrgeschossigen Anbau an das bestehende Wohnhaus, das aus den 1960er Jahren stammt und am Ortsrand inmitten einer Streuobstwiese steht. Dazu setzte er die Außenkanten und das Dach des Altbaus nach Nordwesten hin nahtlos fort und »streckte« dadurch den vorhandenen Baukörper, wodurch dieser deutlich bessere Proportionen erhielt. Auf Vor- und Rücksprünge sowie auf Erker oder Balkone wurde zu Gunsten formaler Klarheit verzichtet. Dennoch hebt sich der Anbau optisch vom Altbau ab: Großflächige Schiebeläden in der vertikalen Holzverschalung sorgen je nach Stellung für ein ständig wechselndes Erscheinungsbild.

Grundriss

Im Altbau wohnt das Seniorenpaar mit einer Tochter, der Anbau sollte Platz für den Sohn und dessen Ehefrau bieten. Der Eingang des Anbaus liegt direkt neben dem Eingang des Altbaus unter einem gemeinsamen Vordach. Er führt in ein Haus, das geprägt ist durch eine reduzierte architektonische Formensprache: Im Erdgeschoss sind Küche und Essplatz in einem Raum zusammengefasst, nur die quer eingestellte einläufige Treppe trennt diese beiden Bereiche voneinander. Ein im Süden und im Westen über Eck laufendes Holzdeck vor der Fassade erweitert den Essbereich nach außen. Raumhohe Fenster sorgen im gesamten Haus für taghelle Räume, und auch das durch ein Firstoberlicht über dem Treppenlauf einfallende Licht dringt wegen der Galerien und offenen Lufträume bis ins Erdgeschoss. Im ersten Stock liegt das Wohnzimmer mit Blick nach Süden auf die Berge sowie ein Bad und ein Gästezimmer. Im Dachgeschoss wurden die Flächen des Bestands – der ehemalige Speicher – in die neue Wohnung mit einbezogen, es bietet nun trotz der relativ geringen Dachneigung Platz für den Arbeits- und Schlafbereich. Das Schlafzimmer wird über ein Giebelfenster und ansonsten – wie die beiden anderen Räume auch – über Dachflächenfenster belichtet. Eine gewendelte Treppe im Altbau führt bis ins Dachgeschoss, sodass sich alle Familienmitglieder innerhalb des Hauses besuchen können.

Besonderheit

Mit diesem An- und Ausbau wurde neuer Raum geschaffen, ohne baulich in den bewohnten Bereich des Bestands eingreifen zu müssen. Das Konzept, den alten Speicher in den neuen Grundriss mit einzubeziehen sowie die Heizungsanlage des Altbaus mitzunutzen, ermöglichte es, den Bauumfang und die Kosten für den Anbau auf ein Mindestmaß zu beschränken. Gleichzeitig wurde das äußere Erscheinungsbild des gesamten Baukörpers positiv verändert – das alte Haus erscheint erst durch den ergänzenden Anbau vollständig.

Oben: Die quer eingestellte Treppe und der Kamin teilen im Erdgeschoss den Wohnbereich von der Küche ab.
Links oben und unten: Der Anbau setzt flächenbündig den Bestand fort und verhilft diesem zu günstigeren Proportionen. Optisch zeigt er dennoch einen eigenen Charakter, Blick von Westen (oben).

Anzahl der Bewohner:	2 Personen im Anbau (+ 3 Personen im Bestand)
Grundstücksgröße:	ca. 1000 m²
Wohnfläche/Nutzfläche:	105 m² + 51 m² im DG Bestand
Anzahl der Vollgeschosse:	2 + DG
Unterkellerung:	nein, Bestand unterkellert
Jahr der Fertigstellung:	1999
Baukosten/m² Wohnfläche:	keine Angaben
Baukosten insgesamt:	keine Angaben

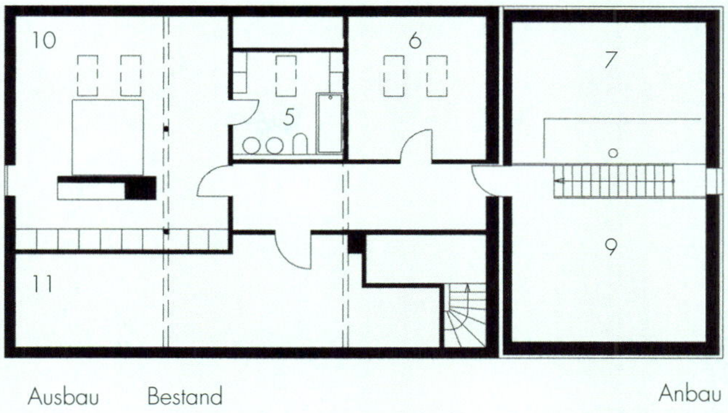

Dachgeschoss

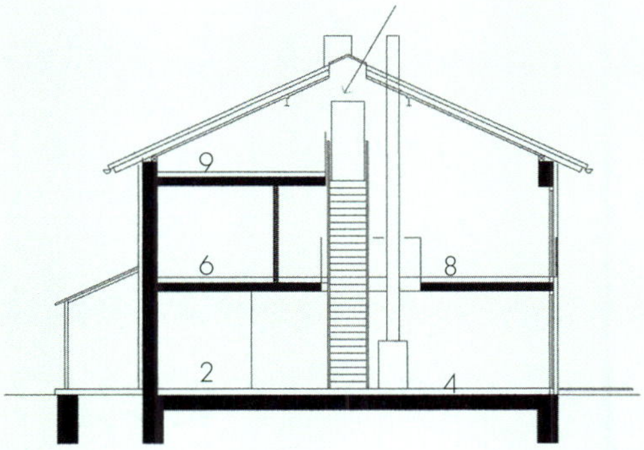

Querschnitt

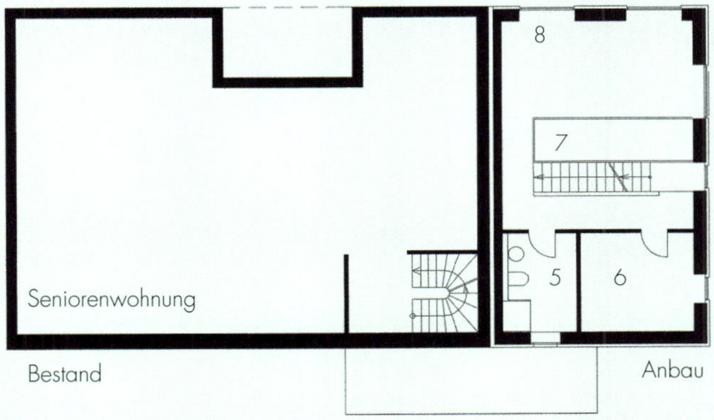

Obergeschoss

1 Garderobe
2 Küche
3 Kachelofen
4 Essen
5 Bad
6 Arbeiten
7 Luftraum
8 Wohnen
9 Galerie
10 Schlafen
11 Speicher
12 Holzdeck

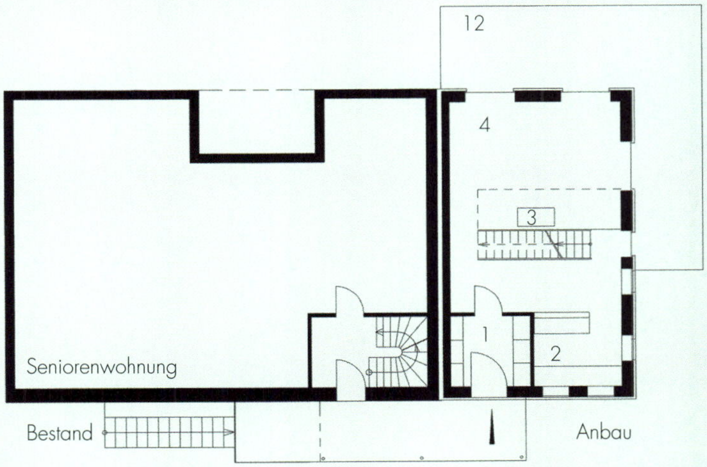

0 1 2 3 4 5

Erdgeschoss

Gegenwart und Zukunft

Holzwohnhaus in der Nähe der Großstadt

Architekten: Gasteiger Architekten, München

Lage und Ausgangssituation

Die Auftraggeber hatten sich für ihren Alterswohnsitz ein 750 Quadratmeter großes Grundstück in einer kleinen Streusiedlung aus der Nachkriegszeit mit S-Bahn-Anschluss in das nahe gelegene München ausgesucht. Sie wünschten sich ein Wohnhaus in Holzbauweise, das insbesondere im Hinblick auf den Energieverbrauch modernen ökologischen Anforderungen gerecht wird.

Grundriss

Um das Haus später in zwei unabhängige Wohnungen aufteilen zu können, wurde es von vornherein als Zweifamilienhaus mit externem Treppenhaus konzipiert. Das additive Grundriss-Schema – ein Flur erschließt nebeneinander liegende Einzelräume – prägt beide Stockwerke. Im Erdgeschoss befindet sich neben den Wohnräumen auch das Schlafzimmer und das Bad mit integrierter Sauna, die durch ein kleines Schwimmbecken im Garten ergänzt wird. Ein eingeschossiger Anbau auf der Nordseite nimmt die Nebenräume, ein kleines Arbeitszimmer und die Garage auf. Die Räume im Obergeschoss werden für Gäste und Hobbys genutzt, später können sie als eigenständige Wohnung vermietet werden. Beide Geschosse werden nach Norden nur über kleine Fenster belichtet, wodurch Energieverluste reduziert werden. Dagegen öffnen sich alle Aufenthaltsräume einschließlich der Küche nach Süden, wobei im Erdgeschoss der Essbereich noch durch einen kleinen Wintergarten erweitert wurde. Küche, Ess- und Wohnzimmer sind entlang der Fassade durch Schiebetüren miteinander verbunden, um vielfältige Blickbeziehungen zu ermöglichen. Die konsequente Orientierung der Wohnräume nach Süden führt zusammen mit der Niedrigenergiebauweise zu einem um 50 Prozent reduzierten Energieverbrauch im Vergleich zu einem konventionell gebauten Haus.

Besonderheit

Bei der Grundrissgestaltung dieses Hauses waren zwei wesentliche Aspekte ausschlaggebend: zum einen der momentan noch große Platzbedarf, zum anderen der Wunsch nach einer später seniorengerechten Wohnung – daher die Anordnung sämtlicher Wohnräume im Erdgeschoss. Zur

konsequenten Umsetzung dieser Vorgaben gehörte auch der Verzicht auf einen Keller sowie die ebenerdige Anordnung der Nebenräume.

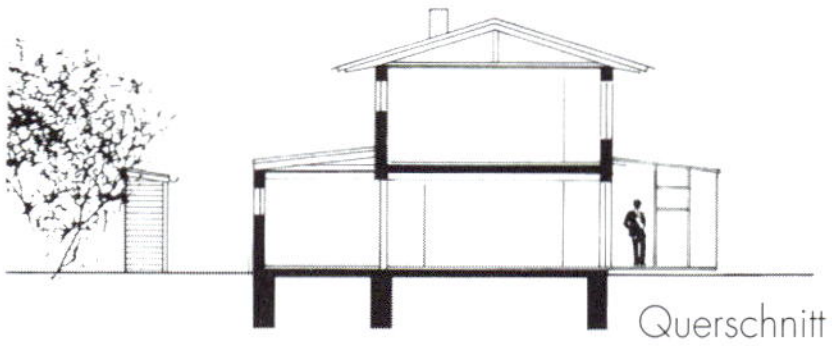

Querschnitt

Oben: Im Erdgeschoss sind die Fenstertüren mit Holzklappläden ausgestattet.
Links: Erd- und Obergeschoss bestehen aus zwei voneinander unabhängigen Wohnungen. Momentan sind oben Arbeits-, Gäste- und Hobbyräume untergebracht, Ansicht von Süden.

Anzahl der Bewohner:	2 Erwachsene
Grundstücksgröße:	750 m²
Wohnfläche/Nutzfläche:	237 m² (+ 60 m² ebenerdig in Nebengebäude)
Anzahl der Vollgeschosse:	2
Unterkellerung:	nein
Jahr der Fertigstellung:	1999
Baukosten/m² Wohnfläche:	1893 Euro
Gesamtbaukosten brutto:	448 700 Euro

1 Bad
2 Arbeiten
3 Gästezimmer
4 Küche (vorbereitet)
5 Zimmer
6 Studio

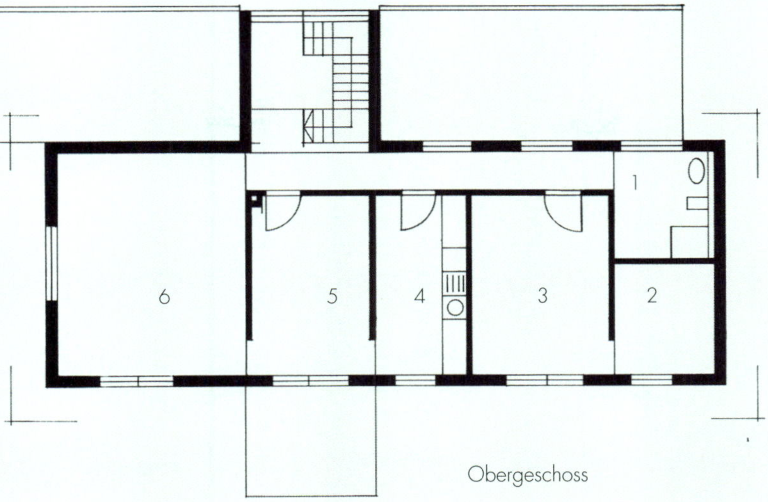

Obergeschoss

1 Garage
2 Arbeitsraum
3 Heizung
4 WC, Waschraum
5 Lager/Kellerersatz
6 Ankleide
7 Bad/Sauna
8 Schlafzimmer
9 Küche
10 Essen
11 Wohnzimmer
12 Wintergarten
13 Schwimmbecken
14 Technik
15 Gartenschuppen
16 Kellerersatz

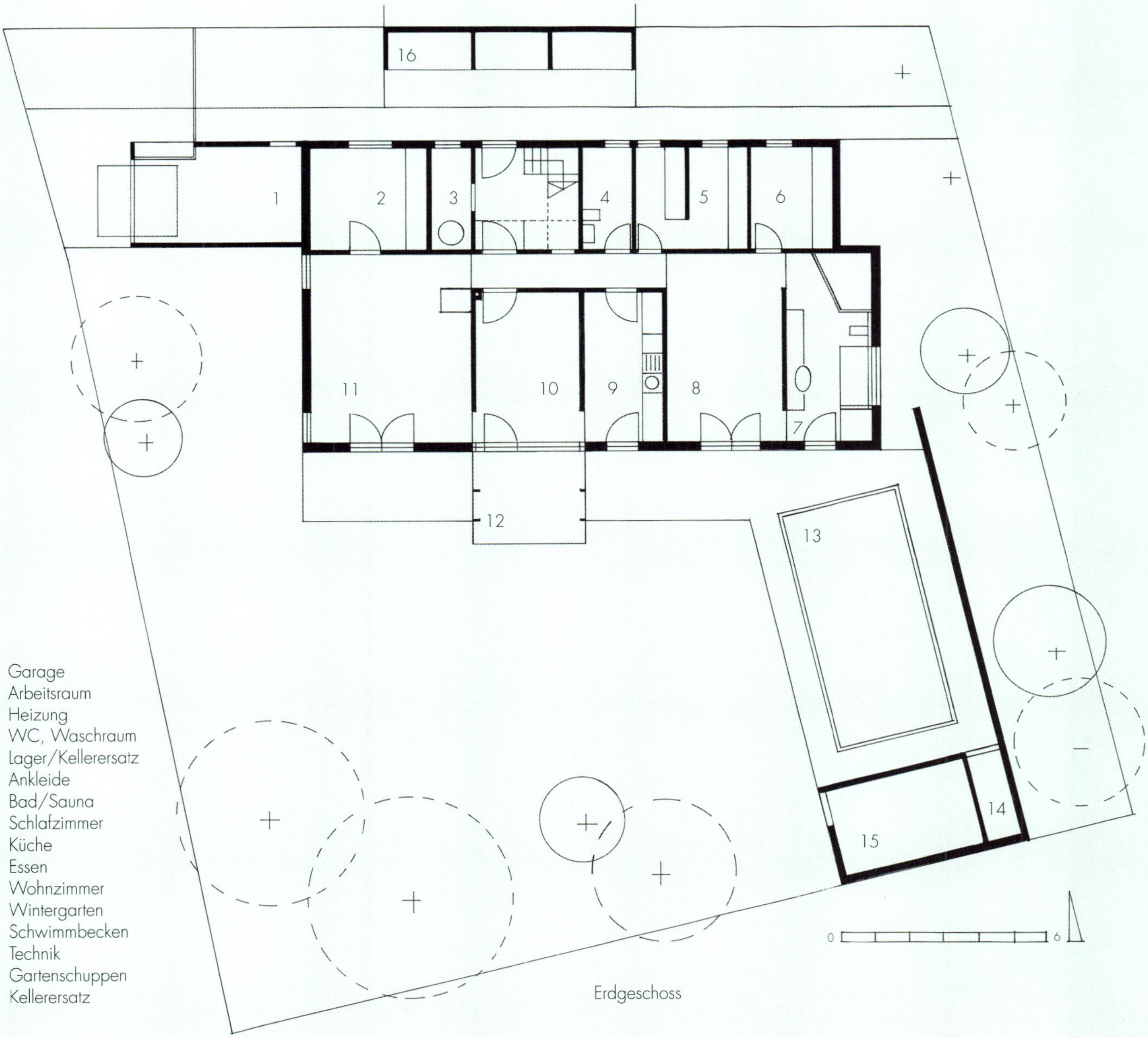

Erdgeschoss

Versetzt gesetzt

Einfamilienhaus in Hamburg

Architekt: Erik Laxy, Hamburg

Oben: Die Ansicht von Westen verdeutlicht die versetzte Anordnung von Obergeschoss und Erdgeschoss.

Lage und Ausgangsituation

Die Zeit drängte – das zu kleine Siedlungshaus aus den 1950er Jahren war bereits abgerissen und das neue Haus musste unbedingt zum ersten Schultag der vier Kinder bezogen sein. Daher wurde auf den Keller in nur drei Tagen in Holzbauweise das Erd- und Obergeschoss errichtet, wodurch unmittelbar darauf mit dem Innenausbau begonnen werden konnte. Es entstand schließlich – rechtzeitig – ein Haus, das den hohen ökologischen Anforderungen der Bauherren genügt und zugleich durch ein flexibles Nutzungskonzept besticht.

Grundriss

Eine wesentliche Idee des Konzepts bestand darin, Erd- und Obergeschoss separat zu erschließen. Dazu wurde das Obergeschoss gegen das Erdgeschoss um etwa 1,5 Meter nach Norden versetzt. So wurde es möglich, auf der Nordseite das Treppenhaus aus dem Erdgeschoss herauszuschieben und einen von der Wohnfläche unabhängigen Eingangsbereich zu schaffen. Auf der Südseite entstand im Gegenzug eine kleine, um das halbe Haus laufende Dachterrasse. Die beiden wie zwei Bauklötze gegeneinander verschobenen Geschosse geben dem Haus ein charakteristisches Erscheinungsbild und deuten bereits die unterschiedliche Nutzung der Geschosse im Inneren an. Das Obergeschoss ist das Reich der vier Kinder: Jedes bewohnt ein großes eigenes Zimmer und je zwei Kinder teilen sich ein Bad. Im Erdgeschoss befindet sich der Privatbereich der Eltern und alle gemeinsamen Wohnräume der Familie – aufgeteilt in Einzelräume für Wohnen, Essen, Kochen und Fernsehen. Die Raumnutzung folgt dem Verlauf der Sonne: am Morgen scheint sie ins Schlafzimmer, mittags in Küche und Esszimmer und abends ins Wohnzimmer.

Die Aufteilung in einzelne Wohnräume ist bei einer großen Familie sehr sinnvoll: Zum Beispiel können sich die einen im Videozimmer einen Film ansehen, ohne andere Familienmitglieder zu stören. Kommen viele Gäste, lassen sich die eigentlich getrennten Wohn- und Esszimmer durch das Öffnen der Schiebetüren zu einem großen Raum verbinden.

Mitte: Der Essplatz mit Küche und das Wohnzimmer sind separate Räume, die sich jedoch durch das Öffnen von Schiebetüren miteinander verbinden lassen.
Unten: Anstelle von Rolläden werden im Erdgeschoss Holzläden vor die Fenster geschoben.

Besonderheit

Erd- und Obergeschoss können später, wenn die Kinder aus dem Haus sind, durch das Einsetzen einer einzigen Türe im Treppenhaus des Erdgeschosses völlig voneinander abgetrennt werden. Stromzähler und Wasseranschlüsse sind bereits separat vorhanden. Dann müsste nur noch im Obergeschoss eine Küche eingerichtet werden, und das vormals große Einfamilienhaus bestünde aus zwei Wohnungen – eine Lösung, die nicht nur eine flexible Nutzung besonders im Hinblick auf das barrierefreie Wohnen im Alter ermöglicht, sondern auch den Wiederverkaufswert des Hauses beträchtlich steigert.

Anzahl der Bewohner:	2 Erwachsene, 4 Kinder
Grundstücksgröße:	978 m²
Wohnfläche:	327 m²
Anzahl der Vollgeschosse:	1 + DG
Unterkellerung:	ja
Jahr der Fertigstellung:	2002
Baukosten/m² Wohnfläche:	2290 Euro
Gesamtbaukosten brutto:	890 000 Euro

Perspektive

Obergeschoss

1 Kinderzimmer
2 Bad 1
3 Bad 2
4 Arbei-en
5 Flur
6 Abstellraum
7 Dachterrasse

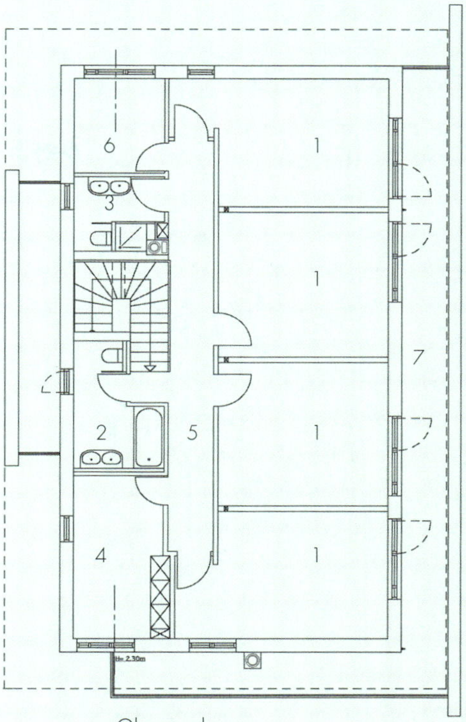

Obergeschoss

Erdgeschoss

1 Bad Eltern
2 Schlafzimmer
3 Ankleideraum
4 Gäste-WC
5 Flur
6 Vorrat
7 Hauswirtschaftsraum
8 Küche
9 Eingang/Garderobe
10 Film/Video
11 Essraum
12 Wohnraum
13 Terrasse

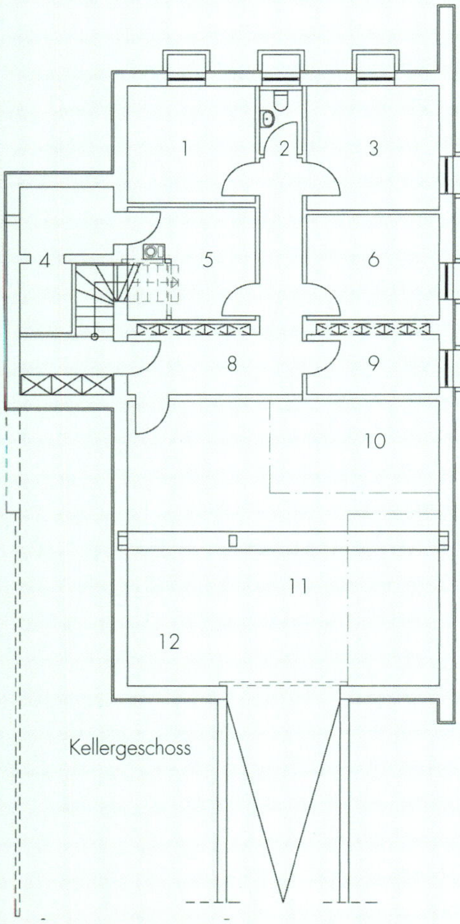

Kellergeschoss

Kellergeschoss

1 Sauna, Bad, Ruhebereich
2 WC
3 Gästeraum
4 Vorratsräume für Holzpellets
5 Haustechnik/Töpferei
6 Übungsraum
7 Treppenaufgang
8 Flur
9 Abstellraum
10 Platz für Anhänger
11 Tiefgarage
12 Raum für Geräte usw.

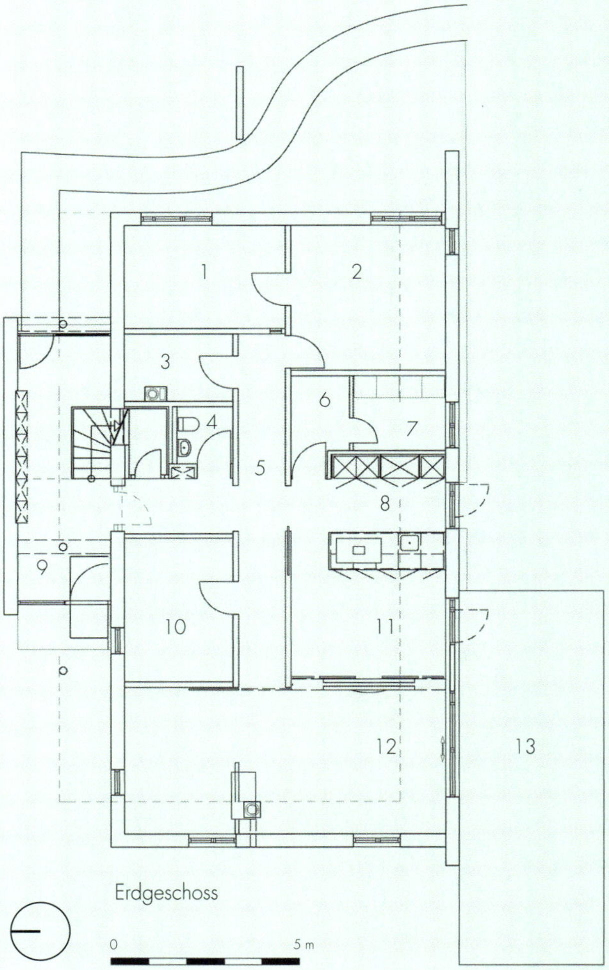

Erdgeschoss

Klare Strukturen

Haus am Hang

Architekt: Stephan Köppel, München

Lage und Ausgangssituation

Ein Eckgrundstück am Hang – dies war genau das Richtige für die Bauherren, die für sich und ihre drei Kinder ein frei stehendes Einfamilienhaus bevorzugten, das im Hinblick auf eine flexible Nutzung von zwei Ebenen aus erschlossen werden sollte. Der Architekt richtete den Baukörper parallel zum Hang aus und orientierte die Wohn- und Schlafräume mit großflächigen Fenstern nach Südosten.

Die Haupterschließung erfolgt von unten – neben der im Südosten vorgelagerten und in den Hang geschobenen Garage führt eine Freitreppe zum Eingang. Im Obergeschoss kann man das Haus zusätzlich von der Nordwestseite aus betreten. Die Bauherren verzichteten bewusst auf einen Gartenzaun, um ihre offene und gastfreundliche Haltung auch nach außen zu zeigen.

Grundriss

Das gesamte Haus ist funktional in zwei Hälften geteilt: Schlaf- und Kinderzimmer mitsamt den dazu gehörenden Funktionsräumen wie Bäder und Ankleiden befinden sich im östlichen Teil des Hauses über der Garage, verteilt auf Erd- und Obergeschoss. Die Erschließung erfolgt hier konventionell durch Mittelflure. Die Wohnbereiche liegen in der westlichen Hälfte – Essplatz und Küche in offener Anordnung im Erdgeschoss, darüber das Wohnzimmer. Getrennt werden beide Haushälften im Erdgeschoss durch den Eingangsflur sowie durch die innere Treppe. Diese Teilung lässt sich auch an der Fassade ablesen: Während der Schlaftrakt außen teilweise mit Holz verkleidet ist, wurde der Wohnbereich vollständig verglast und um eine Terrasse sowie einen über Eck geführten Balkon nach außen erweitert. Durch diese klare Gliederung des Entwurfs nach Funktionen wurden schwer nutzbare Flächen vermieden und die zur Verfügung stehende Wohnfläche optimal genutzt.

Was ihre Zimmer angeht, kann unter den Kindern kaum Streit aufkommen – alle drei Kinderzimmer sind gut geschnitten, etwa gleich groß und auch im Hinblick auf Belichtung und Ausblick kaum zu unterscheiden. Wegen der annähernd quadratischen Grundflächen der meisten Räume sind viele Arten der Möblierung denkbar. Günstig ist auch die räumliche Trennung von Bad, Ankleide und Schlafzimmer – vom Mittelflur aus wird jeder Bereich separat erschlossen. Dadurch ist das Schlafzimmer unabhängig und könnte später auch anderweitig genutzt werden.

Besonderheit

Durch die ähnlichen Grundrisse von Erd- und Obergeschoss und durch die beiden separaten Eingänge kann dieses Haus ohne nennenswerten Aufwand in zwei gleich große, unabhängige Wohnungen aufgeteilt werden. Im Obergeschoss ist die Installation für eine Küche bereits vorbereitet. Das Haus eignet sich somit besonders für größere Familien und lässt sich später, wenn die Kinder aus dem Haus sind, problemlos veränderten Wohnbedürfnissen anpassen.

Oben: Der Wohnraum im Obergeschoss öffnet sich auf einen großen, über Eck geführten Balkon.
Links: Das Einfamilienhaus ist in zwei gleichwertige Geschosse aufgeteilt und wird von Süden über die Außentreppe neben der Garage erschlossen.

Anzahl der Bewohner:	2 Erwachsene + 3 Kinder
Grundstücksgröße:	749 m²
Wohnfläche:	181 m²
Anzahl der Vollgeschosse:	2
Unterkellerung:	nein
Jahr der Fertigstellung:	1998
Baukosten/m² Wohnfläche:	2100 Euro
Gesamtbaukosten brutto:	480 000 Euro

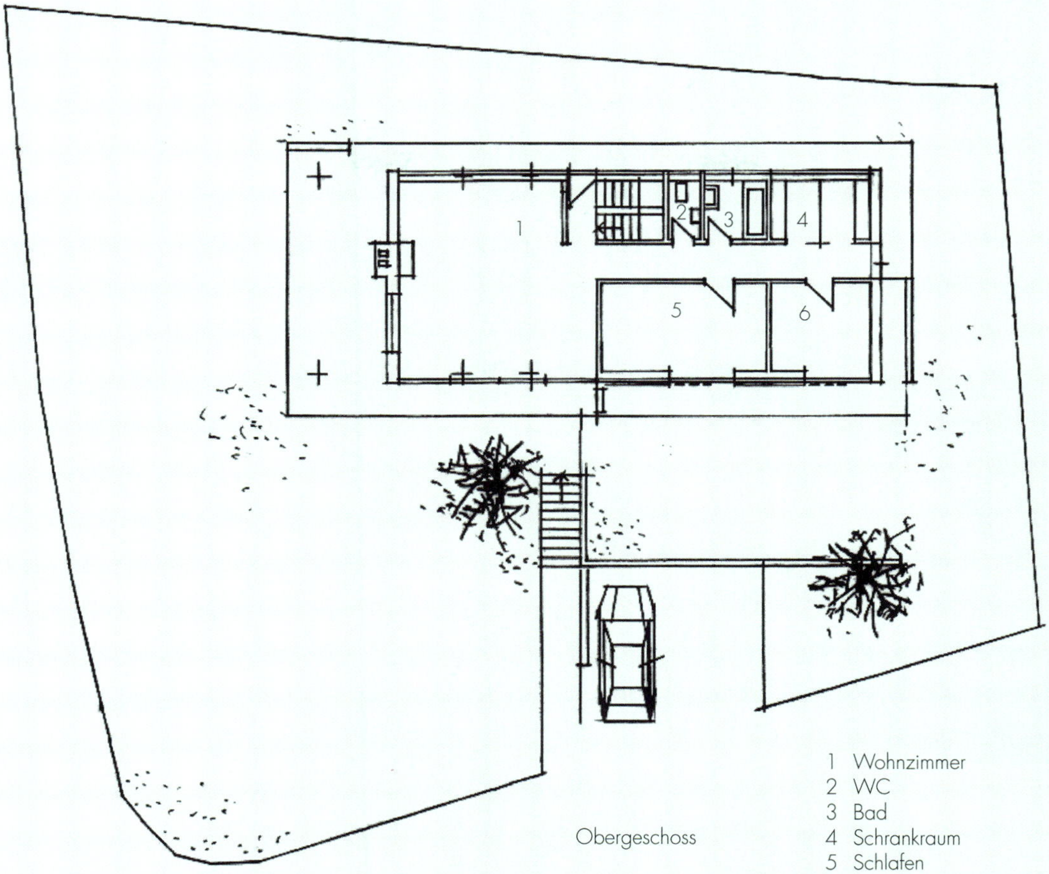

1 Wohnzimmer
2 WC
3 Bad
4 Schrankraum
5 Schlafen
6 Schlafen

Obergeschoss

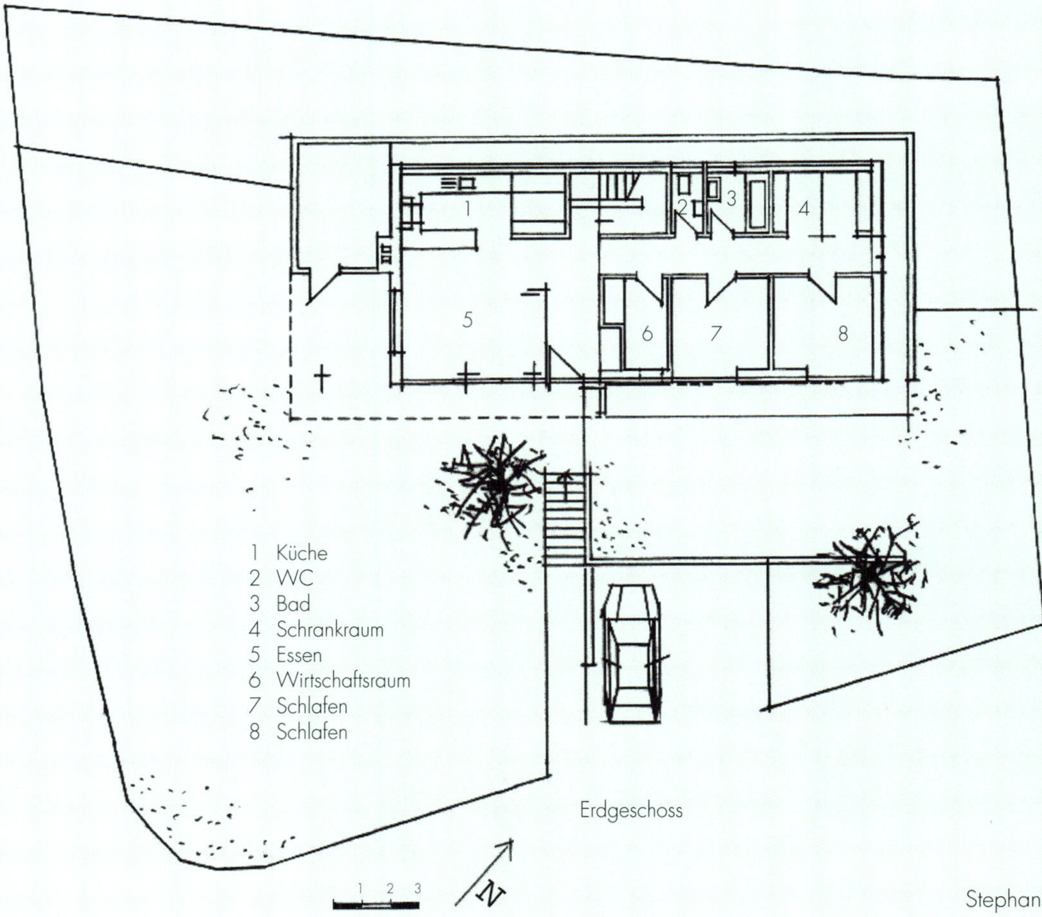

1 Küche
2 WC
3 Bad
4 Schrankraum
5 Essen
6 Wirtschaftsraum
7 Schlafen
8 Schlafen

Erdgeschoss

Gelebte Gemeinschaft

Doppelhaus für zwei Brüder

Architekten: PAK, Prof. Myriam Gautschi, Karlsruhe

Lage und Ausgangssituation
Einer zwölfköpfigen Großfamilie – den Eltern und drei erwachsenen Kindern, zwei davon bereits mit eigenem Nachwuchs – war das Elternhaus, ein giebelständisches Fachwerkhaus in einem Straßendorf, zu klein geworden. Da ihnen das Leben in unmittelbarer räumlicher Nähe zueinander wichtig war, sollte auf dem rückwärtigen, äußerst schmalen Grundstück für die beiden Söhne und ihre Familien ein eigenes Wohnhaus entstehen, das jedoch das Vorderhaus nicht vom rückwärtigen Garten abschneiden durfte.

Grundriss
Das Doppelhaus nimmt die gesamte Breite des Grundstücks ein. Senkrecht zur Firstrichtung wird es im Erdgeschoss durch einen von allen Familienmitgliedern nutzbaren Steg mittig geteilt, der von der Straßenseite im Nordosten durch das Haus hindurch in den Garten führt. Von diesem Durchgang aus werden beide Doppelhaushälften erschlossen.

Die schmale Grundfläche erforderte es, die einzelnen Wohnräume auf mehrere Geschosse zu verteilen. Eine zweiläufige Treppe teilt das Erdgeschoss in eine Wohnküche und einen offenen Wohnbereich. Im Obergeschoss sind beide Haushälften durch die versetzt angeordneten Sanitärbereiche miteinander verzahnt. Die Anordnung der Badezimmer jeweils über den Küchenzeilen ist wirtschaftlich, da sämtliche Versorgungsleitungen in einem Schacht geführt werden können. Vom Treppenraum, der sich zu einer Galerie erweitert und den Blick hinunter auf die Wohnküche freigibt, werden zwei Schlafräume erschlossen, im Dachgeschoss mit durchgehender Belichtung über den Kniestock steht den Kindern weiterer Raum zur Verfügung. Das Untergeschoss bietet neben dem Technikraum Platz für je zwei Arbeitszimmer. Momentan sind hier Büros untergebracht, die über abgesenkte Höfe belichtet werden und die sowohl über die Treppe als auch vom übrigen Haus unabhängig von außen über die Lichthöfe betreten werden können.

Besonderheit
Der durch den Neubau in den Garten führende Steg unterstützt als verbindendes Element das gesellige Familienleben. Zusammen mit den im Vorderhaus lebenden Eltern und ihrer Schwester können die Brüder nun ihre Vorstellung vom generationenübergreifenden Zusammenleben verwirklichen – bei jedem Fest wird dieses Haus zum Mittelpunkt der Großfamilie. Der Entwurf wurde im Jahre 2001 von der Architektenkammer Baden-Württemberg im Rahmen des Wettbewerbs »Wohnhäuser 1990–2001 in Karlsruhe« ausgezeichnet.

Links oben: Die transparente Holztreppe ist vom Wohnraum durch eine Glaswand abgeteilt.
Unten: Ein Steg führt zwischen den beiden Haushälften hindurch in den Garten. Im Obergeschoss sind die schmalen Häuser miteinander verzahnt und erscheinen dadurch wie ein einziges Haus.

Anzahl der Bewohner:	insgesamt 12 Personen
Grundstücksgröße:	1230 m²
Wohnfläche:	2 x 170 m²
Anzahl der Vollgeschosse:	2 + DG
Unterkellerung:	ja
Jahr der Fertigstellung:	2000
Baukosten/m² Wohnfläche:	1155 Euro
Gesamtbaukosten brutto:	460 000 Euro (beide Haushälften)

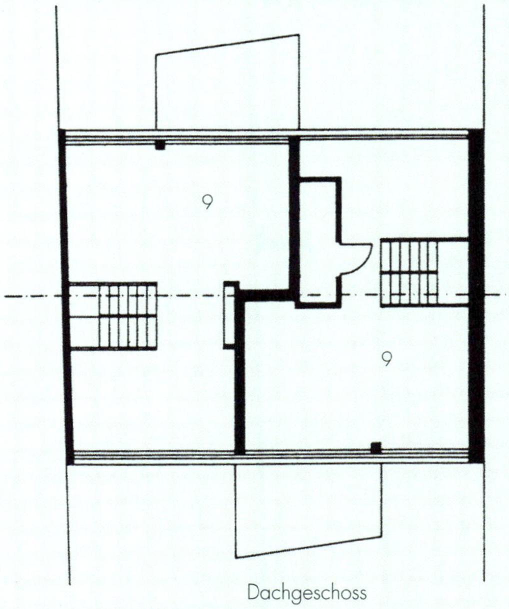

Dachgeschoss

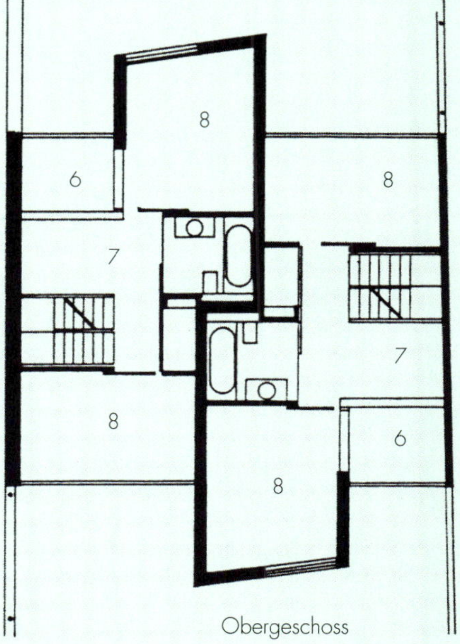

Obergeschoss

Dachgeschoss
9 Dachraum

Obergeschoss
6 Luftraum
7 Galerie
8 Zimmer

Erdgeschoss
1 Eingang
2 Wohnraum
3 Küche

Untergeschoss
4 Arbeitsraum
5 Hof

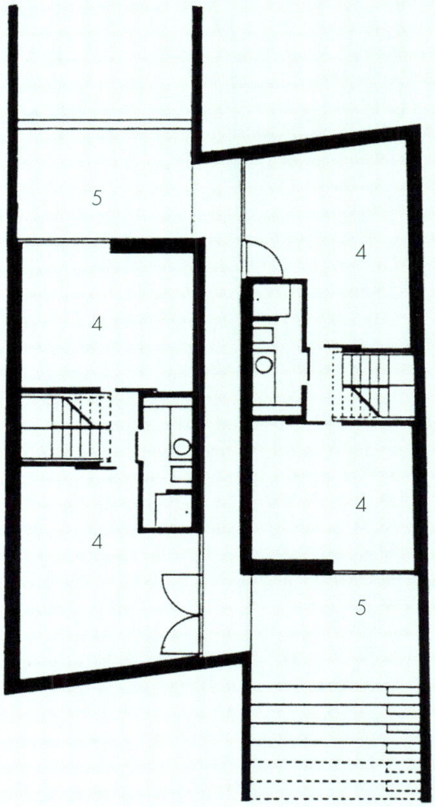

Untergeschoss

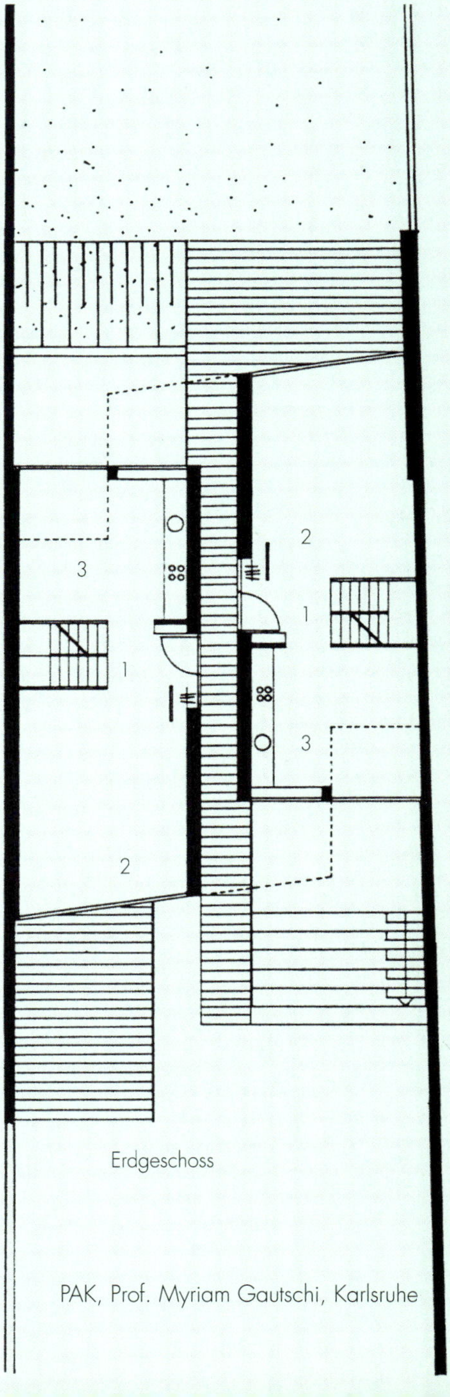

Erdgeschoss

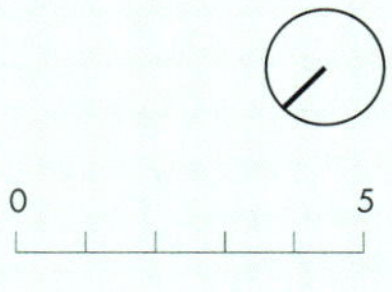

Wohnen und Arbeiten

In der modernen Dienstleistungsgesellschaft mit neuen Berufsfeldern und flexiblen Arbeitszeitmodellen können immer mehr Menschen ihrem Beruf von zu Hause aus nachgehen. Wer sein Arbeitszimmer im eigenen Haus einrichtet, hat gegenüber dem Kollegen im Büro einige Vorteile – es lassen sich beispielsweise Beruf und Kinderbetreuung miteinander verbinden. Auch wenn man im Laufe eines Arbeitstags nicht ständig der Familie zur Verfügung steht, so ist man doch präsent und kann die Arbeitszeit den Umständen entsprechend einteilen. Auch das Arbeiten in Teilzeit wird attraktiver, da die Fahrt zur Arbeitsstelle und der damit verbundene Zeitaufwand entfällt.

Häufig ist der Computer das wichtigste Arbeitsmittel, und im Zeitalter von Internet und Laptop ist es praktisch überall möglich damit zu arbeiten. Meist reicht dann bereits ein kleines Arbeitszimmer, das mit Schreibtisch, Regalen, Computerzubehör und Ablageflächen ausgestattet ist. Aber auch Berufe, bei denen der Computer nicht die wichtigste Rolle spielt, lassen sich gut von zu Hause ausüben. Dann wird allerdings oft mehr Platz benötigt, sei es für eine kleine Praxis, eine Werkstatt oder ein Künstleratelier. Manchmal genügt ein separater Raum, in dem man sich ungestört zurückziehen kann, manchmal ist ein klar abgeteilter Arbeitstrakt sinnvoll. Werden Geschäftspartner zu Besprechungen, Patienten zur Behandlung oder Kunden zu Verkaufsgesprächen empfangen, dann sollte ein adäquater und repräsentativer Raum zur Verfügung stehen, der nach Möglichkeit über einen separaten Eingang erschlossen wird, damit der Besuch nicht durch die Privaträume geführt werden muss.

Die folgenden Beispiele zeigen verschiedenste Lösungsansätze: vom kleinen Arbeitszimmer neben dem Wohnraum über auf verschiedene Stockwerke verteilte Funktionsbereiche bis hin zum frei stehenden Atelierhaus.

Dach mit Haus

Einfamilienhaus mit Praxis

Architekten: T. Unterlandstättner, M. Schmöller, München

Lage und Ausgangssituation

Am nördlichen Stadtrand Münchens stand ein etwa 460 Quadratmeter großes Eckgrundstück zur Verfügung, auf dem laut Behörde jedoch nicht mehr als 100 Quadratmeter Grundfläche überbaut werden durften. Zudem bestand die Auflage, das Gebäude auf Erdgeschoss und Satteldach zu beschränken. Um dennoch möglichst viel Wohnraum zu erhalten – zusätzlich zu den Wohnräumen sollte noch eine Heilpraktikerpraxis untergebracht werden – machten die Architekten aus der Not eine Tugend und planten ein steiles Satteldach, das relativ viel Nutzfläche bietet. Dieses Dach setzten sie wie einen eigenständigen Baukörper auf das einem Sockel ähnelnden Erdgeschoss – eine wie bei einem Gebilde aus bunten Bauklötzen zeichenhaft reduzierte Formensprache, die durch das Grau der Dachfläche und der Aluminium-Verkleidung der Giebel sowie durch das kräftige Rot des Erdgeschosses noch verstärkt wird.

Oben: Das steile und hohe Satteldach bietet wertvollen Wohnraum – ein wichtiger Aspekt, da nur ein eingeschossiges Wohnhaus mit Satteldach genehmigt war.
Unten: Blick vom Wohnraum in den durch eine Mauer eingefassten Garten.

Grundriss

Eine zwischen Garage und Haus verlaufende rote Mauer mit eingeschobenem überdachtem Freisitz schirmt den Garten zur Straße hin ab. So orientiert sich das Gebäude-Ensemble nach innen zum Gartenhof – ein trotz naher Nachbarbebauung sehr privater, an ein Atrium erinnernder Bereich. Eine leicht erhöhte Plattform führt wie ein Steg über einen Durchgang in der roten Wand zum Eingang.

Im Erdgeschoss trennt eine einläufige Treppe den Wohntrakt von der Praxis, die vom Windfang mit Wartezimmer erschlossen wird und die zusätzlich eine Verbindungstür zum Wohnbereich aufweist. Das Wohn-/Esszimmer ist nach Süden zum Garten hin vollflächig verglast. Die separate nach Norden orientierte Küche hat einen Zugang zu einem rückwärtigen Flur, der zur Kellertreppe und ins Freie führt. Dies hat den Vorteil, dass von der Küche aus ohne Umwege die Vorratsbereiche im Keller oder der Gemüsegarten erreicht werden können.

Im Dachgeschoss orientieren sich Schlaf- und Kinderzimmer nach Nordwest und Südost mit jeweils weitem Blick zwischen die Nachbarhäuser hindurch über die Felder. Wegen des offenen Dachraums und der steilen Dachneigung bot sich in beiden Räumen der Einbau von Galerien an – gerade in Kinderzimmern eine attraktive Alternative für den Schlafplatz.

Im gesamten Haus wurden die reinen Erschließungswege auf ein Minimum beschränkt – im Erdgeschoss trennen lediglich zwei Schiebetüren seitlich der Treppe den Windfang vom Wohnraum, im Obergeschoss erschließt ein kompakter Verteilerflur die Räume. Auf diese Weise konnte wertvoller Platz den Wohnbereichen vorbehalten bleiben.

Besonderheit

Die Galerien erweitern nicht nur das Raumangebot auf der insgesamt knappen Grundfläche, sondern lassen auch zusammen mit dem hohen Dach das Haus größer wirken, als es ist. Besonders geglückt ist der vorausschauende Entwurf des Kinderzimmers: Seine großzügige Dimensionierung – es ist deutlich größer als das Elternschlafzimmer – bietet für ein Kind jeden Alters vielfältige Nutzungsmöglichkeiten.

Anzahl der Bewohner:	2 Erwachsene + 1 Kind
Grundstücksgröße:	462 m²
Wohnfläche:	135 m² (+ 78 m² Keller + 50 m² Garage und Nebenräume)
Anzahl der Vollgeschosse:	1 + DG
Unterkellerung:	ja
Jahr der Fertigstellung:	2000
Baukosten/m² Wohnfläche:	2759 Euro
Gesamtbaukosten brutto:	372 500 Euro

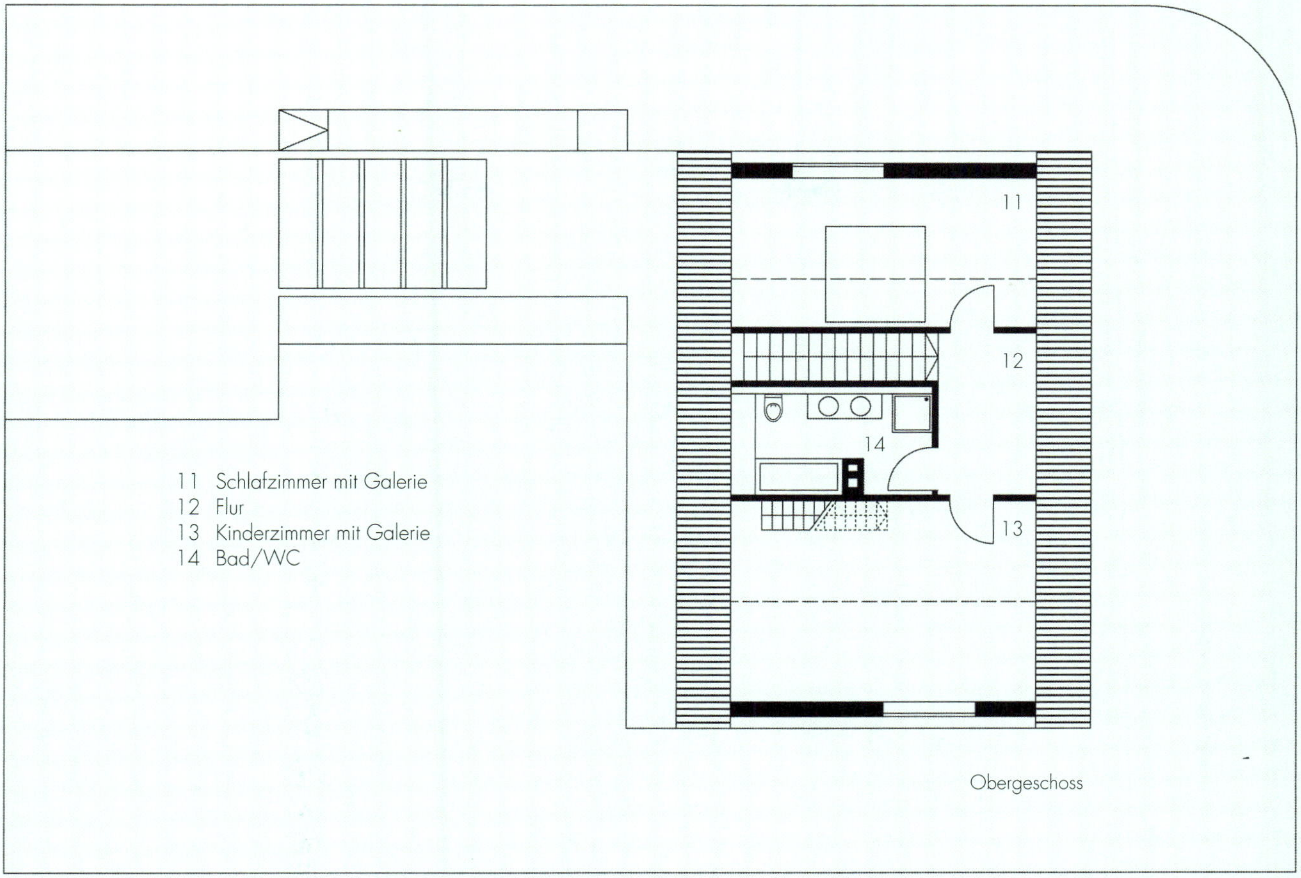
11
12
14
13
11 Schlafzimmer mit Galerie
12 Flur
13 Kinderzimmer mit Galerie
14 Bad/WC
Obergeschoss

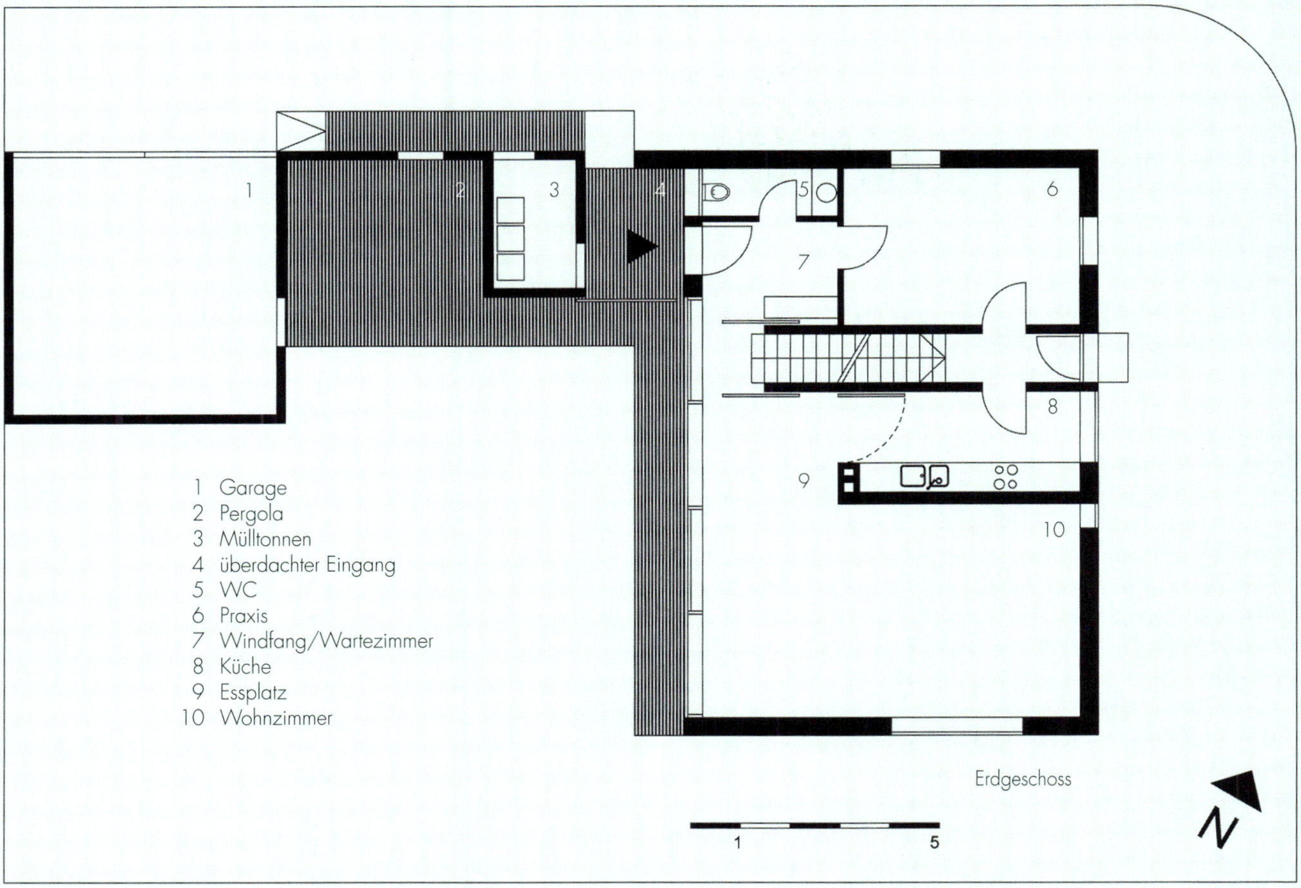
1
2
3
4
5
6
7
8
9
10
1 Garage
2 Pergola
3 Mülltonnen
4 überdachter Eingang
5 WC
6 Praxis
7 Windfang/Wartezimmer
8 Küche
9 Essplatz
10 Wohnzimmer
Erdgeschoss
1
5
N

Im Dialog

Wohnhaus und Atelier

Architekt: Max Dudler, Berlin

Lage und Ausgangssituation

Oberhalb der Ilm am Stadtrand von Weimar erwarben die Bauherren – ein freischaffender Künstler und seine Frau – in einer Neubausiedlung ein flach geneigtes Hanggrundstück. Sie wünschten sich ein kleines, auf das Notwendige reduzierte Wohnhaus und unabhängig davon ein Atelierhaus. Daher entwarf der Architekt zwei beinahe identische, sich gegenüber liegende zweigeschossige Kuben, die durch den Garten miteinander verbunden sind und so ein homogenes Ganzes abgeben. Fenster waren wegen der Grenzbebauung nur nach Osten und Westen erlaubt. Blickt man vom Wohnhaus auf das Atelierhaus, wirkt der zweite Baukörper wie eine Doppelung des ersten.

Grundriss

Die Grundrisse beider Häuser folgen wie die Baukörper selbst strengen formalen Prinzipien. Das Erdgeschoss des Wohnhauses besteht aus einem einzigen Raum, der nur durch ein paar Stufen in den Wohnbereich und den Koch-/Essbereich gegliedert ist. Auf einen Windfang und auf ein klassisches Wohnzimmer verzichteten die Bauherren bewusst. Gegenüber dem Eingang führt entlang der Außenwand eine einläufige Treppe ins Obergeschoss, das ebenfalls von einem Raum bestimmt wird, dem Kinderzimmer für die halbwüchsige Tochter. Die Raumachsen des Erdgeschosses werden im Obergeschoss konsequent übernommen, die Raumgrößen ordnen sich diesem Prinzip unter. Das Elternschlafzimmer besteht aus einer über breite Schiebetüren vom Flur abgeteilten Schlafnische und wird ausschließlich über Dachoberlichter belichtet und belüftet. Es gruppiert sich zusammen mit Bad und Treppe um den schmalen L-förmigen Flur. Dieser dient zugleich als Arbeitsplatz: Ein eingebauter Arbeitstisch mit Schränken und Regalen entlang der Wand und ein gepolsterter Sitzplatz zum Lesen unter dem Fenster geben der Verkehrsfläche einen wohnlichen Charakter. Man könnte den Flur sogar zusammen mit der Schlafnische als kombiniertes Schlaf-/Arbeitszimmer betrachten. Die Dachterrasse bietet – im Gegensatz zum offenen Garten – einen geschützten privaten Freibereich.

Das Atelierhaus besteht im Erdgeschoss ebenfalls aus nur einem einzigen Raum, dem Atelier. Das Obergeschoss wird durch einen mittig eingestellten WC- und Duschblock in zwei offene Bereiche gegliedert, dem Depot für die Bilder und dem möblierten Gästebereich, der auch als Rückzugsort für die Familie genutzt wird.

Oben: Der Schlafbereich der Eltern wird über Dachoberlichter belüftet und lässt sich über breite Schiebetüren zum Arbeitsplatz im Flur öffnen.
Links und unten: Zwei sich gegenüber stehende anthrazitfarbene Kuben – das Wohnhaus und das Künstleratelier – sind durch den Garten miteinander verbunden und ergeben so ein homogenes Ganzes. Fassaden und Grundrisse sind auf das Notwendige reduziert.

Besonderheit

Ungewöhnlich bei diesem Entwurf ist, dass für Wohnen und Arbeiten zwei gleich große separate Baukörper vorgesehen wurden. Dies war für den Bauherrn wichtig, da er als Maler ein geräumiges und zugleich ruhiges Atelier benötigt. Im Wohnhaus begnügte sich die Familie mit dem Wesentlichen. Dennoch erfüllt das Haus alle Wohnfunktionen und bietet durch die Grundriss-Struktur auch vielfältige Raumerlebnisse.

Anzahl der Bewohner:	2 Erwachsene, 1 Kind
Grundstücksgröße:	390 m²
Wohnfläche/Nutzfläche:	je Haus ca. 100 m²
Anzahl der Vollgeschosse:	2
Unterkellerung:	ja (nur Wohnhaus)
Jahr der Fertigstellung:	2003
Gesamtbaukosten brutto:	425 000 Euro

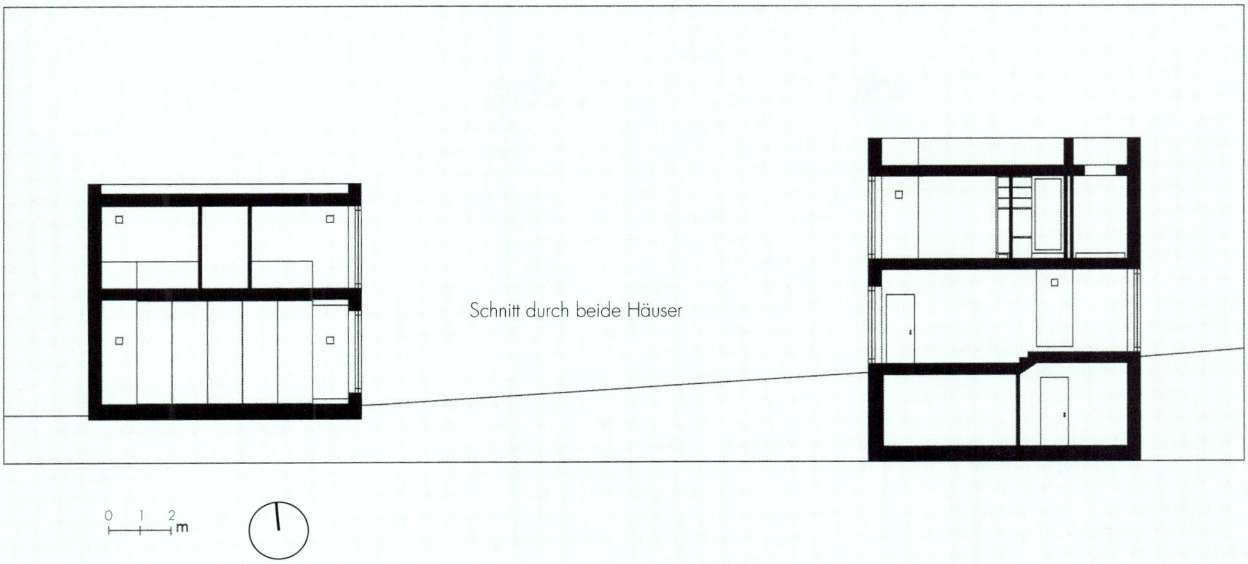
Schnitt durch beide Häuser
0 1 2 m

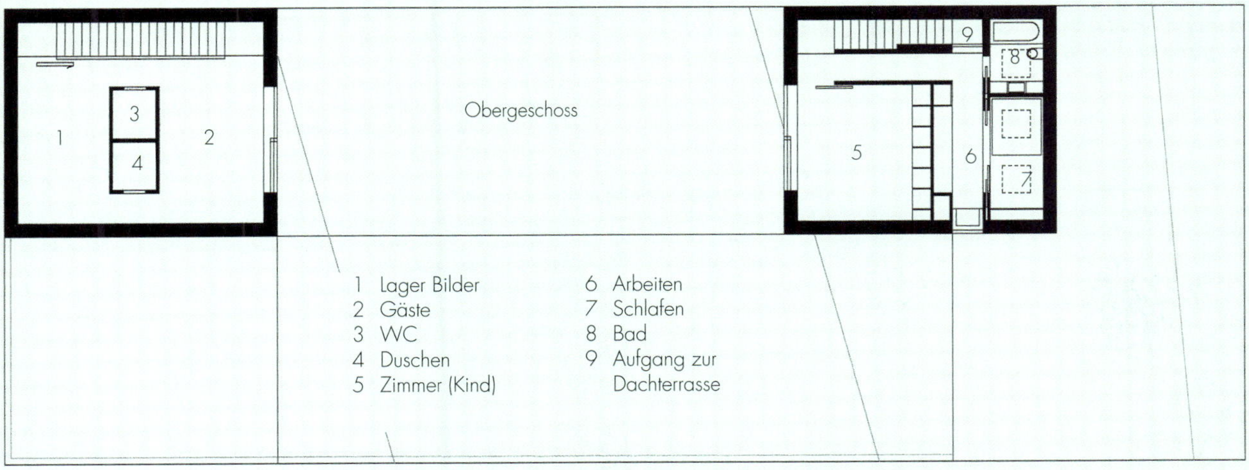
Obergeschoss
1
2
3
4
5
6
7
8
9
1 Lager Bilder
2 Gäste
3 WC
4 Duschen
5 Zimmer (Kind)
6 Arbeiten
7 Schlafen
8 Bad
9 Aufgang zur Dachterrasse

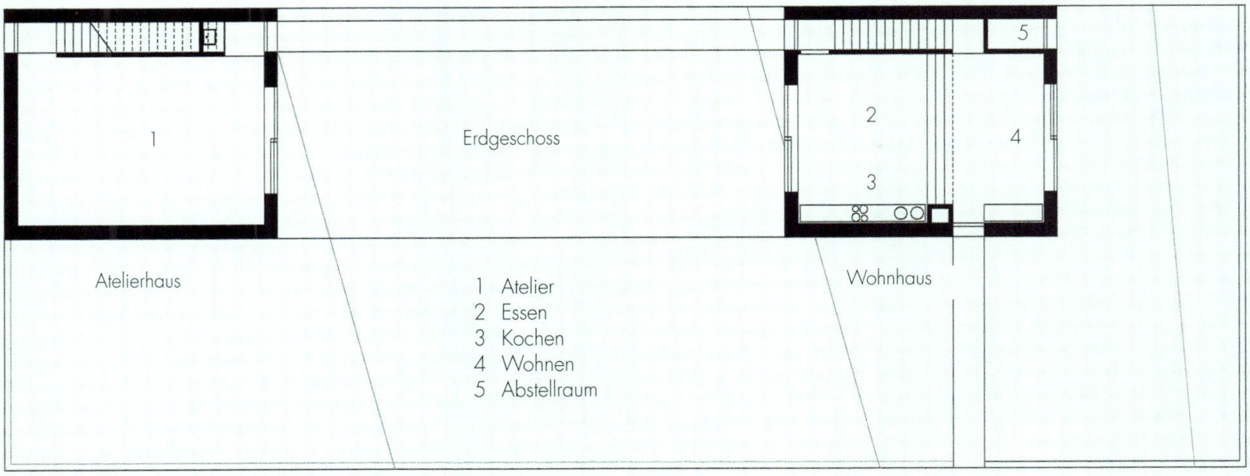
Erdgeschoss
Atelierhaus
Wohnhaus
1
2
3
4
5
1 Atelier
2 Essen
3 Kochen
4 Wohnen
5 Abstellraum

Brücken bauen

Einfamilienhaus bei Linz

Architekt: Ernst Pitschmann, Pettenbach

Oben und unten: Die verglaste Eingangshalle teilt das Gebäude in zwei ungleiche Hälften: in das größere Wohnhaus und das kleinere Bürohaus, das aus zwei übereinander angeordneten Arbeitszimmern besteht, Ansichten von Süden.

Lage und Ausgangssituation

Mitten im Grundstück stand ein kleines Holzhaus, das bislang der Familie als Wohnhaus gedient hatte. Es musste so lange erhalten bleiben, bis der Umzug ins neue Heim abgeschlossen war – dies bestimmte die Lage des Neubaus im Grundstück. Das neu geplante Einfamilienhaus sollte nicht nur der vierköpfigen Familie des Bauherrn ausreichend Platz bieten, sondern zugleich den Eltern das Arbeiten auch von zu Hause aus ermöglichen.

Grundriss

Da die Bereiche Wohnen und Arbeiten auch äußerlich sichtbar getrennt sein sollten, teilte der Architekt den lang gestreckten, quaderförmigen Baukörper in zwei ungleiche Hälften – ein Büro- und ein Wohnhaus – und fügte in den Zwischenraum eine zweigeschossige, verglaste Eingangshalle ein. Der offen konzipierte und durch Raumteiler zonierte Wohntrakt auf der Westseite wird durch einen Block mit Gäste-WC, Abstellraum und Treppe von der Eingangshalle abgeschirmt. Küche und Esszimmer öffnen sich nach Süden auf eine Terrasse, unter der sich der Carport und ein Raum für Gartengeräte befinden, das Wohnzimmer dagegen mit einer Loggia nach Westen. Durch die Raum-zu-Raum-Erschließung entlang beider Fassaden werden die Verkehrsflächen minimiert, Schiebetüren ermöglichen das Abtrennen einzelner Raumbereiche.

Im Obergeschoss erschließt ein nordseitiger Flur mehrere gleich große Zimmer für die Kinder und die Eltern, eines davon mit Zugang auf eine weitere Loggia. Platz sparend und elegant sind die vom Flur aus zugänglichen Einbauschränke. Sie ersetzen Trennwände, bieten viel Stauraum und in den Zimmern werden störende Schrankecken vermieden.

Östlich der gläsernen Eingangshalle befindet sich der Arbeitsbereich. Da der Hausherr Patienten empfängt, liegt sein Arbeitszimmer im Erdgeschoss. Die Hausherrin wünschte sich dagegen einen möglichst abseits gelegenen, ruhigen Raum. Daher liegt ihr Arbeitszimmer im Obergeschoss und kann nur über eine die Eingangshalle überspannende Brücke vom Wohnhaus aus erreicht werden.

Besonderheit

Mit diesem Haus lassen sich Berufs- und Privatleben miteinander verbinden – eine zukunftsträchtige Lösung, da immer mehr Menschen ihrem Beruf auch zu Hause nachgehen. Darüber hinaus lässt es sich auch veränderten Lebenssituationen anpassen. Beispielsweise ließen sich beide Arbeitszimmer bei Bedarf in zusätzliche Kinderzimmer verwandeln oder für ältere pflegebedürftige Familienmitglieder nutzen. Zudem könnten sie durch den Einbau einer internen Treppe zu einer Einliegerwohnung zusammengefasst werden – die dafür nötigen Sanitäranschlüsse sind bereits vorhanden.

Anzahl der Bewohner:	2 Erwachsene, 2 Kinder
Grundstücksgröße:	919 m²
Wohnfläche / Nutzfläche:	151 m²/54 m² (Halle + Arbeitszimmer)
Anzahl der Vollgeschosse:	2
Unterkellerung:	ja
Jahr der Fertigstellung:	2002
Baukosten / m² Wohnfläche:	1489 Euro
Gesamtbaukosten brutto:	304 800 Euro

1 Zimmer
2 Schrankflur
3 Badezimmer
4 WC
5 Arbeitszimmer
6 Luftraum
7 Brücke
8 Loggia

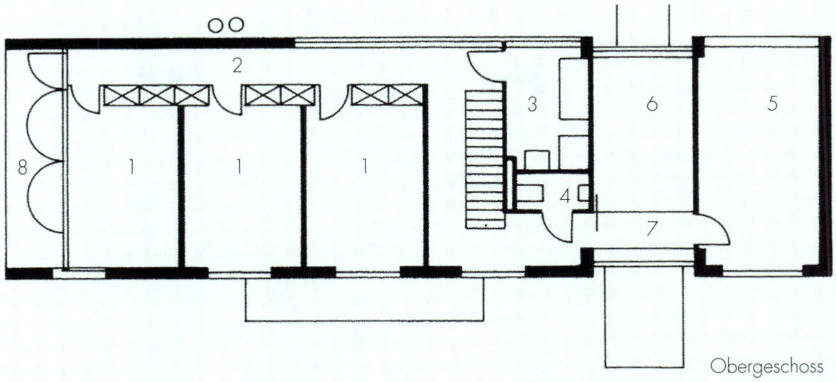

Obergeschoss

9 Wohnzimmer
10 Esszimmer
11 Küche
12 Abstellraum
13 WC/Dusche
14 Halle
15 Arbeitsraum (Kleinordination)
16 Terrasse
17 Loggia

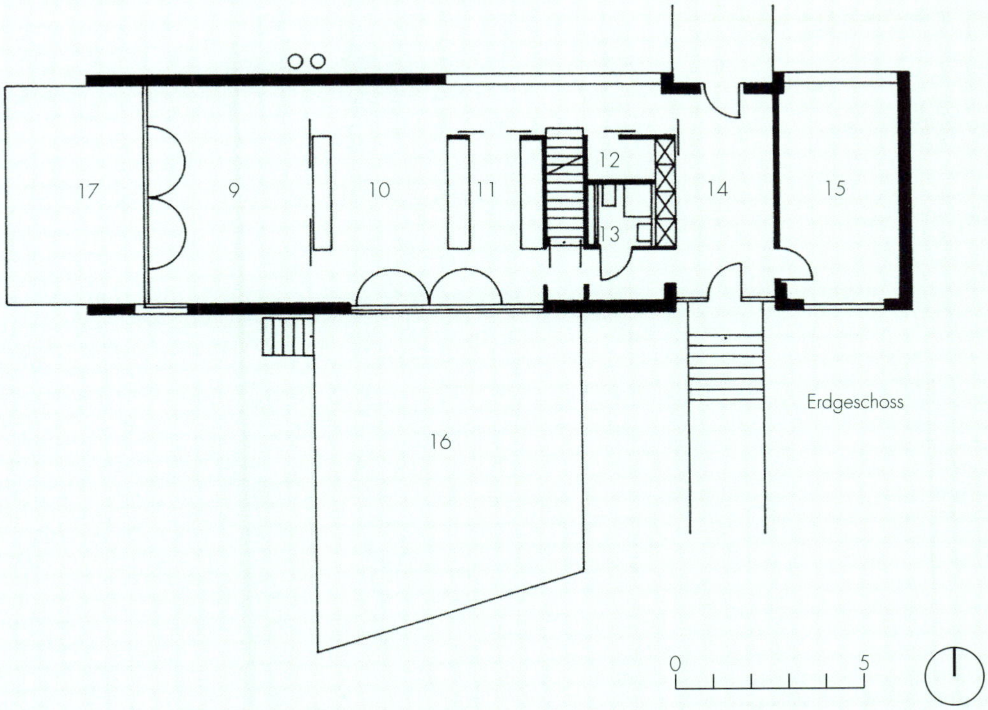

Erdgeschoss

18 Hobbyraum
19 Haustechnik, Heizung
20 Wirtschaftsraum, Waschküche
21 Abstellraum
22 Erschließung
23 Gartengeräte
24 Carport

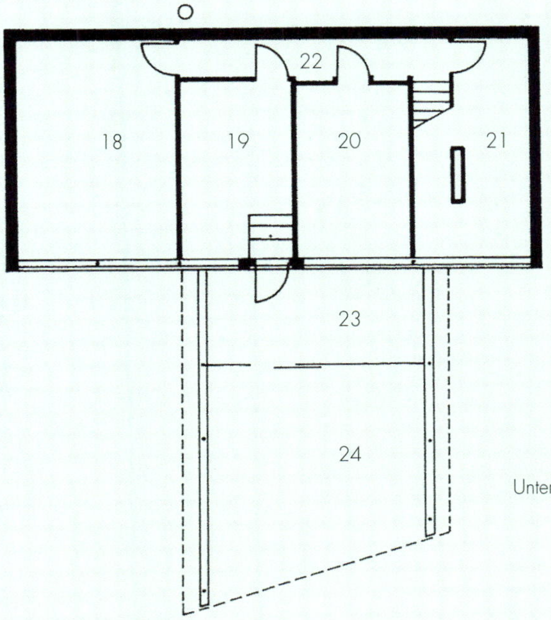

Untergeschoss

Bauen im Fenster

Wohnhaus am Stadtrand

Architekten: planinghaus architekten, Darmstadt

Lage und Ausgangssituation

In einer Villenkolonie in Stadtrandlage von Darmstadt stand ein ebenes Grundstück mit altem Baumbestand zur Verfügung. Der Bebauungsplan ließ einen Neubau innerhalb eines schmalen Streifens – dem Baufenster – zu, allerdings nur, falls der Charakter des Viertels mit den parkähnlichen Grundstücken nicht verändert würde.

Grundriss

Für die vierköpfige Familie der Bauherren entwarfen die Architekten einen lang gestreckten, zweigeschossigen Baukörper mit flach geneigtem Satteldach, der durch zwei sich aus dem Erdgeschoss heraus schiebende Quader erweitert wird. Dadurch konnten die knapp bemessenen Abstandsflächen zu den Nachbarn eingehalten werden und es ergaben sich im Außenbereich klar definierte Zonen – die geschützte Frühstücksterrasse im Süden und der durch die Carports eingefasste Eingangsbereich im Norden.

Das Erdgeschoss ist in zwei deutlich voneinander getrennte, unabhängige Bereiche gegliedert: in den offen angelegten Wohnbereich mit den Zonen Kochen, Essen und Wohnen, die sich um den zentralen Kaminblock gruppieren, und in den Arbeitsbereich mit großräumigem Büro und Bad. Diese Zonierung wird durch die einläufige Treppe an der Nahtstelle beider Bereiche noch unterstrichen. Im Obergeschoss verläuft entlang der Nordfassade ein geräumiger, natürlich belichteter Flur, von dem das Elternschlafzimmer, zwei annähernd quadratische Kinderzimmer und zwei Bäder erschlossen werden. Beim Entwurf des Untergeschosses wurde darauf geachtet, den Wurzelraum des unmittelbar an die Baugrube grenzenden Baumbestands möglichst wenig einzuengen. Besonders gelungen ist hier der Saunabereich, der über einen Tiefhof nach Süden belichtet wird.

Besonderheit

Bei diesem sinnvoll gegliederten und funktionalen Grundriss könnte der Arbeitsbereich unabhängig vom Wohnbereich zum Beispiel auch von den Großeltern als Einliegerwohnung mit Familienanschluss genutzt werden. Ein kleines und sehr nützliches Detail: Das innen liegende Fenster zwischen Küche und Windfang ermöglicht es, beim Kochen den Hauseingang und somit die ankommenden Familienmitglieder oder Gäste im Blick zu haben.

Essplatz und Wohnraum gruppieren sich um den Kaminblock, der den Raum gliedert.

Anzahl der Bewohner:	2 Erwachsene, 2 Kinder
Grundstücksgröße:	1254 m²
Wohnfläche:	196 m²
Anzahl der Vollgeschosse:	2
Unterkellerung:	ja
Jahr der Fertigstellung:	2000
Baukosten/m² Wohnfläche:	2730 Euro
Gesamtbaukosten brutto:	535000 Euro

Links: Durch die teilweise eingeschossigen Gebäudeabschnitte konnten die knappen Abstandsflächen zu den Nachbarn eingehalten werden, Ansicht von Westen.
Rechts: Übergang vom Schlafzimmer ins Bad. Auch hier wurden die Außenwände großflächig verglast.

18 Flur
19 Bad
20 Kind
21 Kind
22 Eltern

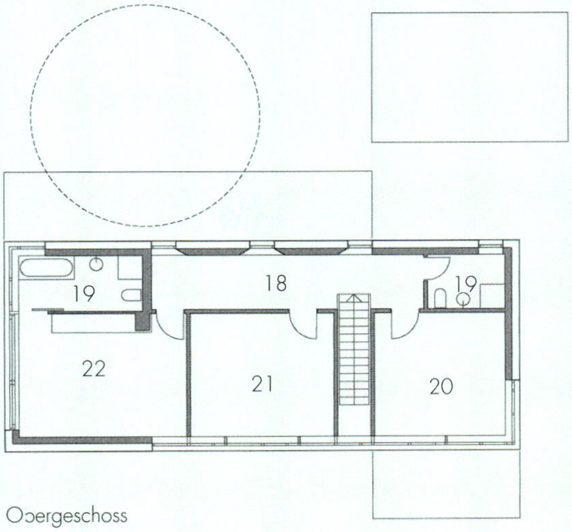

Obergeschoss

10 Arbeiten
11 Flur
12 Bad
13 Windfang
14 Küche
15 Essen
16 Wohnen
17 Carport

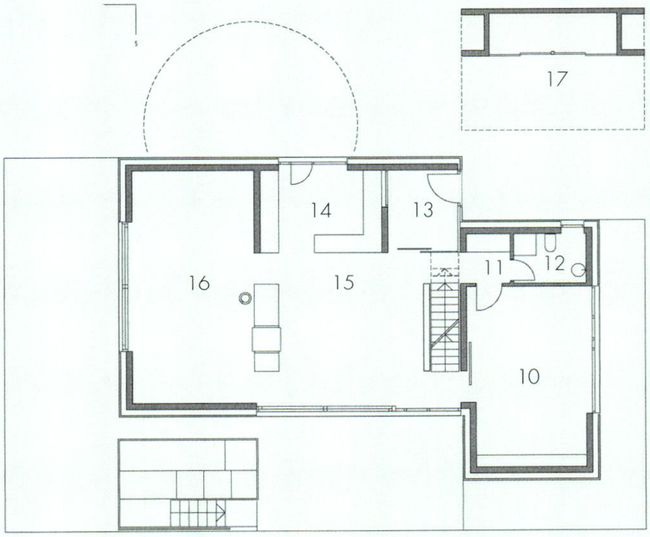

Erdgeschoss

1 Vorraum
2 Hauswirtschaftsraum
3 Hausanschlussraum
4 Kühlraum
5 Vorratsraum
6 Flur
7 Lagerraum
8 Sauna
9 Tiefhof

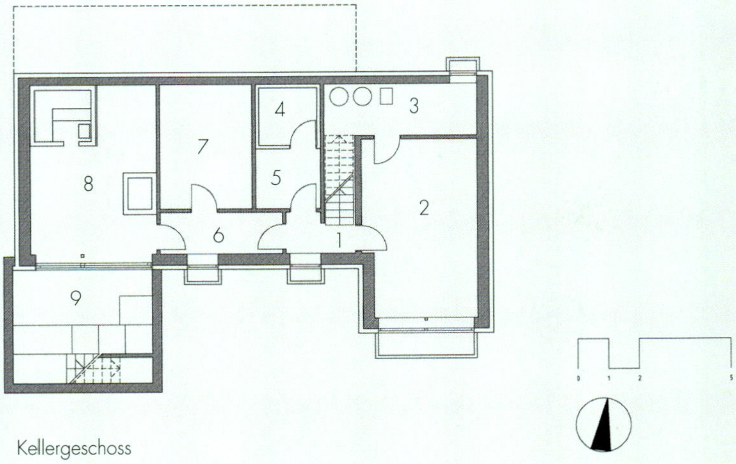

Kellergeschoss

Flexibel in die Zukunft

Doppelhaus am Wörthsee

Architekten: Gassner & Zarecky, Riemerling-München

Lage und Ausgangssituation

Auf einem nach Süden abfallenden Hanggrundstück planten zwei befreundete Familien, gemeinsam ein Doppelhaus zu bauen. Die beiden Bauherrinnen hatten zudem vor, ihr gemeinsames Büro für Multimediadesign mit Werkstätten und Besprechungsräumen in den eigenen vier Wänden zu betreiben. Die Architekten entwarfen einen lang gestreckten, zweigeschossigen Baukörper mit Pultdach, dessen Südfassade von vertikalen Bändern aus Holz und Glas bestimmt wird.

Grundriss

Bedingt durch die Hanglage konnte das Untergeschoss mit den über die gesamte Hauslänge angeordneten Büroräumen nach Süden großflächig verglast werden. Die Belichtung der hangseitig eingegrabenen Bereiche, die häufig ein Problem darstellt, erfolgt durch eine aus dem Baukörper heraus geschobene, liegende Oberlichtverglasung. Von der Südseite des Hauses aus werden sowohl das Büro im Untergeschoss als auch – über eine Außentreppe – die darüber liegenden Wohneinheiten im Erdgeschoss erschlossen: auf Wunsch der Bauherren im Sommer direkt über die Terrasse wie in südlichen Länder oft anzutreffen, im Winter über Zugänge an den Giebelseiten. Der Grundriss der beiden Wohneinheiten wurde konsequent nach den Himmelsrichtungen entwickelt, mit sämtlichen Nebenräumen und Verkehrsflächen im Norden und den Wohn-/Schlafbereichen im Süden.

Die unterschiedlichen Niveaus der Gärten sowie Stützmauern trennen die privaten Freiflächen beider Haushälften. Die Doppelhaushälften sind im Erd- und Obergeschoss überwiegend offen gestaltet und werden durch eingebaute Raumteiler mit vorgesehenen Aussparungen für Schränke oder durch einfache Wandscheiben gegliedert.

Besonderheit

Dieser Entwurf zeichnet sich durch ein hohes Maß an Flexibilität aus. Sollten sich im Laufe der Zeit die Bedürfnisse ändern und im Erd- und Obergeschoss geschlossene Räume bevorzugt werden, können auf Grund des gewählten konstruktiven Systems problemlos Leichtbautrennwände und Türen eingezogen werden. Auch das Büro im Untergeschoss könnte einer Wohneinheit allein zugeordnet, als separate Einheit betrieben, oder sogar geteilt und die jeweiligen Hälften als Kellerräume den beiden Doppelhaushälften zugeordnet werden.

Links: Vertikale Bänder aus Holz und Glas prägen die Südfassade des Doppelhauses.
Links unten sowie rechts oben und darunter: Fest eingebaute Raumteiler mit Aussparungen für Schränke sowie einfache Wandscheiben gliedern den überwiegend offenen Grundriss in verschiedene Funktionsbereiche.

Anzahl der Bewohner:	jeweils 2 Erwachsene, 1 Kind
Grundstücksgröße:	1168 m²
Wohnfläche:	132 m² pro DHH + 124 m² gewerbliche Nutzfläche
Anzahl der Vollgeschosse:	2
Unterkellerung:	ja
Jahr der Fertigstellung:	2003
Baukosten/m² Wohnfläche:	keine Angaben
Baukosten insgesamt:	keine Angaben

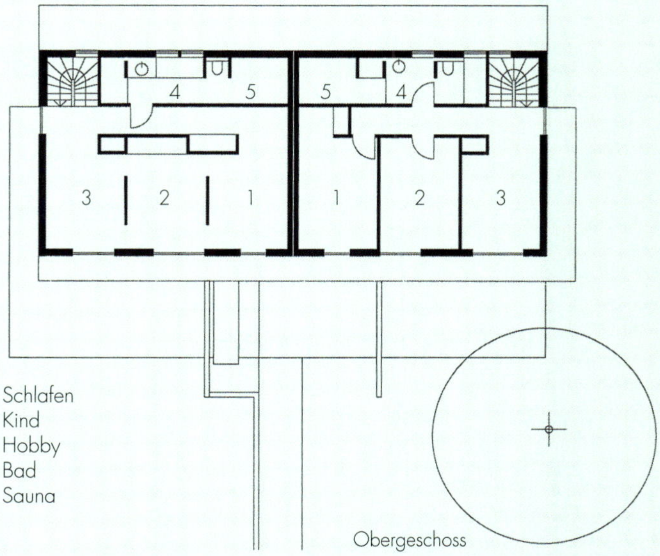

1 Schlafen
2 Kind
3 Hobby
4 Bad
5 Sauna

Obergeschoss

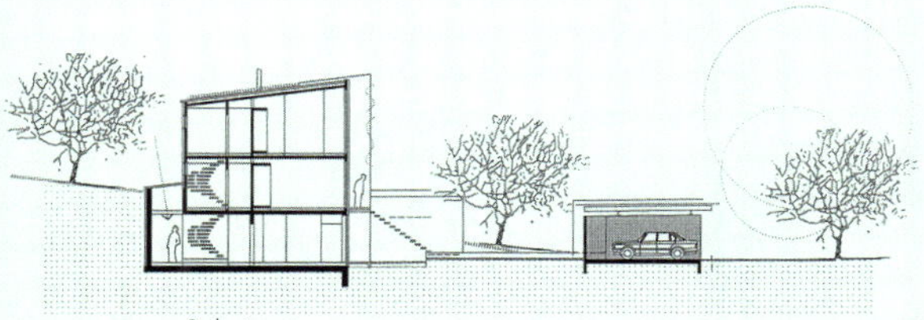

Schnitt

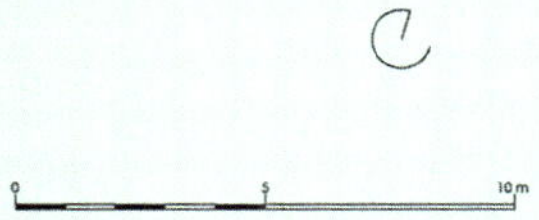

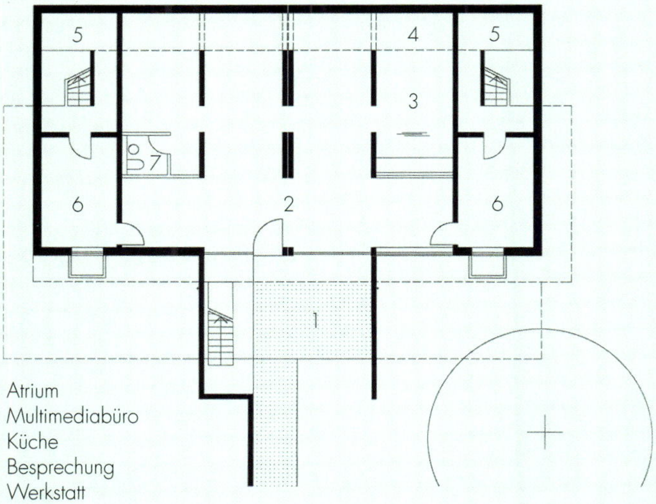

1 Atrium
2 Multimediabüro
3 Küche
4 Besprechung
5 Werkstatt
6 Technik
7 WC

Untergeschoss

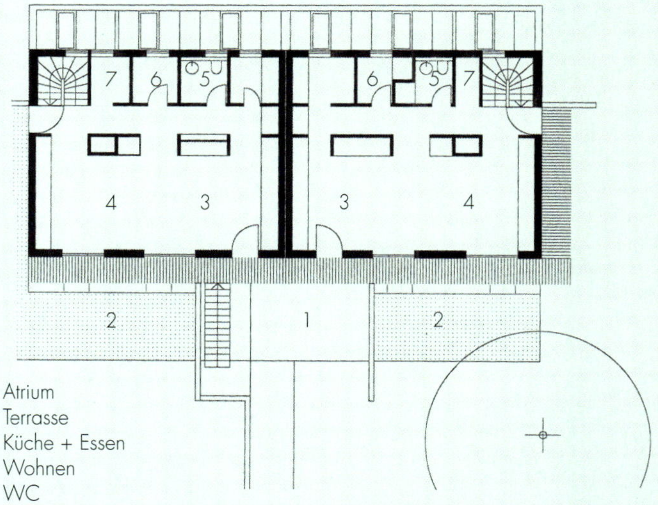

1 Atrium
2 Terrasse
3 Küche + Essen
4 Wohnen
5 WC
6 Abstellraum
7 Garderobe

Erdgeschoss

Ensemble am Weinberg

Neubau mit Büro in der Pfalz

Architekt: Thomas Fabrinsky, Karlsruhe

Lage und Ausgangssituation

Ein Hanggrundstück auf einem ehemaligen Weinberg mit weitem Ausblick über die Rheinebene und auf die Weinberge in unmittelbarer Nähe, jedoch an drei Seiten umgeben von öffentlichen Erschließungsflächen – diese Randbedingungen erforderten eine Lösung, bei der die gewünschte Öffnung des Hauses nach außen nicht zu viele Einblicke ins Innere zur Folge haben würde.

In Anlehnung an das Haus- und Hofkonzept der Pfälzer Weinbauernhöfe gliederte der Architekt das Haus in drei unabhängige Baukörper – Wohnhaus, Garage und Bürotrakt mit Gästeapartment. Dadurch und durch die Hanglage entstanden zwei auf unterschiedlichen Ebenen liegende Erschließungshöfe.

Grundriss

Im vorderen, in grauem Sichtbeton gehaltenen Gebäudeabschnitt mit schmalen, liegenden Fensterbändern ist ebenerdig das Büro des Bauherrn und im darunter liegenden Geschoss das Gästeapartment untergebracht. Hinter der kühlen, nach außen abweisend wirkenden Fassade liegt der Eingangshof, der im Norden durch das Garagenhaus begrenzt wird. Über diesen Hof wird sowohl das Wohngebäude – im Gegensatz zum Vorderhaus in freundlich-weißem Verputz – als auch das Büro erschlossen. Zum darunter liegenden Gästeapartment mit separatem Eingang gelangt man über eine Außentreppe und den tiefer liegenden Hof des Gartengeschosses.

Betritt man das Wohngebäude, steht man unvermittelt im nach Osten vollflächig verglasten Esszimmer mit Blick auf die Weinberge. Eine quer verlaufende Treppe trennt den Essbereich mit eingestellter Kochinsel vom geschlosseneren Wohnbereich ab. Das gesamte Erdgeschoss von 112 Quadratmetern wird vom Flachdach stützenfrei überspannt, was wesentlich zu dem großzügigen Raumeindruck beiträgt. Zudem trennt ein umlaufendes Oberlichtband aus Glas das Dach vom Baukörper, wodurch der Raum transparent und im wahrsten Sinn des Wortes unbeschwert wirkt. Im darunterliegenden und ebenfalls vollflächig verglasten Gartengeschoss trennt die Treppe den Bereich für die Eltern von dem des halbwüchsigen Sohnes. Sollte der Sohn in einigen Jahren das Gästeapartment des Nebengebäudes beziehen, wird der frei werdende Bereich, in dem bereits eine Sauna eingebaut ist, in ein kleines Fitnesszentrum umgewandelt.

Besonderheit

In diesem maßgeschneiderten Ensemble wurden unterschiedliche Funktionen bewusst separaten Gebäuden zugewiesen. Wohn-, Arbeits- und Gästebereich liegen nahe zusammen, sind trotzdem unabhängig und ohne direkten Blickbezug zueinander. Die beiden Höfe zwischen den einzelnen Gebäuden bieten im Gegensatz zum Garten sehr geschützte und private Freiräume.

Anzahl der Bewohner:	2 Erwachsene, 1 Kind
Grundstücksgröße:	1148 m²
Wohnfläche:	208 m² + 35 m² (Büro)
Anzahl der Vollgeschosse:	2
Unterkellerung:	Teilbereiche durch Hanglage
Jahr der Fertigstellung:	2002
Baukosten / m² Wohnfläche:	1852 Euro
Gesamtbaukosten brutto:	559 200 Euro

Unten links: Blick auf das Gebäudeensemble von Süden: links in grauem Sichtbeton das Bürohaus mit Gästeapartment, rechts das weiß verputzte Wohnhaus.
Unten: Ansicht des Wohnhauses vom Garten. Durch die großflächige Verglasung blickt man auf die umliegenden Weinberge.

1 Küche
2 Essen
3 Wohnen
4 WC
5 Nebenraum
6 Garage
7 Hof/Erdgeschoss
8 WC
9 Büro
10 Luftraum

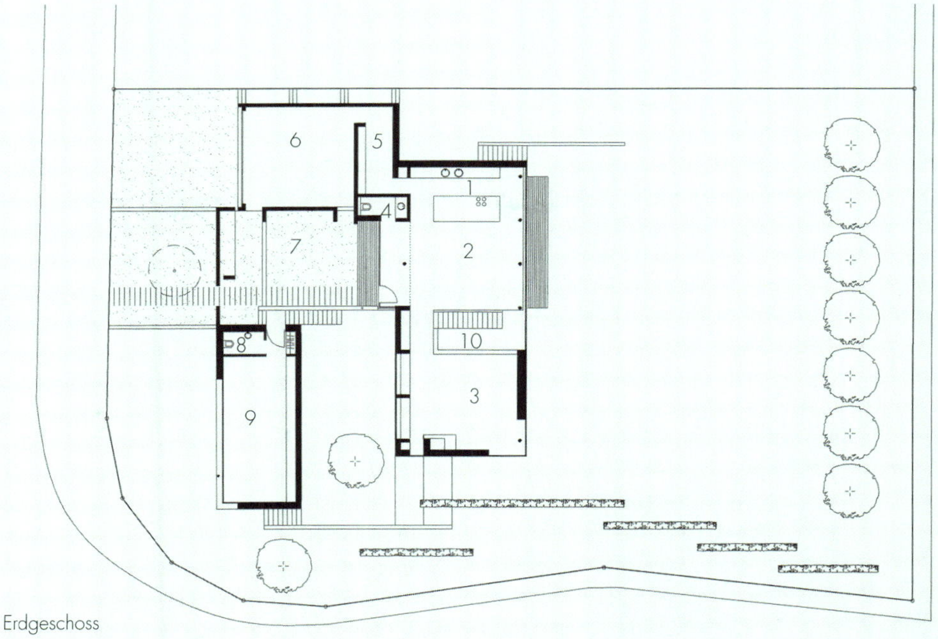

Erdgeschoss

11 Schlafen
12 Ankleide
13 Bad
14 Waschküche
15 Diele
16 Kind
17 Bad
18 Sauna
19 Gast
20 Garderobe/Pantry
21 Bad
22 Heizung
23 Hof/Gartengeschoss

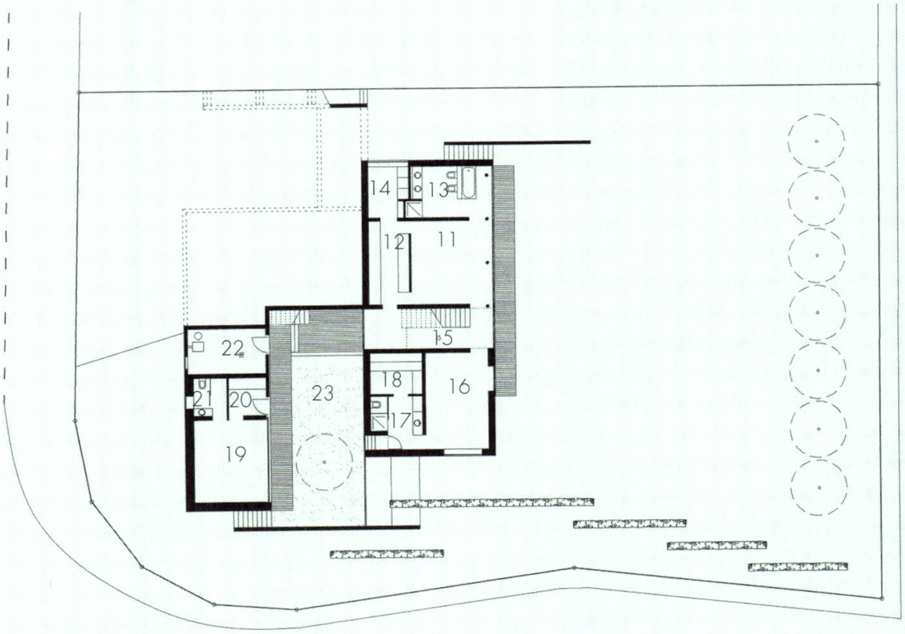

Gartengeschoss

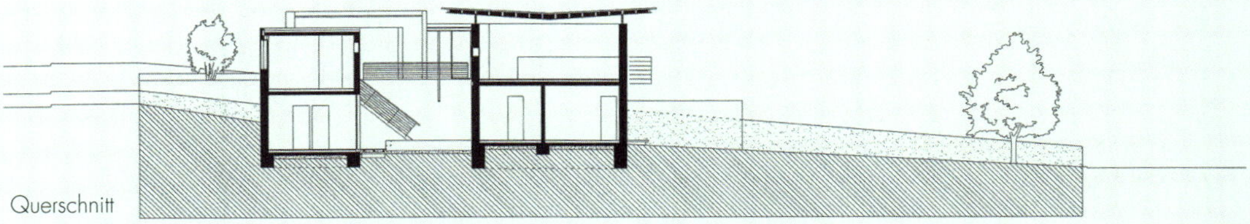

Querschnitt

Weit geblickt

Villa

Architekten: von Gerkan, Marg und Partner, Hamburg
Entwurf: Meinhard von Gerkan

Oben: Der würfelförmige Baukörper am Steilhang über der Elbe.
Mitte: Vom Eingang blickt man durch den zweigeschossigen Wohnbereich hindurch auf den Hamburger Hafen.
Unten: Die ovale Treppe ist optischer und funktionaler Mittelpunkt des Hauses.

Lage und Ausgangsituation

In wenigen Schritten vom Arbeitsplatz nach Hause zu gehen ist eine ebenso bequeme wie Zeit sparende Angelegenheit. Das Grundstück mit dem Bürohaus des Architekten bot noch genügend Platz für ein geräumiges Wohnhaus daneben. Die Ausrichtung des Gebäudes ergab sich auf Grund der Lage beinahe von selbst: Im Norden führt die viel befahrene Elbchaussee vorbei, nach Süden fällt das Grundstück zur Elbe hin steil ab und bietet einen weiten Blick auf den Hamburger Hafen.

Grundriss

Um in die viergeschossige Villa eine Einliegerwohnung integrieren zu können, wurden zwei Eingänge vorgesehen. Vom Vorplatz aus, der auch das Architekturbüro erschließt, führt eine Außentreppe auf die Wohnebene im ersten Obergeschoss, ein Nebeneingang erschließt zusätzlich das Hanggeschoss. Für den Entwurf bestimmend war der gewünschte Blickbezug vom Eingang aller Ebenen quer durch das Haus hindurch zur Elbe, er leitet geradewegs in den zweigeschossigen Bereich zwischen Wohn- und Esszimmer. In der Mitte dieser Nord-Süd-Achse führt durch alle Stockwerke eine ovale Treppe, um die sich die einzelnen Räume gruppieren. Sämtliche Wohnräume öffnen sich nach Süden, die Nebenräume sind dagegen zur überwiegend geschlossenen Nordseite orientiert.

Die Raum-zu-Raum-Erschließung auf der Wohnebene erscheint wie selbstverständlich. Beginnend bei der Eingangshalle gelangt man in die Bibliothek, in den Wohnraum und ins Esszimmer. Die Lage von Küche und Hauswirtschaftsraum zwischen Essplatz und Eingang erleichtert die täglichen Abläufe, vom Verstauen der Einkäufe übers Kochen und Tischdecken. Ein weiterer Vorteil dieser kreisförmigen Erschließung: Die beiden kleineren Kinder toben sich hier gerne in einem großen Rundlauf aus. Das Konzept der mittig eingestellten Treppe erlaubt auch separat angelegte Privaträume, die dann jedoch wie im Hanggeschoss – dem Reich der vier Kinder – über einen Flur erschlossen werden. Zwei der Kinderzimmer können durch das Öffnen von Schiebetüren zu einem großen Spielzimmer verbunden werden.

Im Untergeschoss ergeben die nach Süden orientierten Bereiche eine geräumige Einliegerwohnung für die Gäste der Familie. Das Dachgeschoss ist den Eltern vorbehalten, hier grenzt an den Arbeitsraum eine dreiseitig sichtgeschützte Dachterrasse.

Besonderheit

Funktionaler wie optischer Mittelpunkt ist die ovale Treppe – sie gibt die Bewegungsrichtung im gesamten Haus vor. Auf Rundwegen erschließen sich in logischer Abfolge Raumbereiche mit unterschiedlichem Charakter. Die vorderen Wohnräume mit ihren Balkonen und der Dachterrasse bieten einen Panoramablick auf die Elbe, doch auch die Räume in der Mittelzone des Hauses profitieren durch Vorsprünge in der Fassade von Südsonne und Ausblick. Durch die beiden separaten Zugänge lässt sich die Villa bei Bedarf ohne großen Aufwand in unterschiedlich große Wohneinheiten aufteilen.

Anzahl der Bewohner:	2 Erwachsene + 4 Kinder
Grundstücksgröße:	keine Angabe
Wohnfläche/Nutzfläche:	480 m²
Anzahl der Vollgeschosse:	2 + DG + UG
Unterkellerung:	nein
Jahr der Fertigstellung:	1992, Fassadenneugestaltung 1999
Baukosten/m² Wohnfläche:	keine Angaben
Gesamtbaukosten:	keine Angaben

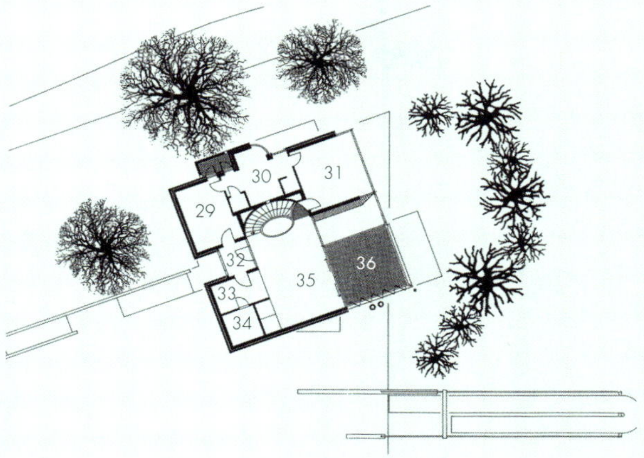

Dachgeschoss
29 Ankleidezimmer
30 Bad
31 Schlafzimmer
32 Flur
33 Ankleidezimmer
34 Sauna
35 Arbeitsraum
36 Dachterrasse

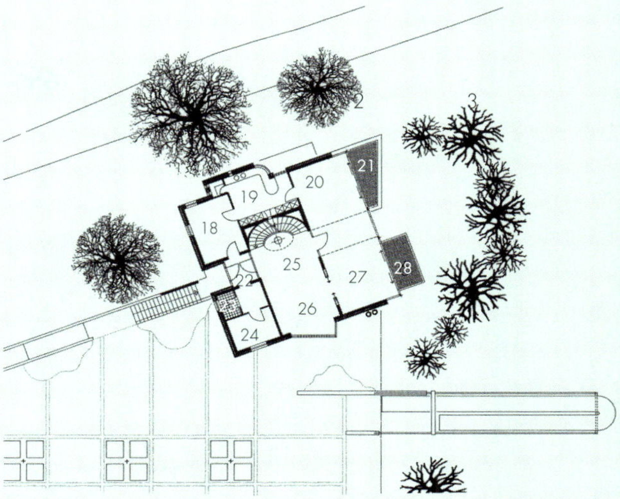

Obergeschoss
18 Hauswirtschaftsraum
19 Küche
20 Esszimmer
21 Balkon
22 Windfang/Garderobe
23 WC
24 Gästezimmer
25 Halle
26 Bibliothek
27 Wohnzimmer
28 Balkon

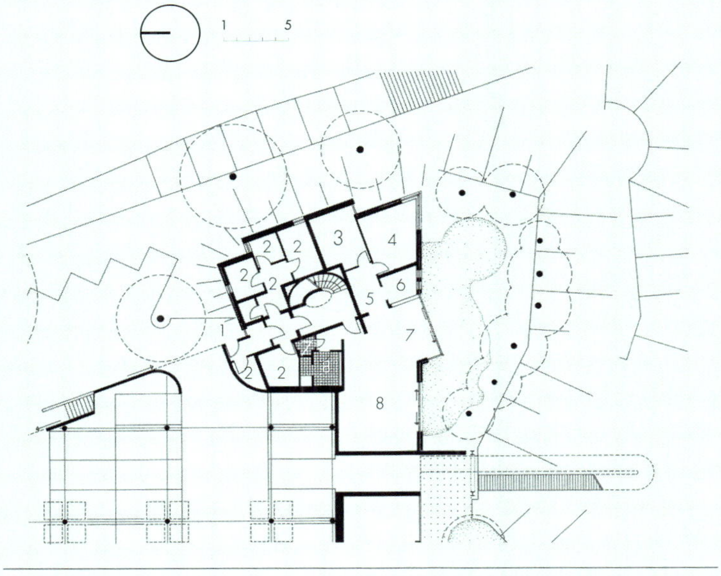

Untergeschoss mit Einliegerwohnung
1 Eingang
2 Kellerräume
3 Gäste-/Kinderzimmer
4 Schlafzimmer
5 Flur
6 Küche
7 Essbereich
8 Wohnzimmer

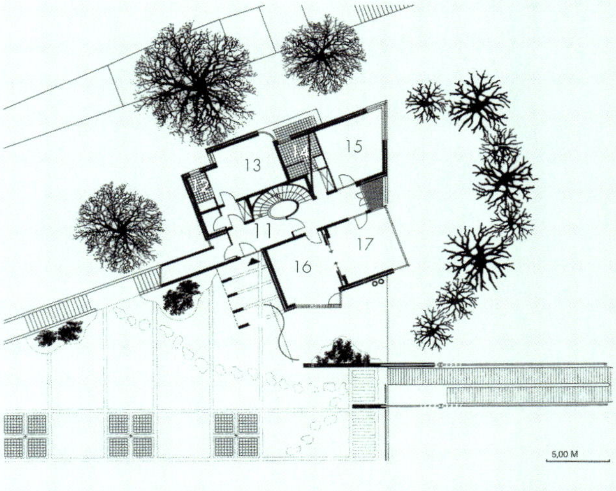

Hanggeschoss
11 Flur
12 Bad
13 Kinderzimmer
14 Bad
15 Kinderzimmer
16 Kinderzimmer
17 Kinderzimmer

Logenplatz zu vergeben

Einfamilienhaus in Österreich

Architekt: k_m architektur Daniel Sauter, Bregenz und Lindau

Lage und Ausgangsituation

Bei einer derart privilegierten Lage – am Waldrand mit unverbaubarem Blick nach Südwesten auf die österreichischen und schweizerischen Berge – bot es sich geradezu an, das Haus großflächig zu verglasen. Dem in nur drei Tagen aus Holzfertigteilen errichteten Baukörper stellte der Architekt im Osten eine schützende Wandscheibe aus Sichtbeton vor, die über verschieden große Öffnungen wirkungsvolle Ausblicke zum Wald inszeniert. Das vorgeschobene Obergeschoss stützt sich auf einen Betonbügel, der weit hervorspringt und den schwebenden Charakter des Hauses unterstreicht.

Grundriss

Damit die Bauherren die spektakuläre Aussicht uneingeschränkt genießen können, legte der Architekt die Wohnräume ins Obergeschoss. Im Erdgeschoss wurden dagegen ein geräumiges Büro, das auch als Musikzimmer genutzt wird sowie eine Sauna und einige Nebenräume untergebracht. Die zweiläufige Treppe ermöglicht durch die Verglasung nach Osten und Westen beim Hinauf- oder Hinuntergehen abwechselnd den Blick auf die Berge oder den Wald.

Im Obergeschoss erstreckt sich der nach Westen orientierte offene Wohnbereich über die gesamte Hausbreite. Eine durchlaufende Schiene an der Decke ermöglicht es, einen Vorhang an jede Stelle des Wohnbereichs zu verschieben, die verschattet oder vor Einblicken von außen geschützt werden soll. Wohn- und Essbereich werden durch einen zweiseitig offenen Kamin zoniert. Eine kleine Speisekammer wiederum trennt den Essbereich von der Küche, die wie die Wohnzimmermöbel in Nussbaumholz ausgeführt ist und somit zum Bestandteil des Wohnbereichs wird. Im Obergeschoss gibt es zwei Erschließungswege: einen entlang der Glasfassade und einen entlang der gegenüber liegenden Räume – Schlafzimmer, Kinderzimmer und Bad.

Da die ausgedehnten Fensterfronten nur wenig Raum für Schrank- oder Regalflächen übrig ließen, wurde die Inneneinrichtung zum wichtigen Bestandteil des Grundrisskonzepts: Raumhohe Einbauschränke wie beispielsweise zwischen Wohnbereich und Schlafzimmer bieten viel Stauraum und dienen gleichzeitig als Raumteiler – der Einbauschrank zwischen Küche und Kinderzimmer ist sogar von beiden Seiten aus zugänglich.

Auf Wunsch der Bauherren wird das Kinderzimmer von der Küche aus erschlossen. Diese ungewöhnliche Raumzuordnung hat bei kleinen Kindern einen großen Vorteil: Sie können gefahrlos in unmittelbarer Nähe der Mutter spielen, während diese in der Küche zu tun hat. Im vorliegenden Beispiel ist vorgesehen, später einmal dem Kind den Büroraum im Erdgeschoss zu überlassen – die Sanitärinstallation für ein Bad ist im Abstellraum bereits vorbereitet – und das Büro dann ins Obergeschoss zu verlegen.

Besonderheit

Durch den hohen Anteil an verglasten Flächen – das Obergeschoss ist beispielsweise mit Ausnahme der von der Wandscheibe geprägten Ostfassade rundum verglast und selbst die Terrassenbrüstung ist durchsichtig – ist das Gebäude außergewöhnlich transparent. Auf private Rückzugsmöglichkeiten legten die Bauherren, wie auch an der offenen Konzeption der Geschosse erkennbar ist, weniger Wert. Dafür erfolgt der Übergang vom Innen- zum Außenraum für die Bewohner beinahe unmerklich, sie können die Natur in fast jedem Winkel des Hauses erleben.

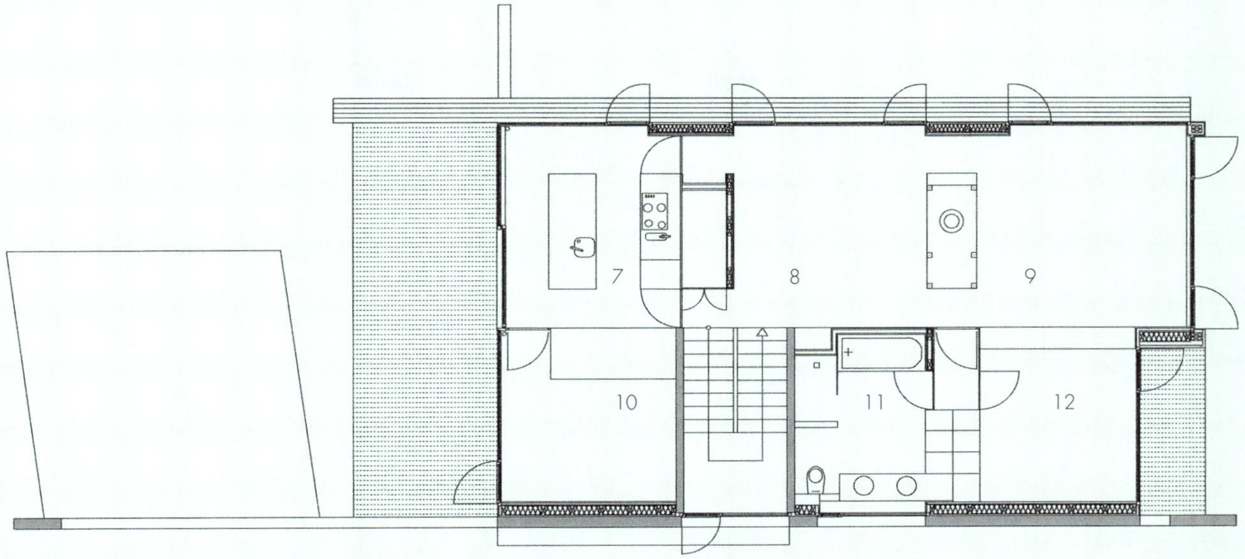

Obergeschoss

1 Diele
2 Büro
3 Sauna
4 WC
5 Technik
6 Abstellraum
7 Küche
8 Essen
9 Wohnen
10 Kind
11 Bad
12 Schlafen

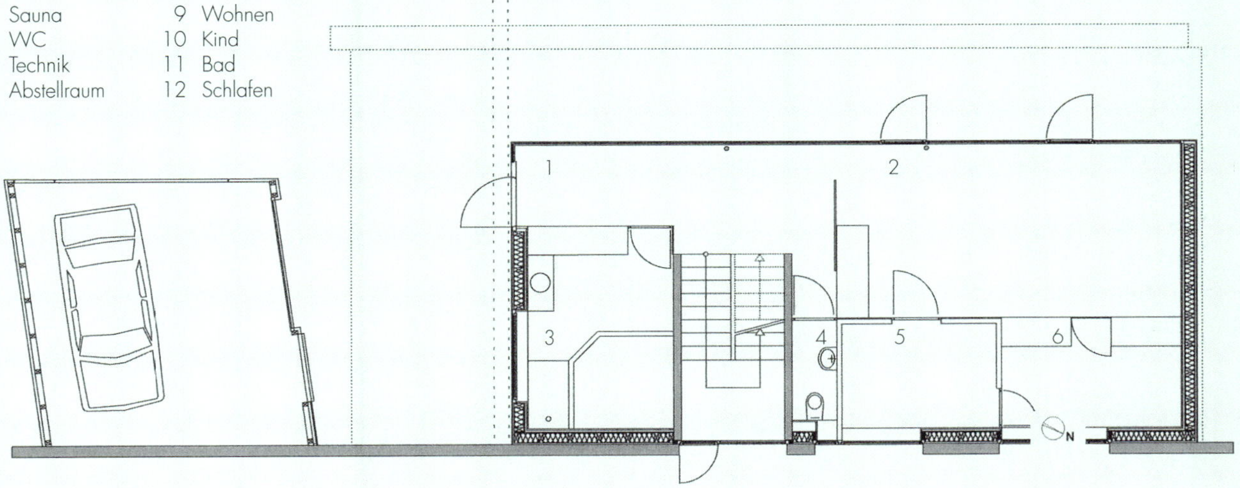

Erdgeschoss

Anzahl der Bewohner:	2 Erwachsene, 1 Kind
Grundstücksgröße:	1000 m²
Wohnfläche:	170 m² (inkl. Büro)
Anzahl der Vollgeschosse:	2
Unterkellerung:	nein
Jahr der Fertigstellung:	2002
Baukosten/m² Wohnfläche:	keine Angaben
Gesamtbaukosten:	keine Angaben

Rechts: Das halbhohe Fenster auf der Nordseite fasst zusammen mit der Schrankwand den Wohnraum ein.
Linke Seite: Nach Westen und Süden öffnet sich das Haus zum Ausblick auf die Berge. Nach Osten erlaubt die Wandscheibe aus Sichtbeton begrenzte Ausblicke auf den Wald.

Wohnen und Entspannen

Der Wunsch, im Urlaub oder am Wochenende dem Alltagstrott zu entfliehen, ist für manche Menschen eng mit dem Wunsch nach einer eigenen Ferienwohnung oder einem eigenen Ferienhaus verbunden. Gerade wer den Gegensatz zum Trubel einer Großstadt sucht, wird ein kleines Haus in ruhiger, ländlicher Umgebung schätzen.

Ferienhäuser sind kleine Eigenheime, die zusätzlich zum ständig bewohnten Haus oder der Wohnung gebaut werden. Da sie in aller Regel nur zeitweise genutzt werden, müssen sie nicht denselben Anforderungen genügen wie ständig bewohnte Häuser. Sie sind kleiner als Einfamilienhäuser und alle funktionalen Bereiche sowie die fürs tägliche Leben notwendigen Utensilien vom Kochgeschirr über Bücher bis zur Kleidung müssen auf begrenztem Raum untergebracht werden – ein Leben im Mikrokosmos. Ein offener Grundriss bietet sich hier geradezu an, da die damit verbundene Raum-zu-Raum-Erschließung Verkehrsflächen spart. Das Fehlen separater Privaträume, das bei manchen Lösungen in Kauf genommen wird, spielt im Urlaub, den man gemeinsam verbringen möchte, eine geringere Rolle als im Alltag, zumal sich viele der Freizeitaktivitäten in der Regel außer Haus abspielen. Das Raumangebot sollte einen Wohnbereich, die Küche – sie kann kleiner als gewohnt ausfallen, da im Urlaub weniger Kochutensilien benötigt werden und auch das Bewirten von Gästen häufig entfällt – und je nach Anzahl der Nutzer ein oder mehrere Schlafzimmer oder Schlafbereiche einschließen. Für sportlich ambitionierte Urlauber sollte natürlich auch Platz – sei es im Keller oder ebenerdig – für die Sportgeräte vorhanden sein.

Im folgenden Kapitel werden verschiedene Modelle vorgestellt, vom Einraum-Häuschen im Schrebergarten bis zum mehrgeschossigen Ferienhaus mit Arbeitsraum. Charakteristisch für alle ist der offene Grundriss und die großflächige Fassadenöffnung zur Natur ringsum – ideale Orte zum Entspannen.

Haus auf Reisen

Ferienhaus am Berghang für zwei Personen

Architekten: Weickenmeier Kunz + Partner, München

Oben: Sämtliche Bauteile eines zuvor abgerissenen Ferienhauses wurden für dieses Haus wiederverwendet, Ansicht von Nordosten.
Unten: Die überdachte Terrasse lässt sich über Schiebeläden seitlich schließen, sodass ein geschützter Freibereich entsteht.
Rechts unten: Das Obergeschoss besteht aus einem einzigen Raum. Die großen Fenster an den Stirnseiten und die durchlaufenden Fensterbänder an den Längsseiten erlauben abwechslungsreiche Ausblicke auf die Berglandschaft.

Lage und Ausgangssituation

Gerade war an Stelle eines verfallenen, mitten in einem Wald gelegenen Häuschens ein neues Holzhaus mit steilem Satteldach gebaut und Richtfest gefeiert worden, als sich das Grundstück wegen des mit Schadstoffen belasteten Bodens als unbewohnbar erwies. Nach reiflicher Überlegung erwarben die Bauherren daraufhin in den bayerischen Voralpen ein Hanggrundstück und ließen sich dort ein neues Holzhaus errichten, bei dem alle Bauteile des gerade fertig gestellten Hauses wieder verwendet wurden. Gemäß der ortstypischen, überwiegend zweigeschossigen Bauweise erhielt dieses Haus allerdings ein flacher geneigtes Satteldach und zwei Vollgeschosse.

Grundriss

Auf einem Sockelgeschoss aus Stein mit Garage, Saunabereich, Gästezimmer und Lager, dem ein pultgedeckter Anbau zur Erschließung vorgelagert ist, steht das eigentliche zweigeschossige Holzhaus. Da dieses Ferienhaus für ein Ehepaar gedacht war, dessen Kinder bereits aus dem Hause sind, bot sich als Grundkonzept ein einfacher, offener Grundriss an. Das Erdgeschoss mit dem kombinierten Koch-/Ess-/Wohnbereich bietet direkten Zugang zu einer nach Südwesten orientierten Terrasse. Im zum Dach hin offenen Obergeschoss, das komplett als Galerie mit Lufträumen zu beiden Seiten ausgebildet ist, hat man einen beinahe unverstellten Blick von Giebelseite zu Giebelseite und durch deren großflächige Fenster auf die Berge. Tageslicht fällt auch durch die Fensterbänder an beiden Längsseiten. Der nach Südwesten orientierte Balkon wird durch den ausladenden Dachüberstand geschützt, gleichzeitig überdacht er die darunter liegende Terrasse.

Ein schönes Detail sind die bis zum Boden reichenden Fensterläden von Küche und Essbereich: Sie lassen sich entlang von Führungsschienen über die Hauskante hinaus verschieben und fassen dann die Terrasse seitlich ein. Das Haus wird so zum Hang hin in den Außenraum verlängert und bietet einen erweiterten Wohnbereich im Freien.

Besonderheit

Der offene Grundriss ohne Einzelräume ermöglicht zusammen mit den großzügig dimensionierten Fensteröffnungen ringsum Ausblicke in die Berglandschaft. Zugleich sorgt das Holz im Innenraum für eine Raumatmosphäre, die an Berghütten erinnert. Die Verwendung von Holz als Baumaterial machte auch möglich, was mit Stein undenkbar gewesen wäre: den Abbau des ursprünglichen Hauses mit anschließendem Wiederaufbau in neuer Umgebung unter Berücksichtigung der örtlichen Bauweise und eines erweiterten Raumprogramms.

Anzahl der Bewohner:	2 Erwachsene
Grundstücksgröße:	483 m²
Wohnfläche:	160,35 m²
Anzahl der Vollgeschosse:	2
Unterkellerung:	ja
Jahr der Fertigstellung:	2003
Baukosten/m² Wohnfläche:	1206 Euro
Gesamtbaukosten brutto:	171 520 Euro

Obergeschoss
6 Schlafraum
7 Luftraum
8 Balkon

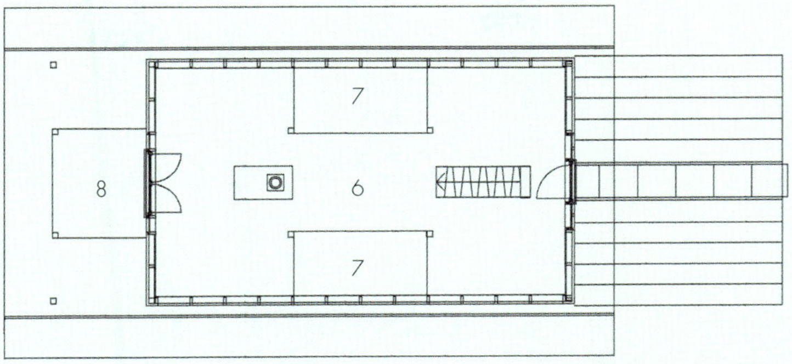

Erdgeschoss
1 Wohnraum
2 Küche
3 Bad
4 Ankleide
5 Terrasse

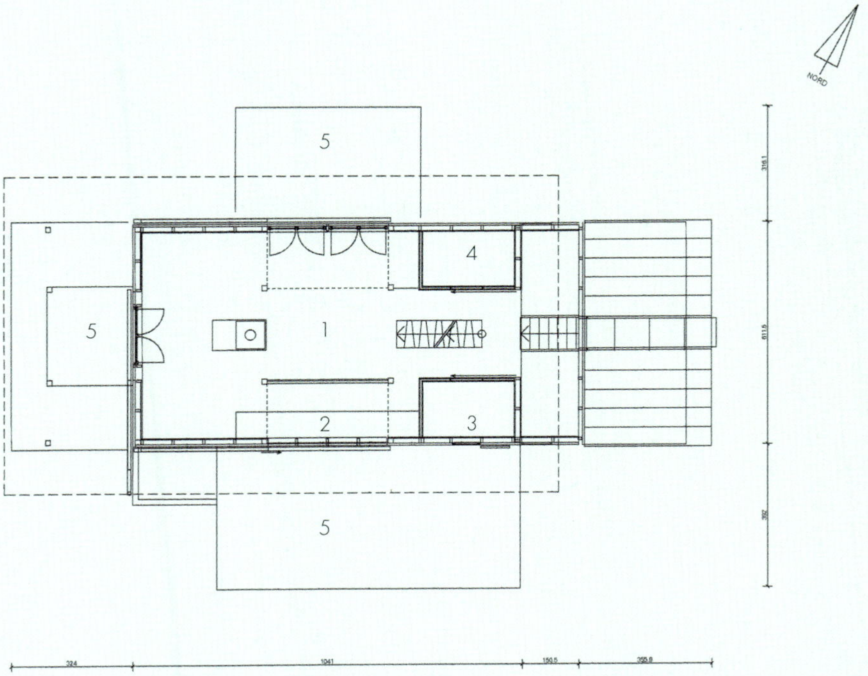

Untergeschoss
9 Gast
10 Halle
11 Lager
12 Dusche/WC
13 Sauna

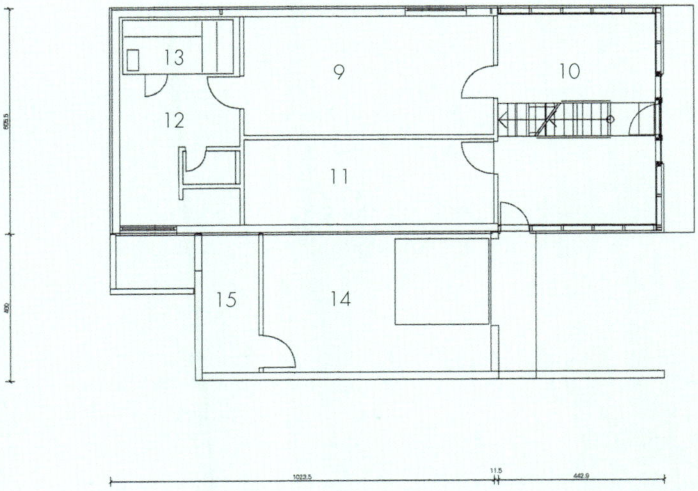

Aus Alt mach Neu

Ausbau und Erweiterung eines alten Bauernhauses

Architekten: Berschneider + Berschneider, Pilsach/Neumarkt

Lage und Ausgangssituation

Ausspannen im Altmühltal – diesen Wunsch wollte sich der Auftraggeber mit einem eigenen Feriendomizil erfüllen. Er entdeckte ein kleines, etwa 140 Jahre altes so genanntes Hütehäuschen, das aus einem einzigen Zimmer bestand. Darin wohnte einst eine Frau, die das Vieh der Dorfbewohner von Dietfurt hütete. Ein kleiner Anbau diente als Stall. Das nicht mehr bewohnte Häuschen hatte es dem Bauherrn wegen seiner idyllischen Lage angetan. Es war jedoch eine komplette und aus Gründen des Denkmalschutzes sorgsame Sanierung nötig – der alte Bestand musste wegen der geringen Grundfläche von nur 45 Quadratmetern erweitert, der Dachstuhl angehoben und der Innenraum völlig neu strukturiert werden.

Grundriss

Die Idee bestand darin, möglichst große Teile der Bausubstanz zu erhalten und gleichzeitig die nutzbare Wohnfläche zu vergrößern. Der ehemalige Stall wurde abgerissen und an dessen Stelle ein kleiner Anbau mit einer Grundfläche von knapp 23 Quadratmetern angefügt. Er nimmt im Erdgeschoss den Eingang mit der Garderobe, einen Nebenraum sowie die Küche mit dem Essplatz auf. Von hier führt ein Durchgang in den Altbau, der nur aus dem Wohnraum besteht. Da auch die ursprünglichen Fensteröffnungen in Form und Größe erhalten werden sollten, wurde der Wohnraum über eine großflächige Öffnung der Außenwand durch einen Wintergarten erweitert. So fällt deutlich mehr Licht ins Innere und der Raum wirkt großzügiger. Um den neu eingefügten offenen Kamin herum führt die Treppe in das Dachgeschoss. Hier findet sich eine Galerie mit Luftraum zum Wohnbereich sowie im Anbau das Schlafzimmer und das Bad.

Besonderheit

Der Charme dieses Häuschens liegt zum einen in der historischen Bausubstanz und zum anderen in der Verwendung heimischer Materialien wie Holz und Jura-Kalkstein. Durch die Raum-zu-Raum-Erschließung konnte auf Erschließungsflure grundsätzlich verzichtet und so dem kleinen Haus maximal viel Wohnraum abgewonnen werden – eine Lösung, die sich für ein Ferienhaus besonders anbietet.

Anzahl der Bewohner:	2 Erwachsene
Grundstücksgröße:	500 m²
Wohnfläche:	85 m² (Altbau 45 m²)
Anzahl der Vollgeschosse:	1 + DG
Unterkellerung:	nein
Jahr der Fertigstellung:	2000
Baukosten/m² Wohnfläche:	1470 Euro
Gesamtbaukosten brutto:	155 000 Euro

Links, rechts und rechte Seite: Das 140 Jahre alte Haus wurde mit Rücksicht auf den Denkmalschutz sorgsam saniert und die historische Bausubstanz innen wie außen zum Teil sichtbar belassen. Der Wohnraum erhielt durch den Anbau eines Wintergartens einen hellen und freundlichen Charakter.

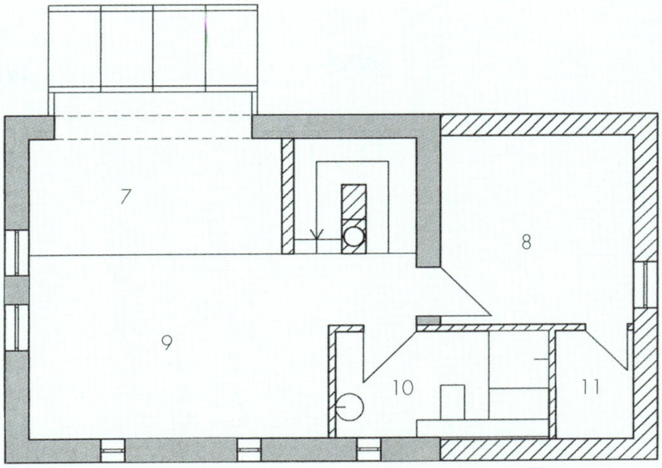

Obergeschoss

1 Wintergarten
2 Wohnen
3 Kamin
4 Küche
5 Windfang/Garderobe
6 Kammer
7 Luftraum
8 Schlafen
9 Galerie
10 Bad
11 Ankleide

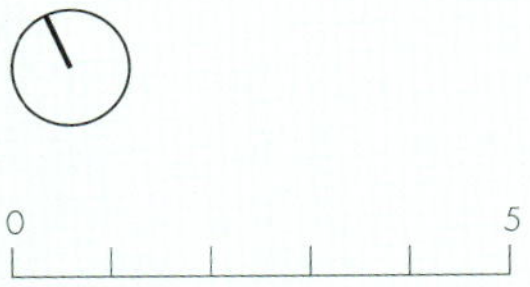

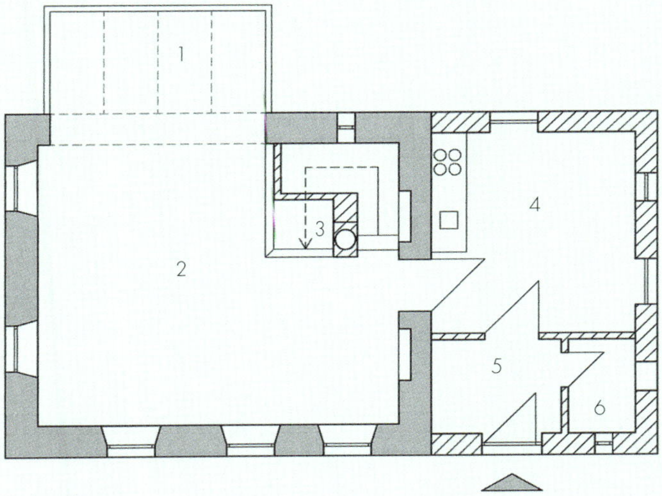

Erdgeschoss

Klein aber fein

Sommerhaus im Schrebergarten

Architekten: Grollmitz-Zappe Architekten, Berlin

Lage und Ausgangssituation

Eine junge Familie mit zwei kleinen Kindern, die in Berlin lebt, wollte sich für die Wochenenden und die Sommerferien als Gegenpol zum großstädtischen Trubel eine Oase der Ruhe schaffen, ohne weit fahren zu müssen. Der Architekt errichtete daher auf der Parzelle einer Kleingartenanlage in Holzrahmenbauweise ein kleines Sommerhaus, das wirkt, als schwebe es über dem Boden. Die vordere Fassade ist verglast und mitsamt dem Vordach nach innen geknickt. Mit einladender Geste öffnet sie sich zum Garten hin und schafft so einen scheinbar nahtlosen Übergang vom Innenraum zum Grünen. Verstärkt wird diese Geste noch durch die breite Holztreppe, die auf die Veranda führt, von der – wie in südlichen Ländern häufig anzutreffen – das Häuschen erschlossen wird.

Grundriss

Die Bauherren wünschten sich – bedingt durch das knappe zur Verfügung stehende Budget – einen voll funktionsfähigen Grundriss auf kleinstem Raum. Daher mussten die Architekten mit einer Grundfläche von 7,5 x 7,5 Metern inklusive Veranda auskommen. Die Raumaufteilung ist klar und symmetrisch. Ein zentraler Wohnraum wird an der Rückwand von einer Küchenzeile und beidseitig von je zwei kojenartigen Räumen eingefasst, in denen Schlafnischen und das Bad untergebracht sind. Die drei Schlafkojen bieten jeweils Platz für ein einzelnes Bett oder – wie die Koje der Kinder – für zwei Betten übereinander. Der Wohnraum wird durch die zur Westseite verglaste Außenwand und eine mittige Oberlichtkuppel von Licht durchflutet. Er lässt sich bei schönem Wetter über große Schiebetüren um die Veranda erweitern, wodurch der Eindruck eines großzügigen Raums entsteht, verstärkt noch durch den sich nach außen fortsetzenden Holzdielenboden. Schmale Fenster zu den Seiten und ein etwas größeres an der rückwärtigen Fassade bieten nach allen Seiten einen Blick ins Grüne, in dem große Bäume im Sommer für ausreichende Verschattung sorgen. Da es normal gedämmt ist und eine Gastherme jederzeit nachträglich eingebaut werden kann, ist das Sommerhaus im Prinzip zu allen Jahreszeiten bewohnbar.

Besonderheit

In diesem Sommerhaus sind auf engstem Raum alle notwendigen Funktionen berücksichtigt – Wohnen, Kochen, Schlafen, Körperpflege. Weder Haus noch Hütte, weder Wohnmobil noch Gartenlaube – dies ist ein kleines Bauwerk mit eigenem Charakter und ganz viel Charme.

Oben: Durch große Schiebetüren kann der Wohnraum um die breite Veranda erweitert werden, der Holzdielenboden setzt sich von innen nach außen fort.
Links: Die nach innen geknickte Westfassade öffnet sich wie in einer einladenden Geste zum Garten.

Anzahl der Bewohner:	2 Erwachsene + 2 Kinder
Grundstücksgröße:	650 m²
Wohnfläche/Nutzfläche	33,5 m² + 19 m² Terrasse
Anzahl der Vollgeschosse:	1
Unterkellerung:	nein
Jahr der Fertigstellung:	1999
Baukosten/m² Wohnfläche:	1492 Euro
Gesamtbaukosten brutto:	50000 Euro

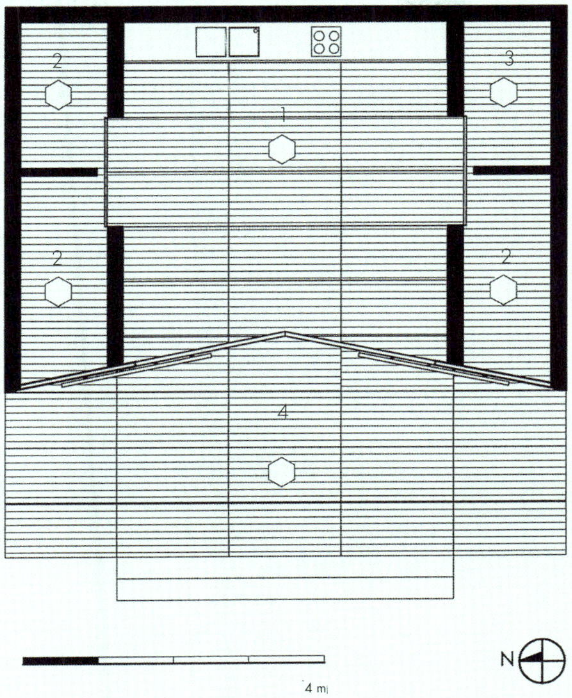

1 Wohnen
2 Schlafen
3 Bad
4 Veranda

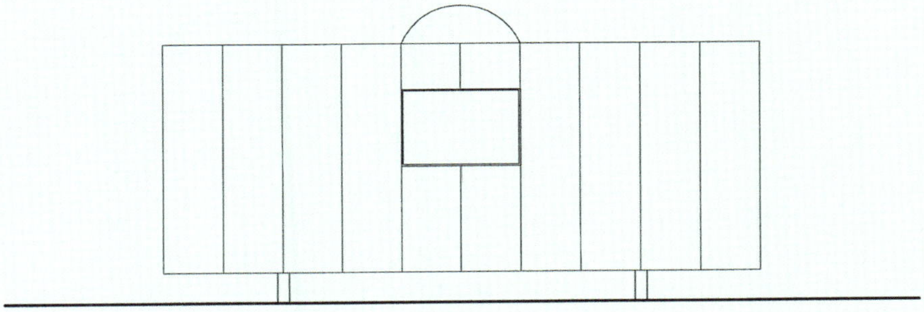

Rückansicht

Vorderansicht

Durchs Objektiv gesehen

Ferienhaus in Vorarlberg

Architekten: Marte.Marte, Weiler

Anzahl der Bewohner:	2 bis 6 Erwachsene
Grundstücksgröße:	608 m^2
Wohnfläche:	105 m^2
Anzahl der Vollgeschosse:	2
Unterkellerung:	ja
Jahr der Fertigstellung:	2001
Baukosten / m^2 Wohnfläche:	keine Angaben
Gesamtbaukosten:	keine Angaben

Lage und Ausgangssituation

In den Bergen auf 1000 Metern Höhe und das Skigebiet gleich nebenan – diese Lage ist für ein Ferienhaus im Winter geradezu ideal und bietet auch in den übrigen Jahreszeiten viele Möglichkeiten zum Wandern und für Mountainbike-Touren. Der zweigeschossige Neubau aus Holz, dessen Form und Größe einem zuvor abgerissenen Altbau entsprechen musste, steht in einem locker und ausschließlich mit Ferienhäusern bebauten Gebiet im Vorarlberger Rheintal.

Grundriss

Im Erdgeschoss wurde – außer beim WC und der Kellertreppe – auf Türen verzichtet. Der dadurch erzeugte offene Raum ist in die Bereiche Wohnen, Kochen und Lesen gegliedert, die sich um einen massiven Kern – bestehend aus Treppenhaus und Kamin – gruppieren. Dadurch gelangt man wie auf einem Rundweg von einem Bereich zum nächsten, wodurch zusätzliche Verkehrsflächen überflüssig wurden und die zur Verfügung stehende Wohnfläche voll ausgenutzt werden konnte. Das Obergeschoss hat einen deutlich privateren Charakter und bietet insgesamt sechs Schlafplätze. Es teilt sich in zwei kleine Schlafräume mit gemeinsamer Ankleide, ein großes Schlafzimmer und ein geräumiges Bad. Ein Firstoberlicht sorgt zusätzlich zu den Fenstern für viel Tageslicht. Das etwa 1,5 Meter zurückgesetzte Fensterband erlaubt sogar Ausblicke von der auf einer Stufe erhöht eingerichteten Badewanne.

Besonderheit

Das innen wie außen komplett aus Holz gebaute Ferienhaus öffnet sich über tief ins Haus eingeschnittene Terrassen, die im Grundriss wie Windmühlenflügel angeordnet sind. Diese Öffnungen bilden wie das Objektiv eines Fotoapparats die Landschaft aus allen vier Himmelsrichtungen ins Hausinnere ab und lassen sich über Schiebeläden – vergleichbar mit dem Verschluss eines Objektivs – komplett schließen. Dann ist das Haus gegen die raue Witterung geschützt und wirkt wie eine etwas edlere Scheune, die sich unauffällig in die Landschaft fügt.

Oben: Das zweigeschossige Ferienhaus öffnet sich nach außen über tief ins Haus eingeschnittene Terrassen, die sich über Schiebeläden komplett schließen lassen.
Rechts: Der offene Wohnbereich führt um den Gebäudekern herum.

1 Bad/WC/Dusche
2 Schlafen
3 Ankleiden

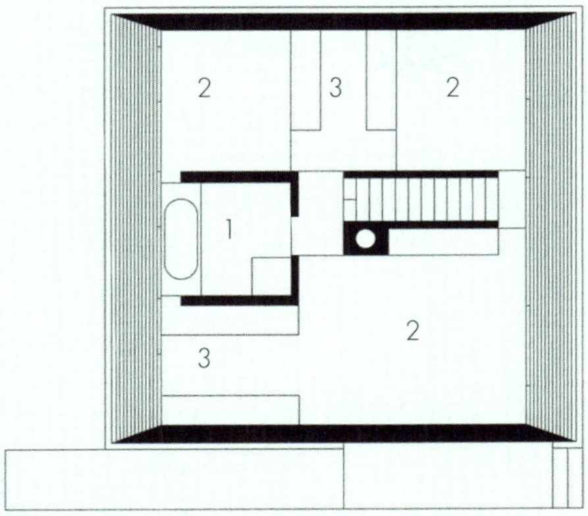

Obergeschoss

1 Wohnen
2 Bibliothek
3 Wohnen
4 Küche/Essen
5 WC

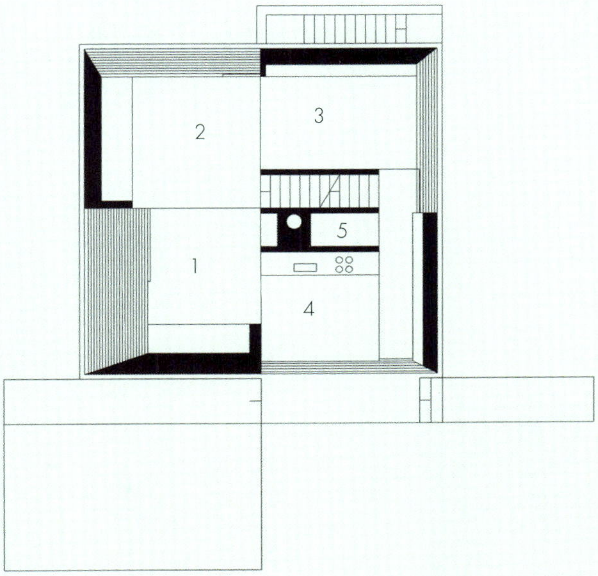

Erdgeschoss

1 Vorräte
2 Keller
3 Weinkeller
4 Skikeller
5 Sauna + Vorraum
6 Technik
7 Vorraum

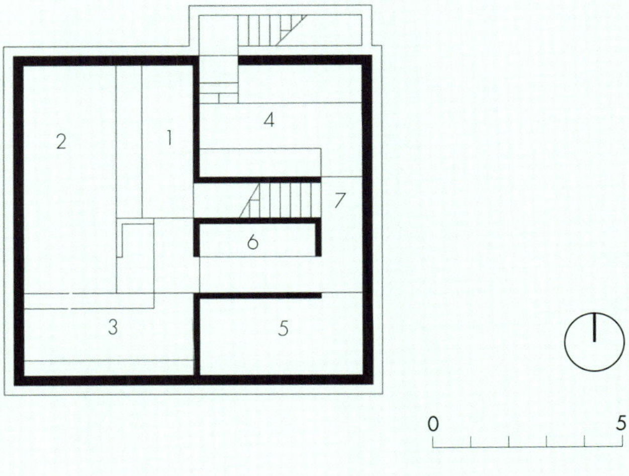

Kellergeschoss

Zimmer mit Aussicht

Haus im Tessin

Architekten: markus wespi jérôme de meuron architekten, Caviano und Zürich

Lage und Ausgangssituation

Ein Grundstück am Steilhang eines Villenviertels hoch über dem Luganer See – wie geschaffen für ein Ferienhaus, das sich die Auftraggeber in minimalistischer Architektursprache ausgeführt vorstellten. Die Architekten entschieden sich für einen schmalen Baukörper, bei dem sie die Grundfläche des Hauses von Geschoss zu Geschoss nach oben hin vergrößerten und auf diese Weise den Anteil der in den Hang eingegrabenen Bereiche minimierten. Die Außenwände aus Sichtbackstein sind bis auf wenige Fensteröffnungen vollständig geschlossen und bilden einen starken Kontrast zu den schmalen Giebelseiten mit den großen Loggien im obersten Stockwerk.

Grundriss

Die Erschließung erfolgt über eine Anliegerstraße am Fuß des Hangs. Man betritt das Haus im untersten, kleinsten Geschoss, das neben einem Gäste-WC noch eine Sauna sowie Keller- und Nebenräume enthält. Eine so genannte Himmelstreppe, die einläufig entlang der Außenwand bis ins oberste Geschoss führt, spiegelt die Hangneigung im Innern wider. Ein kleines Fenster am Fuß der Treppe sorgt nicht nur für Licht und Seeblick im Erschließungsbereich, sondern hat noch eine besondere Wirkung: Eine Wand der Fensterlaibung sowie Sturz und Brüstung sind stark angeschrägt, sodass man den Eindruck gewinnt, es handele sich hier um meterdicke Wände.

Die Bauherren wollten dieses Haus nicht nur im Urlaub bewohnen, sondern darin auch ungestört arbeiten können. Diese beiden unterschiedlichen Nutzungsarten zeigen sich in der stark unterschiedlichen Ausgestaltung der beiden Wohngeschosse. Im mittleren Geschoss liegen Schlafraum und Arbeitszimmer mit Bibliothek sowie ein Bad. Diese Räume sind als Rückzugs- und Ruhebereich gedacht und haben daher einen eher introvertierten Charakter – hier wurden bewusst nur seitliche Fenster vorgesehen um eine Ablenkung durch den direkten Blick auf den See zu vermeiden.

Das oberste und größte Geschoss dient dem Wohnen und Entspannen. Es besteht aus einem über die gesamte Länge des Hauses durchlaufenden Raum mit sichtbarem Dachstuhl. Von diesem kombinierten Wohn-Essraum mit frei eingestellter Kochinsel hat man zum Hang hin Zugang auf eine Terrasse, zum Tal hin auf eine tief eingeschnittene Loggia mit weitem Blick über den See.

Besonderheit

Auf Grund seiner spektakulären und zugleich ruhigen Lage eignet sich dieses Haus besonders gut, um hier seine Freizeit zu verbringen oder ungestört zu arbeiten – Bedürfnisse, auf die der vertikal klar zonierte Grundriss gleichermaßen eingeht. Der lang gestreckte Wohnraum mit den offenen Dachbalken verleiht dem Haus auch im Innern einen beinahe sakralen Charakter.

Oben: Der Wohnraum mit eingestellter Kochinsel im Obergeschoss erstreckt sich über die gesamte Länge des Hauses. Auf der Seeseite führt er auf eine große Loggia, auf der Bergseite auf eine geschützte Terrasse.
Links unten: Der schmale Baukörper öffnet sich über eine tief eingeschnittene Loggia nach Süden.

Anzahl der Bewohner:	2
Grundstücksgröße:	450 m²
Wohnfläche/Nutzfläche:	120 m² (+ 25 m² Keller)
Anzahl der Vollgeschosse:	3
Unterkellerung:	durch Hanglage 1.+2. Geschoss teilweise im Erdreich
Jahr der Fertigstellung:	2003
Gesamtbaukosten brutto:	910000 sFr

Obergeschoss
13 Kochen
14 Essen
15 Wohnen
16 Loggia
17 Terrasse

Mittleres Geschoss
9 Bibliothek
10 Zimmer
11 Dusche/WC
12 Schrank

Untergeschoss
1 Vorplatz
2 Abstell- und Fahrradraum
3 Eingang
4 Garderobe
5 WC
6 Sauna
7 Keller
8 Waschen/Abstellraum/Heizung/Technik

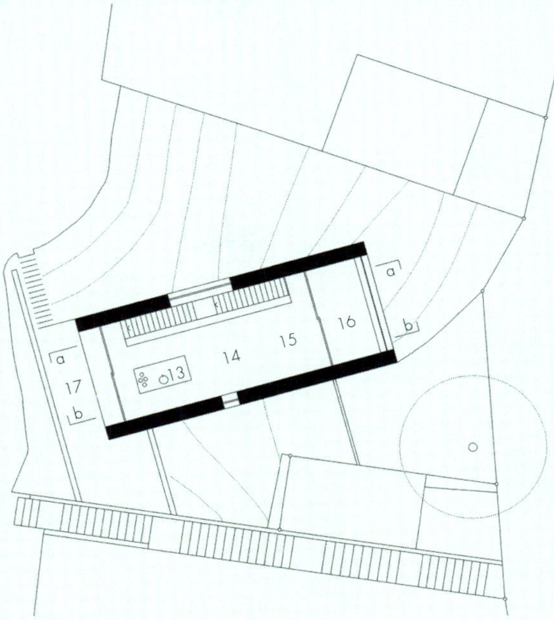

Obergeschoss

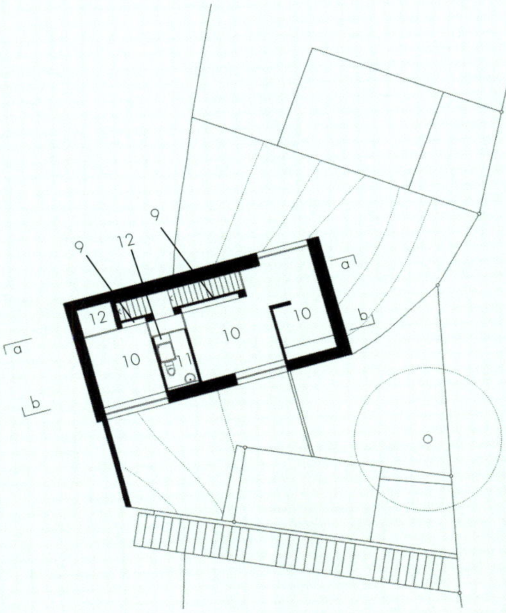

Mittleres Geschoss

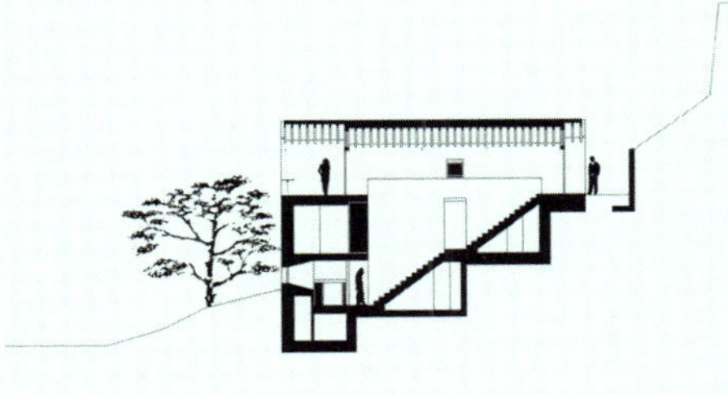

Schnitt a–a

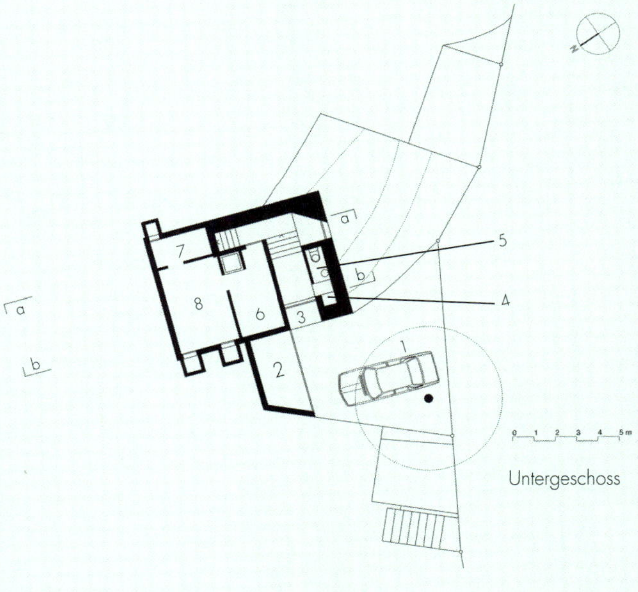

Untergeschoss

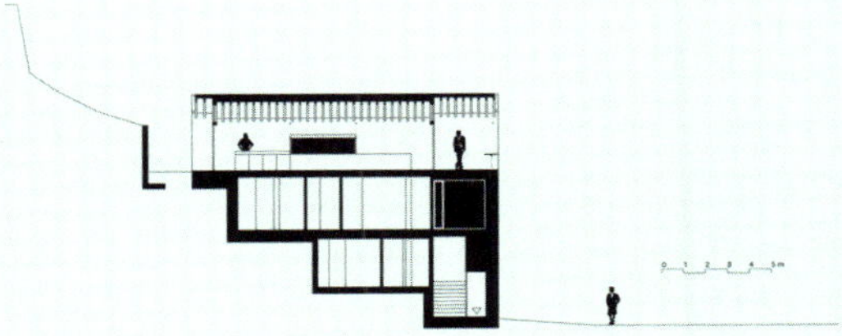

Schnitt b–b

Architektenverzeichnis und Bildnachweis

Aebi & Vincent Architekten SIA AG
Weihergasse 11
CH-3005 Bern
www.aebi-vincent.ch, info@aebi-vincent.ch
Seite 64
Fotos: Aebi & Vincent Architekten SIA AG

Archifactory.de
Hermann & Koch Architekten-Partnerschaft
Markstraße 254
44799 Bochum
www.archifactory.de, info@archifactory.de
Seite 42
Fotos: Karin Heßmann / Artur, Köln

Michele Arnaboldi
Architekt ETH/FAS
Piazzetta Franzoni 1
CH-6600 Locarno
marnaboldi@bluewin.ch
Mitarbeiter: Raffaele Cammarata
Seite 88
Fotos: Filippo Simonetti, Brunate (I)

arrch
Reinhard Madritsch, DI Architekt
Maria-Theresien-Straße 23
A-6020 Innsbruck
r-madritsch@aon.at
und
Robert Pfurtscheller, Bildender Künstler
Ausserrain 5
A-6167 Neustift
r.pfu@netway.at
Seite 40
Fotos: Reinhard Madritsch, Innsbruck (A)

bayer | uhrig Architekten
Dirk Bayer, Andrea Uhrig
Beethovenstraße 54–56
67655 Kaiserslautern
www.bayer-uhrig.de
architekten@bayer-uhrig.de
Seite 96
Fotos: Michael Heinrich, München

Becher + Rottkamp
Architekten BDA
Lietzenburger Straße 51
10789 Berlin
www.becher-rottkamp.de
mail@becher-rottkamp.de
Seite 68
Fotos: Stefan Müller, Berlin

becker architekten
Beethovenstraße 7
87435 Kempten
www.becker-architekten.net
kontakt@becker-architekten.net
Seite 86
Fotos: Archiv d. Architekten

Berschneider + Berschneider GmbH
Architekten BDA + Innenarchitekten
Hauptstraße 12
92367 Pilsach/Neumarkt
www.berschneider.com
mail@berschneider.com
Seite 74 und 132
Fotos: Erich Spahn, Sommer + Spahn, Amberg, S. 174
Archiv d. Architekten, S. 132 und 133

Biehler-Weith Associated
Building Design Projects
Rosgartenstraße 10
78462 Konstanz
www.biehler-weith.de
office@biehler-weith.de
Seite 38
Fotos: Brigida Gonzalez, Stuttgart

Architekturbüro Alexander Brenner
Dipl.-Ing. Freier Architekt BDA
Reinsburgstraße 204
70197 Stuttgart
www.alexanderbrenner.de
architekten@alexanderbrenner.de
Seite 44
Fotos: Brigida Gonzalez, Stuttgart

BRT Architekten
Bothe Richter Teherani
Oberbaumbrücke 1
20457 Hamburg
office@brt.de
Seite 46
Fotos: Klaus Frahm / Artur, Köln

Max Dudler
Architekt
Oranienplatz 4
10999 Berlin
dudler@maxdudler.de
Seite 48 und 114
Mitarbeiter: Dirk Bücker, S. 48
Mitarbeiterin: Nina Herchenbach, S. 114
Fotos: Andreas Gehrke, Berlin, S. 48
Stefan Müller, Berlin, S. 114

erhart + partner AG
Architekten FH / BSA
Bahnstrasse 21
FL-9494 Schaan
erhart@adon.li
Seite 58
Fotos: Archiv d. Architekten

Thomas Fabrinsky
Dipl. Ing. Freier Architekt BDA
Architekten Lenzstraße Dreizehn
Lenzstraße 13
76137 Karlsruhe
fabrinsky@lenz13.de
Seite 122
Fotos: Klemens Ortmeyer, Braunschweig

F + R Architekten BDA
Prof. Florian Fink
Prof. Jörg W. Reinwald
Zwingenberger Straße 32
64404 Bickenbach / Bergstraße
Info@f-r-arch.de
Seite 66
Fotos: Archiv d. Architekten

Manfred Fischer
Architekten Fischer + Lenz
Westermühlstraße 41
80469 München
fischer.lenz@architekten-profile.de
Bauleitung: Sven Pott, München
Seite 72
Fotos: Michael Heinrich, München

F 64 Architekten
Stephan Walter, Kempten
Tragwerksplanung: Gerhard Pahl, Kempten
Füssener Straße 64
87437 Kempten
www.f64architekten.de
info@f64architekten.de
Seite 98
Fotos: Rainer Retzlaff, Kempten

Hans Gangoly
DI Architekt
Volksgartenstraße 18
A-8020 Graz
www.gangoly.at
office@gangoly.at
Seite 28
Fotos: Paul Ott, Graz (A)

Gassner & Zarecky
Architekten und Ingenieure Partnerschaft BDA
Maiglöckchenweg 16
85521 Riemerling-München
www.gassner-zarecky.de
info@gassner-zarecky.de
Seite 120
Fotos: Archiv d. Architekten, S. 120 l. u. und r.
Orange Design for New Media, Steinebach, S. 120 links oben

Gasteiger Architekten
Peter Gasteiger, Philipp Tiller
Trappentreustraße 43
80339 München
www.gast-arch.de
i@gast-arch.de
Seite 102
Fotos: Angelo Kaunat, Graz

gmp – von Gerkan, Marg und Partner
Elbchaussee 139
22763 Hamburg
Hamburg-E@gmp-architekten.de
Seite 84 und 124
Fotos: Dominik Reipka, Hamburg, S. 84
Gert von Bassewitz, Hamburg, S. 124 u.
Jürgen Schmidt, Köln, S. 124 o. u. M.

Grollmitz-Zappe Architekten
Anna-Louisa-Karsch-Straße 7
10178 Berlin
www.grollmitz-zappe-architekten.de
info@grollmitz-zappe-architekten.de
Seite 134
Fotos: Kirsti Kriegel, Berlin

hausladen der architekten
Baldestraße 19
80469 München
der.hausladen@gmx.de
Mitarbeit: Dipl.-Ing. Ursula Fritz
Seite 54
Fotos: Henning Köpke, München

Roland Hüsser & Stefan Schmid
GmbH für Baukunst
Rathausgasse 32
CH-5600 Lenzburg
www.baukuenstler.ch
2@baukuenstler.ch
Seite 52
Fotos: Erhard Widmer, Sarmenstorf (CH)

Prof. Wolfgang Kergaßner
Freier Architekt Dipl.-Ing. BDA
Löffelstraße 5
70597 Stuttgart-Degerloch
w.kergassner@t-online.de
Projektarchitektin:
Frau Dipl.-Ing. (FH) Tina Müller
Seite 62
Fotos: Archiv d. Architekten

k_m architektur
Arch. DI Daniel Sauter
Büro Bregenz (Österreich):
Seglerweg 1
A-6900 Bregenz
Büro Lindau (Deutschland):
Hochbucherweg 58
88131 Lindau
www.k-m-architektur.com
k_m.architektur@aon.at
Seite 126
Fotos: Markus Tretter, Lindau

Stephan Köppel und Marianne Fritz
Dipl.-Ing. Architekten
Friedastraße 13
81479 München
sk@koeppelundfritz.de
Seite 106
Fotos: Archiv d. Architekten

krischke | architekten
Wolfgang Krischke, Dipl.-Ing. (FH) Architekt
Simone Uhlmann, Dipl.-Ing. (FH) Architektin
Fuggergasse 1
87700 Memmingen
www.krischke-architekten.com
Seite 32
Fotos: Marx Studios, Foto-Design Andreas Marx, Memmingen

Erik Laxy
Architekt
Hermann-Behn-Weg 1
20146 Hamburg
www.laxy-laxy.de
info @ laxy-laxy.de
Seite 104
Fotos: Archiv d. Architekten

Marte.Marte Architekten
Totengasse 18
A-6833 Weiler
marte.marte@marte-marte.com
Seite 34 und 136
Fotos: Ignacio Martinez, Lustenau (A), Seite 34, 35 und 136

Johannes Manderscheid
Freier Architekt BDA
Schütte 8
72108 Rottenburg
email@manderscheid-architekten.de
Seite 70
Fotos: Stefan Müller-Naumann, München

meier architekten
AA Dipl.-Arch. Egon Meier
Albisriederstraße 80
CH-8003 Zürich
www.meier-architekten.ch
meier@meier-architekten.ch
Seite 76
Fotos: Archiv d. Architekten

Prof. Herbert Meyer-Sternberg
Dipl.-Ing. Architekt BDA
Am Brombeerschlag 1
81375 München
meyer-sternberg@gmx.de
Seite 60
Fotos: Karl Kroupa, Dießen/Ammersee

Novaron Eicher Hutter Gepp GmbH
Architektur Baumanagement Konzept
Sonnenstraße 12
CH-9444 Diepoldsau
novaron@novaron.ch
Seite 30
Fotos: Archiv d. Architekten, S. 30 r. und 31
Alex Bayer, Foto Vision, Balgach (CH), S. 30 l.

PAK Architekten
Prof. Myriam Gautschi
Litzenhardtstraße 83c
76135 Karlsruhe
pak.architekten@gmx.de
Seite 108
Fotos: Archiv d. Architekten

Ernst Pitschmann
Dipl.-Ing. Architekt
Mitterndorf 98
A-4643 Pettenbach
archpi@gmx.at
Seite 116
Fotos: Archiv d. Architekten

planinghaus architekten
j. daube, f. hülsmeier, g. seegräber
Heidelberger Straße 84
64285 Darmstadt
www.planinghaus.de
post@planinghaus.de
Seite 118
Fotos: Thomas Eicken/e-eins Fotoproduktion, Darmstadt

Georg Redelbach
Architekt BDA
Albert-Schweitzer-Straße 1a
97828 Marktheidenfeld
Georg_Redelbach@t-online.de
Seite 82
Fotos: Oliver Schuster, Stuttgart

Bruno Rüegger
Architekt HTL/STV
Technikumstraße 38
CH-8400 Winterthur
ihr.architekt@bluewin.ch
Seite 56
Fotos: Thomas Hämmerli, Gondiswil (CH)

Schwalm-Theiss & Gressenbauer
Ziviltechnikergesellschaft m.b.H.
Altgasse 21
A-1130 Wien
st-g@vienna.at
Seite 78
Fotos: Bruno Klomfar, Wien

Stoeppler + Stoeppler Architekten BDA
Richardstraße 45
22081 Hamburg
www.stoeppler-architekten.de
info@stoeppler-architekten.de
Seite 90
Fotos: Aloys Kiefer, Hamburg

Walter Stolz
Dipl.-Ing. Architekt BDA
Samerstraße 8
83022 Rosenheim
www.stolz-arch.de
office@stolz-arch.de
Seite 100
Fotos: Elisabeth Mehrl, Hofberg

Thoma Architekten
Freier Architekt Hermann Thoma
Markt 11
07937 Zeulenroda
www.thoma-architekten.de
sek@thoma-architekten.de
Seite 36
Fotos: Archiv d. Architekten

u-s-architekten
T. Unterlandstättner, M. Schmöller Architekten
Reitmorstraße 8
80538 München
www.u-s-architekten.de
info@u-s-architekten.de
Seite 112
Fotos: Archiv d. Architekten

vautz mang architekten
tatjana vautz
stefan mang
Alexanderstraße 136
70180 Stuttgart
www.vautzmang.de
mail@vautzmang.de
Seite 80
Fotos: Bernhard Friese, Pforzheim

Weickenmeier, Kunz + Partner
Architekten, Ingenieure
Prinzregentenstraße 126
81677 München
info@w-k-p.de
Seite 130
Fotos: Stefan Müller-Naumann, München

markus wespi jérôme de meuron architekten ag
Caviano und Zürich
Postfach 57
CH-6578 Caviano
www.wespidemeuron.ch
info@wespidemeuron.ch
Seite 138
Fotos: Jérôme de Meuron, Caviano und Zürich

Zamel Krug Architekten
Enneper Straße 70
58135 Hagen
www.zamel-krug-architekten.com
info@zamel-krug-architekten.com
Seite 92
Fotos: Jochen Helle / Artur, Köln

Illustrationen S. 26, 50, 94 und 110:
Dipl.-Ing. Eva Schnitzer, München
Schemazeichnungen S. 10–15:
Dipl.-Ing. Achim Petrikowski, München

Literaturverzeichnis

P. Faller
Der Wohngrundriss
München, 2002

S. Isphording, H. Reiners
Der ideale Grundriss
München, 1999

O. Laufner, M. Ernst
Architektinnen bauen Wohnhäuser
München, 2000

H. Lerch
Wohnhauserweiterungen
Stuttgart, 1997

A. Linhardt
Attraktiv bauen mit kleinem Budget
München, 2003

A. Meseure, M. Tschanz, W. Wang (Hrsg.)
Architektur im 20. Jahrhundert – Schweiz
München, London, New York, 1998

E. Neufert
Bauentwurfslehre
37. Auflage
Braunschweig, 2002

H. Reiners
Umbauen
München, 2004

A. Ringlstetter
Der Weg zum richtigen Haus
München, 2004

W. Ruede-Wissmann
Die Wohnung – Unsere dritte Haut
München, 1990

B. Rühm
Unbeschwert Wohnen im Alter
München, 2003

J. Salazar, M. Gausa
Single-Family Housing, The Private Domain
Basel, Boston, Berlin, 1999

F. Schneider (Hrsg.)
Grundrißatlas Wohnungsbau
Basel, Berlin, Boston, 1994

G. Walter, K. Ries
Ein Haus aus Holz: Planen, Bauen, Wohnen
München, Wien, Zürich, 2000

G. Wicky / B. Selden
Neues Wohnen in der Schweiz
München, 2003

Dank

Mein besonderer Dank gilt Herrn Dipl.-Ing. Achim Petrikowski, Architekt, für intensive fachliche Diskussionen sowie für die erläuternden Schemazeichnungen im allgemeinen Teil des Buches.

Herzlich danken möchte ich auch Frau Dipl.-Ing. (Arch.) Eva Schnitzer, Malerin, für die Illustrationen zu Beginn der einzelnen Kapitel.

Bei allen in diesem Buch vertretenen Architekten und Fotografen möchte ich mich für die gute Zusammenarbeit bedanken, bei den Bauherren für ihr Einverständnis zur Veröffentlichung ihrer Privathäuser.

Herrn Roland Thomas und Frau Monika Pitterle von der Deutschen Verlags-Anstalt danke ich herzlich für die stets vertrauensvolle Zusammenarbeit.

Besonders danken möchte ich meinem Mann Werner für das gründliche und kritische Lesen der Texte. Unseren beiden Söhnen Sebastian und Johannes danke ich für ihre Geduld während meiner Arbeit an diesem Buch.

Impressum
Bibliografische Information Der Deutschen Bibliothek
Die Deutsche Bibliothek verzeichnet diese Publikation in der Deutschen Nationalbibliografie; detaillierte bibliografische Daten sind im Internet über http://dnb.ddb.de abrufbar.

Grafische Gestaltung: Monika Pitterle
Lithographie: ew print & medien service g.m.b.h, Würzburg
Druck: Jütte-Messedruck GmbH, Leipzig
Bindung: Kunst- und Verlagsbuchbinderei, Leipzig
Printed in Germany

ISBN 3-421-03469-9